优秀传统文化融入青少年思想政治教育研究
——以壮族文化为个案

王立高 著

YOUXIU CHUANTONG WENHUA RONGRU
QINGSHAONIAN SIXIANG ZHENGZHI JIAOYU YANJIU
——YI ZHUANGZU WENHUA WEI GEAN

中国社会科学出版社

图书在版编目（CIP）数据

优秀传统文化融入青少年思想政治教育研究：以壮族文化为个案/王立高著．—北京：中国社会科学出版社，2022.5
ISBN 978-7-5203-9907-4

Ⅰ.①优⋯　Ⅱ.①王⋯　Ⅲ.①壮族—民族文化—关系—青少年—思想政治教育—研究—广西　Ⅳ.①D432.62②K281.8

中国版本图书馆 CIP 数据核字（2022）第 041261 号

出 版 人	赵剑英
责任编辑	杨晓芳
责任校对	王　睿
责任印制	王　超

出　　版	中国社会科学出版社
社　　址	北京鼓楼西大街甲 158 号
邮　　编	100720
网　　址	http://www.csspw.cn
发 行 部	010-84083685
门 市 部	010-84029450
经　　销	新华书店及其他书店
印　　刷	北京君升印刷有限公司
装　　订	廊坊市广阳区广增装订厂
版　　次	2022 年 5 月第 1 版
印　　次	2022 年 5 月第 1 次印刷
开　　本	710×1000　1/16
印　　张	18.5
插　　页	2
字　　数	285 千字
定　　价	99.00 元

凡购买中国社会科学出版社图书，如有质量问题请与本社营销中心联系调换
电话：010-84083683
版权所有　侵权必究

前　言

优秀传统文化是中华民族赖以维系的精神纽带，是中国人民共同的思想道德基础，是各民族共有的精神家园，也是中华民族共有的核心价值观。青少年思想政治教育关乎国家命运与民族未来，更肩负着弘扬传统文化，加强文化育人的职能。因此，植根于中华优秀传统文化沃土，开展"中华优秀传统文化融入青少年思想政治教育"的研究，是当前思想政治教育创新发展的重要课题。

习近平总书记在2021年中央民族工作会议上指出："要正确把握中华文化和各民族文化的关系，各民族优秀传统文化都是中华文化的组成部分，中华文化是主干，各民族文化是枝叶，根深干壮才能枝繁叶茂。"这一重要论述阐明了"中华民族多元一体"格局所包含的中华文化"一体"和各民族文化"多元"的整体与部分的关系，"一体包含多元，多元组成一体，一体离不开多元，多元也离不开一体，一体是主线和方向，多元是要素和动力，两者辩证统一"。在中华文化中，各民族以其独特性构成丰富多彩的中华文化，以其共同性构成中华文化的一体性。因此，中华文化与各民族文化，在多元中铸就整体，在整体中百花齐放。

壮族文化是优秀传统文化的有机组成部分。壮族文化在传承保护、交融创新的实践中，始终与建设各民族共享的中华文化有机结合，着力增强文化共性和包容性，文化共同性明显增加，进一步夯实了对中华文化的认同。2021年4月习近平总书记在广西壮族自治区考察时强调："广西是全国民族团结进步示范区，要继续发挥好示范带动作用。"广西之所以成为全国民族团结和谐稳定的模范地区，其中原因当与壮族文化的精神品质有关。壮族优秀传统文化，体现着热爱国家民族、维护祖国统一的爱国主义思想，文明尚礼、和衷共济的社会公德观，尊老爱亲、邻里和睦的家庭道德观，勤勉敬业、诚实守信的经济伦理观，尊重自然、保护环境的生态观，自强不息、吃苦耐劳的奋斗观，崇尚自由、追求平等的人生观，笃行践履、勤学崇智的修身观等等，这些优秀的精神品质，对于促进民族团结，维护祖国边疆稳定具有积极作用。壮族优秀传统文化所体现的世界观、人生观、价值观、审美观，无论对于壮族人民精神家园的构建，还是对国家和社会的发展，都具有积极意义，因其最核心的内容已经汇聚成为中华民族最基本的文化基因。壮族优秀传统文化作为我国传统文化的宝贵财富，其内在蕴含的价值诉求、伦理道德、思想观念，与当代思想政治教育存在着重要的关联性与契合性。

　　基于以上分析，本书以壮族文化为个案，开展"壮族优秀传统文化融入青少年思想政治教育"的研究，属于"中华优秀传统文化融入青少年思想政治教育"研究的范畴，当然也属于思想政治教育研究范畴下的民族思想政治教育研究。民族思想政治教育，有着其自身独特的使命和特点，它是解决与民族相关问题为主题的思想政治教育；既要遵循思想政治教育的一般原理与方法，又要以马克思主义民族观、党和国家的民族政策为理论依据；它除了思想政治教育的内容外，还涉及民族政策、制度，民族认同、民族文化、民族团结教育等各方面的内容。

　　"铸牢中华民族共同体意识"是习近平关于新时代民族工作的重大理论创新，是马克思主义民族理论中国化的最新成果。在2021年中央民族工作会议上，习近平强调，铸牢中华民族共同体意识是新时代党的民族工作的"纲"，所有工作要向此聚焦。中华民族共同体意识是国家统一之基、民族团结之本、精神力量之源。壮族优秀传统文化宝库中所包含的爱国主义、集体主义、淳朴民风、生态伦理等，高度契合、紧密对接于作为国家统一之基、民族团结之本、（中华）民族精神之魂的中华民族共同体意识。因此，在开展壮族优秀传统文化融入青少年思想政治教育的研究和实践中，要以"铸牢中华民族共同体意识"作为理论支撑和实践指引，以社会主义核心价值观为引领，引导壮族地区青少年牢固树立休戚与共、荣辱与共、生死与共、命运与共的共同体理念，引导各族青少年牢固树立正确的国家观、历史观、民族观、文化观、宗教观，增进民族地区青少年坚定对伟大祖国、中华民族、中华文化、中国共产党、中国特色社会主义的认同，促进各民族像石榴籽一样紧紧抱在一起。壮族优秀传统文化融入青少年思想政治教育，就是在承续壮族优秀传统文化过程中，贯彻党的民族政策，增强青少年"两个共同""三个离不开""五个认同"思想，持续深化青少年民族团结进步和爱国主义教育，引导青少年牢固树立自己是中华民族一员的意识，夯实青少年中华民族共同体意识。

目　　录

第一章　绪论 …………………………………………………………（1）
　第一节　选题缘由 …………………………………………………（1）
　第二节　研究目的和意义 …………………………………………（2）
　　一　研究目的 ……………………………………………………（2）
　　二　研究意义 ……………………………………………………（3）
　第三节　国内外研究现状和发展趋势 ……………………………（4）
　　一　国内研究现状 ………………………………………………（4）
　　二　国外研究现状 ………………………………………………（16）
　　三　研究存在的问题 ……………………………………………（20）
　　四　研究发展趋势 ………………………………………………（21）
　第四节　研究设计 …………………………………………………（21）
　　一　研究目标和效果 ……………………………………………（21）
　　二　拟解决的关键问题 …………………………………………（22）
　　三　研究思路 ……………………………………………………（23）
　　四　主要研究方法 ………………………………………………（23）

第二章　优秀传统文化融入青少年思想政治教育的基础理论 ………（28）
　第一节　优秀传统文化融入青少年思想政治教育的相关
　　　　　概念辨析 …………………………………………………（28）
　　一　优秀传统文化的相关概念阐释 ……………………………（28）
　　二　青少年思想政治教育的相关概念阐释 ……………………（30）

三　对优秀传统文化融入青少年思想政治教育的理解……………（32）
　第二节　优秀传统文化融入青少年思想政治教育的理论基础……（33）
　　一　马克思主义民族理论………………………………………（33）
　　二　马克思主义文化观和文化教育思想………………………（39）
　第三节　优秀传统文化与青少年思想政治教育的逻辑关联………（44）
　　一　优秀传统文化与青少年思想政治教育的关联相通………（44）
　　二　优秀传统文化融入青少年思想政治教育的现实必要性…（46）
　　三　优秀传统文化对青少年思想政治教育的诉求……………（47）
　　四　青少年思想政治教育对优秀传统文化的客观需要………（48）
　　五　深化优秀传统文化与青少年思想政治教育的关系………（49）

**第三章　优秀传统文化及其融入青少年思想政治教育的
　　　　　资源与内容** ………………………………………………（50）
　第一节　壮族优秀传统文化源流……………………………………（50）
　　一　壮族的历史与发展…………………………………………（50）
　　二　壮族优秀传统文化的脉络与渊源…………………………（52）
　　三　壮族优秀传统文化形成的基础……………………………（52）
　　四　壮族传统文化的结构特征…………………………………（53）
　第二节　壮族优秀传统文化融入青少年思想政治教育的
　　　　　主要资源……………………………………………………（54）
　　一　物质文化资源………………………………………………（54）
　　二　精神文化资源………………………………………………（56）
　　三　制度文化资源………………………………………………（66）
　第三节　壮族优秀传统文化融入青少年思想政治教育的
　　　　　主要内容……………………………………………………（68）
　　一　爱国主义教育………………………………………………（68）
　　二　民族团结教育………………………………………………（69）
　　三　集体主义教育………………………………………………（71）
　　四　道德品质与行为规范教育…………………………………（72）
　　五　婚姻家庭道德教育…………………………………………（73）

六　生态教育………………………………………………(73)

第四章　优秀传统文化融入青少年思想政治教育的现状考察………(75)
　第一节　优秀传统文化融入青少年思想政治教育的环境场域……(75)
　　一　"民族关系十分融洽"…………………………………(76)
　　二　教育整体水平全面提升………………………………(77)
　　三　各项事业发展取得历史性成就………………………(78)
　第二节　优秀传统文化融入青少年思想政治教育的调查分析……(79)
　　一　优秀传统文化融入青少年思想政治教育的质性资料
　　　　分析…………………………………………………(79)
　　二　优秀传统文化融入青少年思想政治教育的量化资料
　　　　分析…………………………………………………(97)
　第三节　优秀传统文化融入青少年思想政治教育现状的
　　　　　结论与讨论………………………………………(102)
　　一　优秀传统文化融入青少年思想政治教育的主体………(102)
　　二　优秀传统文化融入青少年思想政治教育的目标………(103)
　　三　优秀传统文化融入青少年思想政治教育的功能………(103)
　　四　优秀传统文化融入青少年思想政治教育的载体………(104)
　　五　青少年对优秀传统文化融入思想政治教育的认知特点……(105)
　第四节　优秀传统文化融入青少年思想政治教育的实践
　　　　　经验…………………………………………………(106)
　　一　法规制度方面：逐步完善"融入"的法制
　　　　依据与政策保障……………………………………(106)
　　二　文化建设方面：构建优秀传统文化融入的
　　　　"文化场域"…………………………………………(106)
　　三　学校教育方面：以民族文化为载体坚持铸牢
　　　　中华民族共同体意识………………………………(107)

第五章　优秀传统文化融入青少年思想政治教育的成效分析……(109)
　第一节　研究的概念框架………………………………………(109)

第二节 问卷的编制与质量分析 …………………………………（111）
    一 设计思路 ……………………………………………（111）
    二 问卷编制和修订过程 ………………………………（113）
    三 问卷质量分析 ………………………………………（113）

第三节 优秀传统文化融入青少年思想政治教育成效"思想与观念"的现状分析 ……………………………………（120）
    一 青少年"思想与观念"的整体特征 ………………（120）
    二 青少年"思想与观念"的民族差异分析 …………（124）
    三 青少年"思想与观念"的个人背景分析 …………（127）
    四 青少年"思想与观念"的家庭文化背景分析 ……（131）
    五 青少年"思想与观念"的学校背景分析 …………（138）
    六 青少年"思想与观念"的社会经济背景分析 ……（146）
    七 背景变量与青少年"思想与观念"的相关分析 …（155）

第四节 优秀传统文化融入青少年思想政治教育成效"素养与行为"的现状分析 ……………………………………（156）
    一 青少年"素养与行为"的整体特征 ………………（156）
    二 青少年"素养与行为"的民族差异分析 …………（158）
    三 青少年"素养与行为"的个人背景分析 …………（160）
    四 青少年"素养与行为"的家庭文化背景分析 ……（162）
    五 青少年"素养与行为"的学校背景分析 …………（166）
    六 青少年"素养与行为"的社会经济背景分析 ……（169）
    七 背景变量与青少年"素养与行为"的相关分析 …（173）

第五节 优秀传统文化融入青少年思想政治教育成效的结论与讨论 ……………………………………………（174）
    一 青少年"思想与观念"状况的主要结论 …………（174）
    二 青少年"素养与行为"状况的主要结论 …………（176）
    三 青少年"思想与观念""素养与行为"的讨论 …（177）

第六章 优秀传统文化融入青少年思想政治教育的影响因素分析 …………………………………………………… (180)

第一节 优秀传统文化融入青少年思想政治教育的影响因素 ……………………………………………………… (180)
一 学校教育 ………………………………………………… (181)
二 家庭教育、社区教育 …………………………………… (181)
三 社会教育 ………………………………………………… (182)
四 自我教育 ………………………………………………… (182)

第二节 优秀传统文化融入青少年思想政治教育的影响因素现状分析 …………………………………………… (183)
一 影响因素的整体特征 …………………………………… (183)
二 影响因素的民族差异分析 ……………………………… (186)
三 影响因素的个人背景分析 ……………………………… (189)
四 影响因素的家庭文化背景分析 ………………………… (192)
五 影响因素的学校背景分析 ……………………………… (198)
六 影响因素的社会经济背景分析 ………………………… (204)
七 青少年背景变量与各影响因素之间的相关分析 ……… (212)
八 影响因素的研究小结 …………………………………… (213)

第三节 优秀传统文化融入青少年思想政治教育影响因素的整合模型 …………………………………………… (214)
一 相关分析 ………………………………………………… (214)
二 优秀传统文化融入青少年思想政治教育影响因素的回归分析 ……………………………………………… (215)
三 优秀传统文化融入青少年思想政治教育影响因素的整合模型构建 ………………………………………… (218)

第四节 存在的问题及原因分析 ……………………………… (220)
一 影响因素存在的主要问题分析 ………………………… (220)
二 影响因素存在问题的原因分析 ………………………… (225)

第七章　完善优秀传统文化融入青少年思想政治教育的对策 ……（229）

第一节　坚持优秀传统文化融入青少年思想政治教育的基本原则 …………………………………………………（229）
一　坚持巩固和发展中华民族共同体的原则 …………（229）
二　坚持"以文化人、文化育人"的原则 ……………（230）
三　坚持社会主义核心价值观引领的原则 ……………（231）
四　坚持创造性转化和创新性发展的原则 ……………（232）
五　坚持针对性与系统性相结合的原则 ………………（233）
六　坚持解决思想问题与解决实际问题相结合的原则 ………（233）

第二节　创新优秀传统文化融入青少年思想政治教育的实现路径 …………………………………………………（234）
一　统筹建立立体化教育体系 …………………………（235）
二　统筹不同年龄段青少年教育 ………………………（238）
三　统筹不同类型教育 …………………………………（239）
四　统筹校园内外教育活动 ……………………………（240）
五　统筹专业、人文与思政课教育 ……………………（242）

第三节　优化优秀传统文化融入青少年思想政治教育的方式方法 …………………………………………………（243）
一　直接嵌入法 …………………………………………（243）
二　实践嵌入法 …………………………………………（243）
三　休闲嵌入法 …………………………………………（244）
四　审美嵌入法 …………………………………………（244）

第四节　建立健全优秀传统文化融入青少年思想政治教育的机制 …………………………………………………（245）
一　构建优秀传统文化融入的教育体制 ………………（246）
二　建立健全优秀传统文化融入的运行机制 …………（246）
三　完善优秀传统文化融入青少年思想政治教育的保障机制 …………………………………………………（247）

第八章 结语 (249)

第一节 本研究的主要结论 (249)

第二节 本研究的创新之处 (251)

第三节 不足之处与研究展望 (252)

参考文献 (253)

附 录 (261)

附录1 壮族优秀传统文化融入青少年思想政治教育调查问卷 (261)

附录2 访谈提纲 (267)

附录3 部分访谈人员信息汇总表 (268)

附录4 正式问卷调查学校一览表 (270)

附录5 部分调研图片 (272)

附录6 综合调研地点 (275)

后 记 (276)

图 目 录

图 3.1　河池市宜州区中山公园歌圩群众自发对歌活动 …………（56）
图 3.2　南宁市民族博物馆利用现代化的场馆设施传扬壮族优秀
　　　　传统文化 ……………………………………………………（57）
图 3.3　铜鼓与芦笙雕塑 ……………………………………………（59）
图 3.4　河池市金城江区铜鼓广场 …………………………………（60）
图 3.5　壮族传统体育运动项目——抢花炮 ………………………（62）
图 3.6　民族传统文化进校园活动 …………………………………（62）
图 3.7　河池铜鼓山歌艺术节上的小"刘三姐"与古壮字歌词 ……（64）
图 3.8　宁明县馗塘村第一书记壮汉双语扶贫工作日记 …………（65）
图 3.9　民族团结宝鼎 ………………………………………………（70）
图 4.1　河池铜鼓山歌艺术节山歌会组图 …………………………（80）
图 4.2　青少年学习壮族传统文化目的统计 ………………………（98）
图 4.3　青少年对壮族传统文化的了解情况统计 …………………（98）
图 4.4　青少年对壮族传统文化的兴趣情况统计 …………………（99）
图 4.5　青少年接受壮族优秀传统文化知识的教育途径…………（100）
图 4.6　青少年成长除学校教育外影响最大的教育途径…………（101）
图 5.1　壮族优秀传统文化融入青少年思想政治教育简易模型……（110）
图 6.1　影响因素的水平分布状况 …………………………………（185）
图 6.2　"教育与引导—思想与观念—素养与行为"整合
　　　　模型 …………………………………………………………（219）

表 目 录

表1.1 样本基本情况表（N=9230） ……………………（25）
表4.1 青少年喜爱的壮族优秀传统文化融入思想政治教育
　　　学习方式……………………………………………（101）
表5.1 问卷设计结构表……………………………………（111）
表5.2 文化观的探索性因子分析…………………………（114）
表5.3 政治观的探索性因子分析…………………………（115）
表5.4 民族观的探索性因子分析…………………………（116）
表5.5 文明素养的探索性因子分析………………………（116）
表5.6 行为选择的探索性因子分析………………………（117）
表5.7 学校教育的探索性因子分析………………………（118）
表5.8 家庭—社区教育的探索性因子分析………………（119）
表5.9 社会教育的探索性因子分析………………………（119）
表5.10 自我教育的探索性因子分析 ……………………（120）
表5.11 青少年"思想与观念"的基本概况………………（122）
表5.12 青少年"思想与观念"等级分布表………………（122）
表5.13 青少年"思想与观念"的民族差异比较…………（125）
表5.14 青少年"思想与观念"的性别差异比较…………（128）
表5.15 青少年"思想与观念"的政治面貌差异比较……（130）
表5.16 青少年"思想与观念"的父亲学历差异比较……（132）
表5.17 青少年"思想与观念"的母亲学历差异比较……（135）
表5.18 青少年"思想与观念"的家庭结构差异比较……（137）

表 5.19 青少年"思想与观念"的学校类型差异比较 …………… (139)
表 5.20 青少年"思想与观念"的专业差异比较 ………………… (141)
表 5.21 青少年"思想与观念"的学生干部差异比较 …………… (143)
表 5.22 青少年"思想与观念"的年级差异比较 ………………… (145)
表 5.23 青少年"思想与观念"的居住地差异比较 ……………… (147)
表 5.24 青少年"思想与观念"的家庭类型差异比较 …………… (151)
表 5.25 青少年"思想与观念"的家庭经济状况差异比较 ……… (154)
表 5.26 各影响因素与青少年"思想与观念"的零次序相关
　　　　分析 …………………………………………………… (155)
表 5.27 青少年"素养与行为"的基本概况 ……………………… (157)
表 5.28 青少年"素养与行为"等级分布状况 …………………… (157)
表 5.29 青少年"素养与行为"的民族差异分析 ………………… (158)
表 5.30 青少年"素养与行为"的性别差异比较 ………………… (161)
表 5.31 青少年"素养与行为"的政治面貌差异比较 …………… (161)
表 5.32 青少年"素养与行为"的父亲学历差异比较 …………… (162)
表 5.33 青少年"素养与行为"的母亲学历差异比较 …………… (164)
表 5.34 青少年"素养与行为"的家庭结构差异比较 …………… (165)
表 5.35 青少年"素养与行为"的学校类型差异比较 …………… (166)
表 5.36 青少年"素养与行为"的学科类型差异比较 …………… (167)
表 5.37 青少年"素养与行为"的学生干部差异比较 …………… (168)
表 5.38 青少年"素养与行为"的年级差异比较 ………………… (169)
表 5.39 青少年"素养与行为"的学科类型差异比较 …………… (170)
表 5.40 青少年"素养与行为"的家庭类型差异比较 …………… (171)
表 5.41 青少年"素养与行为"的家庭经济状况差异比较 ……… (172)
表 5.42 各影响因素与青少年"素养与行为"的零次序相关
　　　　分析 …………………………………………………… (173)
表 6.1 各影响因素的基本概况 …………………………………… (184)
表 6.2 影响因素的等级分布状况 ………………………………… (184)
表 6.3 影响因素的民族差异比较 ………………………………… (187)
表 6.4 影响因素的性别差异比较 ………………………………… (189)

表6.5	影响因素的政治面貌差异比较	（191）
表6.6	影响因素的父亲学历差异比较	（193）
表6.7	影响因素的母亲学历差异比较	（196）
表6.8	影响因素的家庭结构差异比较	（197）
表6.9	影响因素的学校类型差异比较	（199）
表6.10	影响因素的学科类型差异比较	（201）
表6.11	影响因素的学生干部差异比较	（202）
表6.12	影响因素的年级差异比较	（203）
表6.13	影响因素的居住地差异比较	（205）
表6.14	影响因素的家庭类型差异比较	（209）
表6.15	影响因素的家庭经济差异比较	（211）
表6.16	各影响因素与青少年背景变量的相关分析	（213）
表6.17	相关分析表	（215）
表6.18	影响因素对文化观的回归分析	（216）
表6.19	影响因素对政治观的回归分析	（216）
表6.20	影响因素对民族观的回归分析	（217）
表6.21	思想观念对文明素养的回归分析	（217）
表6.22	思想观念对行为选择的回归分析	（218）
表6.23	影响壮族传统文化融入思想政治教育的主要因素统计表	（225）

第一章

绪　　论

第一节　选题缘由

中国特色社会主义已进入新时代。新时代我国社会环境、所处国际环境发生巨大变化，由此引起的教育变迁、青少年价值观变迁日趋明显，呈现纷繁复杂的趋势。青少年的价值取向决定着未来中国社会的价值取向，这使得青少年思想政治教育面临严峻的考验。任何价值观都来源于一定的文化传统，因此优秀的传统文化有利于社会主义核心价值观的培育，有利于推动青少年思想政治教育改革创新。新时代条件下，思想政治教育具有文化选择、传承与创新的应然使命。因此，挖掘思想政治教育的文化内涵，揭示其丰厚的文化底蕴，既是文化育人的内在要求，也是思想政治教育创新的理论自觉。

全球化背景下，维护各民族团结、实现国家统一、复兴民族大业，是新时代中华民族面临的一项十分重要的任务。民族大团结事关国家统一和民族复兴。习近平总书记指出，各民族"像爱护自己的眼睛一样爱护民族团结，像珍视自己的生命一样珍视民族团结，像石榴籽那样紧紧抱在一起"，[①]习近平总书记在党的十九大报告中强调："全面贯彻党的民族政策，深化民族团结进步教育，铸牢中华民族共同体意识，加强各民族交往交流交融，促进各民族像石榴籽一样紧紧抱在一起，共同团结奋

[①]《习近平在参加十二届全国人大五次会议新疆代表团审议时的讲话》，《人民日报》2017年3月11日第1版。

斗、共同繁荣发展。"① 具有开放、包容、进取品格的壮乡人民，团结互助，艰苦奋斗，为维护祖国的统一、民族的团结和边境社会的稳定，做出了重要贡献，把广西建设成"四个模范"②，这是中华民族强大凝聚力的生动体现。壮族作为中华民族多元一体格局中的重要一员，在漫长的演进过程中，创造了许多独具壮族特色的文化成果，这是中华文化的有机组成部分。文化是以文化人和以德育人最重要的途径。③ 壮族优秀传统文化，如热爱国家民族、维护祖国统一的爱国主义思想，知理尚义、济困扶危的社会公德观，尊老爱亲、邻里和睦的家庭道德观等，对于推动壮族地区全面建成小康社会，维护边疆安全稳定，培育和弘扬社会主义核心价值观，加强生态文明建设等，都具有重要的意义与价值。④

广西是中国民族团结的典范。2018 年是广西壮族自治区成立 60 周年，值此，选取"壮族优秀传统文化融入青少年思想政治教育研究"，研究壮族优秀传统文化和青少年思想政治教育的关系问题，既是一个理论问题也是一个实践问题，既是一个热点问题也是一个难点问题，既是一个老问题也是一个新问题。解决这个问题，有利于弘扬壮族优秀传统文化，有利于提高壮族地区青少年思想政治教育的实效性、针对性、科学性，有利于青少年思想道德素质的提高，更有利于促进民族团结、社会主义文化发展、中华民族的伟大复兴。

第二节 研究目的和意义

一 研究目的

以马克思主义基本理论和方法为指导，通过文献分析、现状调查、多学科分析等方法，以壮族优秀传统文化融入青少年思想政治教育为研究对象，在梳理和分析国内外相关理论和教育实践的基础上，对壮族优

---

① 《习近平谈治国理政》（第三卷），外文出版社 2020 年版，第 31 页。
② "四个模范"，即广西经过各民族人民的共同努力，成为我国民族团结的模范、维护统一的模范、维护稳定的模范，是我国民族关系"三个离不开"的模范。
③ 陈先达：《文化自信是对民族生命力的自信》，《新西部》2017 年第 17 期。
④ 唐凯兴等：《壮族伦理思想研究》，人民出版社 2016 年版，第 19 页。

秀传统文化融入青少年思想政治教育问题进行研究，探讨壮族优秀传统文化融入青少年思想政治教育的学理基础、现实需求，致力于搭建壮族优秀传统文化融入青少年思想政治教育的理论架构，探究壮族优秀传统文化融入青少年思想政治教育的主要做法、现状、特点、经验、影响因素，分析存在的问题及原因，构建壮族优秀传统文化融入青少年思想政治教育机制的整合模型，有针对性地提出壮族优秀传统文化进一步融入青少年思想政治教育的对策建议。

二 研究意义

（一）理论意义

有利于深化壮族优秀传统文化与青少年思想政治教育的理论研究。本书以广西壮族自治区成立60周年为背景，以青少年为主体，以壮族优秀传统文化融入青少年思想政治教育为研究对象，力图夯实"融入"的理论研究，构建"融入"的整合模型，为壮族优秀传统文化的传承发展和民族地区青少年思想政治教育的时代性发展，提供理论上的依据。

有利于拓展民族团结教育研究的深度和广度。民族思想政治教育能够把各族优秀传统文化，凝聚在中华民族共有精神家园中，引导各族人民坚定社会主义信念，为促进民族团结，维护国家统一，铸牢中华民族共同体意识，实现伟大复兴提供精神支撑，有利于形成凝聚和维系中华民族力量的共有精神家园。

（二）实践意义

有利于壮族地区面向青少年培育和践行社会主义核心价值观。任何价值观都源于文化传统。应基于文化传统，培育和践行社会主义核心价值观。改革开放以来，我国社会经济基础日趋多元化，新媒体凭借互联网实现迅猛发展，这也引起了社会思潮的多元多样多变，对青少年特别是民族地区青少年产生了重要影响，分析民族地区青少年思想政治教育面临的挑战，探究各种因素对青少年价值观形成的影响和规律，开展壮族优秀传统文化融入青少年思想政治教育的研究，有利于进一步把握在壮族地区青少年中培育和践行社会主义核心价值观的一般规律。

有利于推动壮族地区青少年思想政治教育的改革与创新。青少年思想政治教育实效性的提升需要文化的融入，而壮族优秀传统文化蕴含着丰富的思想政治教育资源，具备相应的价值。壮族优秀传统文化融入青少年思想政治教育，提供了新载体和新形式，丰富了内容、方法、渠道和环境，能够促进民族思想政治教育研究与实践的进一步发展。

有利于为壮族及我国少数民族地区，探索具有民族和地域特色的青少年思想政治教育方法、路径。通过实证研究，全面掌握壮族优秀传统文化融入青少年思想政治教育的现状、特点、影响机制，并提出相应的路径策略，可以为民族地区各级党政宣传、教育、民族、文化等相关部门制定政策、开展民族教育、开发壮族文化产业、传承壮族文化等，提供参考依据，有利于挖掘壮族优秀传统文化的思想政治教育资源与内容，有利于壮族地区青少年思想政治教育有效性的提升，有利于促进壮族文化的传承发展，也可以为其他少数民族地区探索具有民族和地域特色的青少年思想政治教育方法、路径，提供实践参考。

第三节　国内外研究现状和发展趋势

一　国内研究现状

（一）关于壮族和壮族传统文化的研究

中华民族多元一体格局理论，深刻阐述了少数民族与中华民族的关系。壮族历史悠久、源远流长，在中国古籍中也很早就有了关于壮族先民的记载。国内关于壮族和壮族文化研究的视域涉及民族学、人类学、文化学、社会学、教育学、语言学、民俗学等领域，研究内容涉及壮族的族源、社会发展史、语言文字、古崖画、铜鼓文化、壮语地名、壮族宗教信仰、壮族哲学思想、伦理道德、民间文学艺术、音乐舞蹈、壮族医药、壮族风俗、壮族经济史、壮族与周边民族关系、重要事件和重要人物、土司与土司制度、科技文化等方面。国内关于壮族和壮族文化的研究成果较为丰富，这为本论题的开展奠定了良好的研究基础，本书只梳理其中较为重要且与本书相关的研究成果。

1. 关于壮族和壮族传统文化的研究历史

国内学者对壮族和壮族文化的研究，大致可分为三个时期：一是19世纪末20世纪初。1928年钟敬文发表的《僮民考略》等文章，成为中国知识分子开始壮族研究的标志。徐松石著的《粤江流域人民史》《泰族僮族粤族考》，开启了壮学研究的新篇章。二是新中国成立后到改革开放前。《广西壮族社会历史调查》与《广西壮族历史与现状》等著作为代表。三是改革开放至今。以《壮族简史》到《壮族通史》为代表，研究肯定了在壮族民间文化等文化现象中，蕴含着壮族人民爱国爱家、团结互助等诸多富含积极价值的道德观念及其价值。[①] 这一时期壮族研究的基础资料，不断得到挖掘和整理，如《广西壮族社会历史调查》第1—7册、《壮族百科词典》《壮族麽经布洛陀影印译注》（1—8卷）、《壮族诗经译注》《壮族伦理道德长诗传扬歌译注》的出版。[②] 可见，壮族及其传统文化的研究成果丰硕，为本研究提供了充足的文献资源。[③]

2. 当前关于壮族和壮族传统文化的研究

一是关于壮族传统文化及其特征的研究。著名壮学专家梁庭望曾说过："壮族是一个很讲道德、礼节、伦理的民族，有着悠久的伦理道德传统。"[④] 黄桂秋将壮族文化分为壮族物质文化、制度文化、精神文化三部分，他认为壮族传统文化具有鲜明的稻作文化特征，此外还具有多民族文化融合、民生文化取向、和谐文化内涵等特征。[⑤] 唐凯兴将壮族传统文化分为民间文学、传统艺术、体育文化、传统习俗、民间信仰等。[⑥] 过伟认为，人文始祖是民族的始祖神和文化创造神；壮族的人文始祖母洛甲、布洛陀，仍在民间口传神话、古歌和民间信仰及宗教经典中传承。[⑦] 韦顺莉认为，壮族的宽容民族文化心理，是壮族传统文化的显著特征之一；

[①] 刘祥学：《壮族地区人地关系过程中的环境适应研究》，博士学位论文，复旦大学，2008年，第6、7页。
[②] 张声震：《张声震民族研究文集》（上），广西民族出版社2012年版，第83—88页。
[③] 李富强、潘汁：《壮学初论》，民族出版社2009年版，第33—77页。
[④] 梁庭望：《壮族文化概论》，广西教育出版社2000年版，第391页。
[⑤] 黄桂秋：《壮族传统文化与现代传承》，光明日报出版社2015年版，第245—251页。
[⑥] 唐凯兴等：《壮族伦理思想研究》，人民出版社2016年版，第93页。
[⑦] 过伟：《壮族人文始祖论》，《广西民族研究》2005年第4期。

通过对具体的民俗文化事象，诸如干栏式建筑、传统服饰与饮食，以及"都老"制遗风等方面的剖析，揭示和探讨了壮族宽容性心态的社会表现。① 曾杰丽认为，壮族民间信仰蕴含着丰富的和谐生态伦理观念，这对于实现壮民族地区生态环境和社会经济之间的相互协调与可持续发展，具有重要的现实价值。② 俸代瑜认为，壮族传统文化中普遍存在着一种"和谐"理念，这是壮族地区构建社会主义和谐社会的一种潜在优势资源。③

二是关于壮族传统文化形成与变迁的研究。刘祥学认为，"汉化"与"壮化"是壮族地区民族关系发展过程中的常见现象，深刻影响到这一现象的，除了文化因素外，亦有明显的地理因素。自宋以来，广西壮族地区所发生的"汉化"与"壮化"现象的背后都有人地关系因素在起作用。④ 吴德群对社会转型期壮族民间文化变迁的特征、变迁的动力、变迁的过程、变迁的趋势，以及壮族民间文化变迁的社会影响、国家及地方政府引导壮族民间文化变迁的实践努力、国家及地方政府在保护壮族民间文化过程中面临的困境与对策等重要问题进行了实证研究。⑤ 黄平文认为，壮族文化在其发展过程中，与汉文化接触，并从汉文化中吸收了大量的文化因子充实自己。在汉文化的强大影响之下，壮族民众的文化观，虽不同程度地发生了变化，但由于民族"底层文化"的影响，他们的文化心理取向与内在的民族文化发生了矛盾和冲突。⑥ 杨丽萍认为，在现代化进程中，应建立起新的壮族文化的传习和延续机制，促进壮族文化在多元化的空间中演化发展。⑦ 蒋平认为，时代的发展和社会的进步，不断

---

① 韦顺莉:《论壮族的宽容文化心理之表现》,《广西民族研究》2002年第3期。
② 曾杰丽:《壮族民间信仰的和谐生态伦理意蕴》,《广西民族大学学报》(哲学社会科学版) 2008年第6期。
③ 俸代瑜:《壮族传统文化与构建社会主义和谐社会》,《桂海论丛》2006年第6期。
④ 刘祥学:《壮族地区人地关系过程中的环境适应研究》, 广西师范大学出版社2013年版, 第3页。
⑤ 吴德群:《社会转型期壮族民间文化变迁研究》, 中国社会科学出版社2017年版, 第1—5页。
⑥ 黄平文:《论当代壮族的文化价值取向与冲突》,《中央民族大学学报》2001年第2期。
⑦ 杨丽萍:《壮族栖居空间的变迁与文化传习机制的重构》,《中央民族大学学报》(哲学社会科学版) 2013年第3期。

推动着壮族儿女创新和发展民族传统文化，使其达到新的形态。①蒋明伟认为，可通过内容、场域、主体三重转型，来促进壮族民歌文化可持续发展，即融合现代文化元素提升壮族民歌社会适应力，以现代文化生活为依托重构壮族民歌新型支撑环境，以多元主体取代单纯壮族，拓展壮族民歌传承空间。②覃彩銮认为，在现代化进程中，需要加强对其节日文化的保护与传承，实现节日文化的重构与创新。③

三是关于壮族传统文化价值的研究。唐凯兴对壮族伦理思想这一壮族文化的核心内容，进行了较为全面系统的研究，归纳论述了壮族公共生活道德、壮族婚姻家庭道德、壮族经济伦理、壮族政治伦理等道德规范和伦理观念，以及壮族践行道德规范的道德教育和修养的实践活动；探讨了壮族伦理思想在我国社会主义现代化建设中的现实价值及其有效实现的路径。④邓艳葵认为，壮族对"山、树、雷、蛙"等的自然崇拜，以及神话传说、民间信仰等都蕴含着丰富的生态伦理思想，实质上反映了壮族人民在长期的生存与发展过程中，自觉形成的自然至上、人与自然和谐相处的生态规范和精神追求，在当今推动"生态广西"构建中有着重要的意义。⑤申扶民等认为，西江流域生态文化孕育于劳作活动、栖居环境、礼仪风俗、文学艺术、多民族和谐共生中，必须使西江流域生态文化之类的传统文化走出边缘状态，做好传统文化的传承和保护工作，促成生态文明的到来。⑥王红认为广西壮族师公戏，不仅以民间艺术的形式呈现广西壮族伦理道德的多维内涵，还在角色类别、表演形式、动作语言等方面，体现出广西壮族伦理道德外在性与内在性的高度统一。⑦

---

① 蒋平：《改革开放以来壮族传统文化的存续与变迁》，《广西民族研究》2015年第5期。
② 蒋明伟：《从传统到现代：壮族民歌文化可持续发展的三重转型——以广西靖西市为例》，《广西社会科学》2016年第2期。
③ 覃彩銮：《壮族节日文化的重构与创新》，《广西民族研究》2012年第4期。
④ 唐凯兴等：《壮族伦理思想研究》，人民出版社2016年版，第415页。
⑤ 邓艳葵：《壮族传统生态伦理价值探究》，《广西民族大学学报》（哲学社会科学版）2012年第2期。
⑥ 申扶民、滕志朋、刘长荣：《广西西江流域生态文化研究》，中国社会科学出版社2015年版，第1页。
⑦ 王红：《壮族伦理道德的艺术抒写：广西壮族师公戏研究》，《中南民族大学学报》（人文社会科学版）2010年第4期。

四是关于壮族文化认同与国家认同的研究。李富强认为，壮族具有统一的族体认同意识和中华民族认同意识，构成了壮族文化"和而不同"的格局。① 覃彩銮认为，壮族的民族认同和国家认同，经历了长期的不断积累、不断发展和提升的过程。② 杨丽萍认为，要加强壮族文化的认知教育，以此实现文化认知到民族认同，建构起理性的民族认同。③ 杨海认为，根据壮族天人互动互适文化模式，有针对性地推进社会主义核心价值体系公众认同，对于调适壮族文化，引领壮族文化良性转型和健康发展，具有十分重大的理论意义与实践价值。④ 赵锦等认为，合理的民族认同结构可以促进社会稳定。⑤

五是关于壮族传统文化保护传承的研究。黄启学认为，壮族文化的传承发展，面临着市场经济、改革开放、民族同化三大挑战。⑥ 李富强认为，全球化给壮族传统文化带来挑战和机遇，展现和分析现代化过程中歌圩文化、壮族医药等壮族传统文化的境遇及其保护和发展的状况，可以为当代壮族更好地发展、为中华民族伟大复兴，提供一些面向实践的理论思考。⑦ 黄桂秋认为，特别是改革开放以后，随着民间文学搜集整理与三套集成工作开展，广西壮学会成立，以及"壮学丛书"的编纂出版，非物质文化遗产传承及文化生态保护区建设等系统工程的全面推进，壮族文化的保护传承取得了可喜的成绩。⑧ 秦红增、万辅彬等认为，铜鼓文化在新时代的复兴是壮族人民在物质生活水平提高后精神风貌的映射，

---

① 李富强：《壮族认同论》，《社会科学战线》2006年第1期。
② 覃彩銮：《壮族的国家认同与边疆稳定——广西民族"四个模范"研究之二》，《广西民族研究》2010年第4期。
③ 杨丽萍：《从文化认知、文化自信到民族认同的转化与整合》，《湖南师范大学教育科学学报》2012年第6期。
④ 杨海：《壮族地域社会主义核心价值体系公众认同研究》，《西南民族大学学报》（人文社会科学版）2013年第5期。
⑤ 赵锦山、徐平：《广西壮族自治区民族文化认同调查研究》，《中南民族大学学报》（人文社会科学版）2014年第2期。
⑥ 黄启学：《民族文化传承发展面临的三大挑战与对策浅析》，《西南民族大学学报》（人文社会科学版）2013年第1期。
⑦ 李富强：《其命维新：壮族传统文化保护与发展实践论》，民族出版社2014年版，第1—4页。
⑧ 黄桂秋：《壮族传统文化与现代传承》，光明日报出版社2015版，第252页。

是民族文化建设和社会主义精神文明建设的有机组成部分。[1] 刘婷认为，布洛陀文化的当代重构，是民族文化自觉、民间社会文化消费欲望的复醒、文化产业发展尤其是文旅事业发展与商业利益驱动等因素共同作用而造成的。[2] 覃德清认为，要审视民歌传统和诗性思维的文化价值，使人类文明的未来发展充溢着诗性的精神。[3] 易春燕、黄珊认为，壮族传统文化的传承，是关系民族永续发展的重大问题，要结合广西的实际情况，具体分析壮族传统文化的原真型传承模式、产业发展型传承模式、文化重塑型传承模式，创造壮族传统文化新的辉煌。[4] 覃德清认为，实施壮族文化建设，需要界定"文化建设"的内涵和外延，理解文化建设的原初真义，提升壮族文化建设的品质，从"非遗"保护介入文化建设实践，构筑壮族文化传承的新机制。[5] 王延华等认为，壮族文化模式要在固守传统文化合理内核的基础上，保持自己文化的民族个性。[6]

六是关于壮族传统文化传播发展的研究。李建平认为，壮族文化参与中国—东盟自贸区建设，可以以文化认同理念发掘中国—东盟合作发展文化产业的巨大资源。[7] 杨宁宁等就民族文化纪录片拍摄，民族文化主题的动漫、网络游戏的开发，民俗节日和演艺节目开发，民族服饰开发，民族文化与教育传承，特色旅游项目等方面，提出了可操作性强的意见建议。[8] 黄桂秋认为，改革开放以后，伴随着多媒体数字化技术的日新月异，壮族文化借助各种传播平台也融入到时代的潮流，典型的有：黑衣

---

[1] 秦红增、万辅彬：《壮族铜鼓文化的复兴及其对保护民族民间文化的启示》，《中南民族大学学报》（人文社会科学版）2005年第6期。

[2] 刘婷：《壮族布洛陀文化的当代重构及其实践理性》，博士学位论文，中南民族大学，2012年，第199—205页。

[3] 覃德清：《非物质文化遗产保护视野中壮族民歌传统与诗性思维的文明史价值》，《中南民族大学学报》（人文社会科学版）2012年第6期。

[4] 易春燕、黄珊：《广西壮族传统文化传承模式研究》，《新西部》2018年第15期。

[5] 覃德清：《壮族文化建设的理论观照与路径选择》，《中央民族大学学报》（哲学社会科学版）2016年第2期。

[6] 王延华、覃明兴：《文化哲学视阈下的壮族文化模式》，《沈阳师范大学学报》（社会科学版）2009年第6期。

[7] 李建平：《文化软实力与经济社会发展》，江苏大学出版社2013年版，第113—164页。

[8] 杨宁宁：《经济全球化背景下的广西民族文化传承与发展策略研究》，广西师范大学出版社2015年版，第75—82页。

壮文化被发现，歌剧《瓦氏夫人》、舞剧《妈勒访天边》等戏剧影视艺术传播，壮族布洛陀文化重建，大型山水实景《印象·刘三姐》文化品牌的创立，《壮族在线》及网络传播，南宁国际民歌艺术节的举办等。① 梁嘉等提出壮族文化遗产数字化保护与传播的策略，即对壮族文化遗产资源进行数字化采集、数字化存储与开发、数字化娱乐设计，以及搭建广西壮族文化遗产数字化资源网络共享平台等。② 李振艺认为，广西区域文化产业圈的构建，要结合国家对广西的发展定位，面向东盟，融入"一带一路"。③

（二）关于壮族地区思想政治教育的相关研究

关于民族地区思想政治教育的研究，徐柏才等认为，民族思想政治教育已形成了基本理论、民族团结教育等诸多论域，呈现出系统性理论研究与学科建构深化发展的特点。④ 崔运武从概念、功能、特征、目标和任务等方面，系统分析了少数民族的思想政治教育问题。⑤ 彭东琳从少数民族地区的地域分布、思维方式和心理素质等差异的维度，提出开展民族地区思想政治教育工作，要坚持原则同一性和民族差异性的统一，以及文化传承与教育创新相统一的原则。⑥ 刘国栋指出，对民族地区大学生进行马克思主义信仰教育，要综合分析其特殊性，如民族传统文化、宗教信仰和经济环境等。⑦ 罗家锋认为，民族地区特殊的历史传统、文化样态、宗教信仰、经济基础等，决定了思想政治教育的复杂性；立足供给侧改革背景，从社会治理、偶像生成、资源开发等角度探讨民族地区思想政治教育机制建构问题，既是对思想政治教育模式的创新，也是提升

---

① 黄桂秋：《壮族传统文化与现代传承》，光明日报出版社 2015 年版，第 270—283 页。
② 梁嘉、赵颜、王庆：《壮族文化遗产数字化保护与传播路径新探》，《广西民族大学学报》（哲学社会科学版）2015 年第 1 期。
③ 李振艺：《广西文化产业圈的构建——基于 CAFTA 框架》，中国社会科学出版社 2016 年版，第 130—135 页。
④ 徐柏才、孙明福、邓纯余：《回顾与展望：民族思想政治教育的研究进展》，《西南民族大学学报》（人文社会科学版）2014 年第 11 期。
⑤ 崔运武：《中国少数民族地区思想政治教育》，云南大学出版社 2005 年版，第 1—14 页。
⑥ 彭东琳：《民族地区思想政治教育的特点和原则》，《社会科学家》2011 年第 2 期。
⑦ 刘国栋：《民族地区大学生马克思主义信仰教育研究》，《内蒙古师范大学学报》（教育科学版）2016 年第 1 期。

民族地区社会文明程度、维系社会和谐的关键。① 壮族地区思想政治教育的相关研究文献,梳理如下:

一是关于广西高校思想政治教育理论课的研究与实践。秦斌、赵君以实践为基础,从教学效果提升、教学改革研究、教师队伍建设、有针对性开展教学、加强校际交流以及加强学科建设支撑等六个方面,总结了"05方案"实施以来,广西高校思想政治理论课建设改革的政策脉络、理论成果和实践成果,并结合当前国内外大环境、青年学生思想实际、社会多元化价值标准,以及互联网技术发展的现实情况,全面分析了广西高校思想政治理论课需应对的新情况和新问题,提出了切合广西实际情况的思想政治理论课建设方案和措施。② 冯刚认为,广西高校根据"05方案"扎实推进思想政治理论课教育教学改革,形成了很多好的做法和经验。③ 秦在东认为,广西独特的区域文化特点,也为思想政治理论课教学提供了广阔的资源宝库。自"05方案"实施以来,广西高校在思想政治理论课教学方面形成了不少可借鉴、可推广的好做法。④ 谢成宇认为,广西通过制定有针对性的制度政策,搭建并拓展项目研究平台,培养了一批具有正确政治方向、热爱教育事业、思想品德良好、马克思主义理论扎实的适应时代发展和需要的高素质教师队伍。⑤

二是关于广西高校思想政治教育模式、资源与载体的研究。曾令辉、石丽琴倡导基于新媒体网络环境下先学后教再实践的教学方式,构建涵盖新媒体环境下思想政治理论课全过程全方位的"三三制"的教学模式,实践表明该教学模式为西部民族地区思想政治理论课教学改革树立了典

---

① 罗家锋:《论民族地区思想政治教育供给侧改革机制构建》,《贵州民族研究》2018年第4期。
② 秦斌、赵君:《"05方案"实施以来广西高校思想政治理论课研究与实践》,人民出版社2016年版,第194页。
③ 冯刚:《高校思想政治理论课研究与实践的新探索——〈"05方案"实施以来广西高校思想政治理论课研究与实践〉》书评[EB/OL],光明网,http://share.gmw.cn/politics/2018-04/16/content_28352108.htm,2018年4月16日。
④ 秦在东:《广西高校思想政治理论课建设的经验与启示——评〈"05方案"实施以来广西高校思想政治理论课研究与实践〉》,《学校党建与思想教育》2018年第9期。
⑤ 谢成宇:《高校思想政治理论课建设实践与探索——评〈"05方案"实施以来广西高校思想政治理论课研究与实践〉》,《湖北社会科学》2018年第2期。

型范例。① 蔡亮、桂署钦认为，选择并将广西地方历史文化资源，引入"中国近现代史纲要"课理论教学和实践教学，要重视教学资源库建设，坚持吻合性原则，注意充分发挥教师的引导作用。② 李苒认为，要充分利用桂北红色资源，运用校园文化、课堂教学以及"融媒体"等方法，带动大学生政治认同教育。③ 周妍认为，广西的少数民族文化、红色文化等蕴含着丰富的思想政治理论课特色教育资源，高职院校思想政治理论课应当有的放矢、实事求是，有效利用本土教育资源。④ 许典利主要从民族地区高校大学生隐性思想政治教育的开发、运用、相关含义、实施的必要性、载体开发原则等方面，对高校大学生隐性思想政治教育这一问题，进行了相对全面而细致的探讨。⑤

三是关于广西高校思想政治教育其他方面的相关研究。汤志华等认为，民族地区师范院校思想政治教育专业在建设国家特色专业过程中，要牢牢把握"师范"性。⑥ 韦幼玲认为，广西民族院校把强化大学生思想政治教育，作为"基础工程、民心工程、希望工程和社会工程"抓实抓好，有利于推动广西民族院校大学生思想政治教育实现新跨越。⑦ 何昭红等研究发现，广西高校思想政治理论课教师的个人教学效能感，高于一般教学效能感。⑧ 汪文娟等采用实证调查，找出广西高校思想政治理论课

---

① 曾令辉、石丽琴：《新媒体环境下高校思想政治理论课"三三制"教学模式构建与实施》，《思想理论教育导刊》2018年第11期。

② 蔡亮、桂署钦：《广西历史文化资源融入"中国近现代史纲要"课教学探讨》，《教育与职业》2014年第21期。

③ 李苒：《利用红色资源提升大学生的政治认同教育——以桂北红色资源为例》，《高校辅导员学刊》2018年第1期。

④ 周妍：《论高职院校思想政治理论课本土教育资源开发利用——以广西为例》，《广西社会科学》2016年第8期。

⑤ 许典利：《大学生隐性思想政治教育载体的开发研究——以广西少数民族地区高校为例》，《广西民族师范学院学报》2014年第3期。

⑥ 汤志华、苏威：《思想政治教育国家特色专业建设略析——以广西师范大学思想政治教育专业为例》，《继续教育研究》2012年第3期。

⑦ 韦幼玲：《广西民族院校大学生思想政治教育研究》，《黑龙江民族丛刊》2014年第4期。

⑧ 何昭红、欧海青、梁玉凤：《广西高校思想政治理论课教师教学效能感的调查与分析》，《广西师范大学学报》（哲学社会科学版）2009年第5期。

教学存在的问题并分析原因,以期提高教学效果。① 牙远波认为,广西应提高新建本科院校的教学水平和科研能力,建立健全思想政治理论课教学运行保障制度。② 梁英分析了桂林高校思想政治理论课精品课程网站的利用状况。③ 樊常宝认为,对高校民族预科生进行思想政治教育,是民族教育工作者的一个重要任务,民族预科生贫困面大、心理问题多、网络负面因素等,影响着思想政治教育的效果。④ 严丽丽等认为,医学高职高专应结合实际,建立切实有效的思想政治教育运行机制。⑤ 关于广西成人思想政治教育的研究,易文悝等通过实证调查,对广西党校系统教职工思想状况出现问题的原因进行客观分析,提出了加强党校教职工思想政治工作的对策建议。⑥ 覃其宏等调查分析了当前广西职工思想的基本情况,影响职工思想的主要因素,以及职工思想政治工作中存在的问题。⑦ 广西青少年思想道德建设方面,陈洪波调查发现,青少年的价值观念、道德状况容易受到媒介影响,政府和高校、家庭、社会应该联合改进青少年的媒介素养教育和道德教育。⑧

(三)关于壮族传统文化与思想政治教育结合的成果

检索相关文献可以发现,直接研究资料极少,分析现有研究成果发现,当前的研究均是间接性地涉及这一领域,尚没有题为"壮族优秀传统文化融入青少年思想政治教育"的成果。

一是关于壮族传统文化与思想政治教育的研究。龙海平等认为,"歌

---

① 汪文娟、张新勤、孔庆为:《浅谈广西高校思想政治理论课教学效果存在的问题及其对策》,《长春理工大学学报》2011年第9期。

② 牙远波:《广西欠发达地区新建本科院校思想政治理论课教学团队建设中存在的问题与对策》,《传承》2011年第25期。

③ 梁英:《桂林高校思想政治理论课精品课程网站的利用》,《教育评论》2012年第6期。

④ 樊常宝:《民族预科生思想政治教育的难点与对策》,《民族论坛》2012年第22期。

⑤ 严丽丽、宋强玲、零东智:《广西医学高职高专大学生思想政治教育运行机制研究》,《学术论坛》2010年第4期。

⑥ 易文悝、介燕菁、梁少英:《新形势下加强党校教职工思想政治工作研究》,《桂海论丛》2018年第1期。

⑦ 覃其宏、徐健、覃妹锦等:《当前广西职工队伍思想状况及加强职工思想政治工作的调查研究》,《中国劳动关系学院学报》2014年第1期。

⑧ 陈洪波:《广西青少年媒介素养与道德状况调查及启示》,《新闻界》2013年第23期。

圩文化"作为农村思政教育新的载体与平台,是教育对象特殊性的内在要求。① 罗雅静总结了壮族传统文化中蕴含的思想政治教育资源,它们可以为壮族青少年思想培育提供借鉴素材。② 刘洋认为,将广西优秀区域文化融入高职思想政治理论课,可以通过校园文化、实践教学活动、人才培养方案等载体进行融合与渗透。③ 覃青必认为,弘扬壮族传统伦理道德文化应在课堂教学、社会实践、田野调查中,融入民族地区大学生思想政治教育。④ 李冠福认为,壮族传统文化有助于提升当代壮族大学生的个人品德修养,以及爱国主义教育和健全人格的培养。⑤

二是关于壮族传统文化与社会主义核心价值观的研究。代武社等认为,壮族聚居地可利用传统文化培育与践行社会主义核心价值观,包括壮族传统家庭教育、壮族传统节日庆典、壮族传统民俗文化等。⑥ 沈林、陶剑飞等认为,在壮族地区培育社会主义核心价值观要依托壮族优秀传统文化,因为社会主义核心价值观的培育必须植根于社会生活实践;在壮族地区培育社会主义核心价值观,要强化壮族传统文化与国民教育的有机融合,夯实社会主义核心价值观的培育基础。⑦

三是关于壮族传统文化与民族团结的研究。龚永辉等认为,充分发挥区域优秀传统文化的滋养作用,可以夯实中华民族共同体意识的八桂

---

① 龙海平、侯峥、封秋宁:《"歌圩文化":壮族农村思想政治教育新载体》,《思想政治教育研究》2015 年第 2 期。

② 罗雅静:《壮族优秀传统文化的思想政治教育功能研究》,硕士学位论文,华北水利水电大学,2017 年,第 31 页。

③ 刘洋:《广西优秀区域文化融入高职思想政治理论课教学的研究与实践》,《高教论坛》2017 年第 7 期。

④ 覃青必:《论壮族传统伦理道德文化在民族地区大学生思想政治教育中的融入》,《湖南科技学院学报》2016 年第 6 期。

⑤ 李冠福:《论壮族传统文化中的思想政治教育功能》,《产业与科技论坛》2012 年第 17 期。

⑥ 代武社、饶筠筠:《壮族传统文化对社会主义核心价值观培育和践行的促进作用探析》,《高教论坛》2016 年第 10 期。

⑦ 沈林、陶剑飞:《以壮族优秀传统文化培育社会主义核心价值观的路径选择》,《梧州学院学报》2017 年第 1 期。

根基。① 覃彩銮认为，世代传承的稻作农业生产方式，塑成了壮族包容开放的文化品格。② 罗彩娟认为，要抓住"一带一路"建设机遇，统筹资源以发展地方民族特色产业；加强对少数民族传统文化的宣传和教育，增强中华民族共同体意识；深入推进广西各民族交往交流交融。③

四是壮族传统文化与德育的相关研究。姚霖认为，自壮族教育思想产生伊始，其思想内容就有了对人、时空、伦理道德的思考。保守性与开放性的糅合，正是壮族古代教育思想在漫长的演进过程中形成的整体性特征。发展壮族教育事业，既要尊重其中固有教育思想的合理性，又需对其展开积极反思，以适应时空变化。④ 周妍等认为，为实现壮族优秀传统文化德育资源的当代价值，应把壮族优秀传统文化德育资源，融入教育教学全过程。⑤ 何广寿认为，高校大学生网络道德教育中的壮族传统德育资源，包括勤劳智慧的开拓精神、保家卫国的爱国精神、生态伦理道德精神等；开发壮族传统德育资源，应树立壮族德育资源开发的意识，大力推动高校网络德育建设，深入研究壮族地区传统文化，充分利用多元化传播形式。⑥ 李雪玲认为，壮族优秀传统文化形成了相对完整的民族文化传承序列，陶冶着民族情感。⑦ 黄雁玲认为壮族传统家庭伦理具有自发性、淳朴性、交融性等特点，要解决时代性与民族性等问题，推进其转向现代家庭伦理。⑧

---

① 龚永辉、俸代瑜、黄金海：《守正创新能帮善成和谐壮美——广西壮族自治区民族团结进步60年的基本经验》，《广西民族研究》2019年第1期。
② 覃彩銮：《壮族文化品格与广西民族团结》，《广西社会主义学院学报》2018年第3期。
③ 罗彩娟：《广西各民族交往交流交融的经验及其深化路径探讨》，《广西民族研究》2018年第5期。
④ 姚霖：《壮族古代教育思想史初探》，博士学位论文，中央民族大学，2013年，第231—235页。
⑤ 周妍、郭世平：《论壮族优良传统文化德育资源当代价值的表现与实践》，《广西社会科学》2017年第12期。
⑥ 何广寿：《简论大学生网络德育中壮族传统德育资源的开发与利用》，《学校党建与思想教育》2014年第19期。
⑦ 李雪玲：《壮族传统文化对广西中职生德育的作用》，《教书育人》（高教论坛），2014年第7期。
⑧ 黄雁玲：《壮族传统家庭伦理及其现代演变研究》，博士学位论文，中南大学，2013年，第276—312页。

二　国外研究现状

（一）国外关于壮族和壮族文化的相关研究

尽管中国古籍中很早就有了有关壮族先民的记载，但严格意义上的壮族研究是由外国人于19世纪末开启的。1885年英国柯奎翁著的《在掸族中》（Amost the Shans）及其导言《掸族的摇篮》（The Cradle of The Shan Race），是目前所见国外涉及壮族最早的论著。这时的壮族研究仅限于族源和分布，研究手段和方法比较单一，基本上局限于语言学或历史学的范畴。美、日等国皆有学者从事过壮族历史的研究。日本河源正博的成果主要有《论广西蛮酋的始迁祖——以左、右江流域为中心》《侬智高之叛乱与交趾》等，白鸟芳郎的成果主要有《华南土著住民之种族民族分类与历史背景》，主要涉及壮族的族源和社会经济结构，两人是近现代日本壮族史研究的奠基者。从国外文献来看，壮族的族源、社会结构、经济形态、民族关系是其研究的重点。[①]

（二）国外关于民族、文化、思想政治教育的相关研究

1. 国外对我国民族、文化与思想政治教育等相关问题的研究

国外的研究始于19世纪末，多以人类学视角对某一民族进行研究。20世纪80年代以来，国外兴起了一股研究中国传统文化的热潮，国际舞台上出现了"国学热""孔子热"。全球化的发展，使得西方不断认可中国传统文化。国外对中国文化与思想政治教育的相关论著极为鲜见，相关的有费正清的《剑桥中华人民共和国史》（1949—1965）、苏珊娜·佩斯的《80年代的中国教育改革》、塞缪尔·亨廷顿的《文明的冲突与世界秩序的重建》等。这些论著从不同的角度、层次和范围，剖析了中国教育的变革，特别是中国传统文化的影响和作用。

2. 国外关于民族、文化与思想政治教育等相关问题的研究

一是国外多元文化教育的研究。国外关于民族、文化教育的研究，主要是基于多元文化教育理论所开展的多元文化教育。"每一个文化都是

[①] 李富强、潘汁：《壮学初论》，民族出版社2009年版，第8—13页、第77—82页。

一首悦耳的抒情诗,我们只需去聆听它的韵律。"① 当前西方认为多元文化教育,主要是要培养民族学生对不同民族文化和价值体系的认同和理解。有学者认为,要突出少数民族在社会中的作用,构建基于少数民族文化特点的教育体系,传承少数民族文化。② 联合国教科文组织认为,多元文化教育应该既能满足特定文化社区的特殊需要,也要满足全球化和国家一体化的需要。③ 就是提高少数民族学生的综合素质,帮助他们获得自身文化传承,以及与其他民族进行文化交往的能力。④ 加拿大在发展积极的多元文化方面已经成为标兵,其多元文化教育包括:对本土语言的保护、传承和再学习,对民族多样性的互相理解和尊重。由于20世纪70年代的移民潮增加了文化的多样性,丹麦通过了一系列法案,帮助这些移民以及他们的子女更好融入丹麦社会,制定了所谓"新丹麦人"计划,实施民族融合教育。尼泊尔有104种少数民族语言,但是会说国家通用和学校教学语言——尼泊尔语的大概有48%,那些感到本民族语言和文化受到歧视的学生便辍学了。尼泊尔政府在全国实施了一项MLE(Multi-lingual Education)计划,结果发现,少数民族学生辍学率下降,自信心得到了提升。⑤ 总体而言,多元文化教育关注不同文化的合理与合法性,通过不同策略满足少数民族文化和教育平等要求,但只是反映文化多样性,缺乏坚实的哲学基础,"多元文化主义可以指任何东西,也可以什么都不指"⑥。所以,在借鉴多元主义教育时,应对其进行辩证分析。

二是国外德育文化的研究。德育是社会文化系统的一部分,具有意识形态属性,⑦"道德教育是为培养个人人格精神的一种文化活动"⑧。启

---

① Sir I. Berlin, *Vico and Herder*, New York: Vintage Books, 1976, p. 190.
② [美]瑞泽尔:《后现代社会理论》,谢立中译,华夏出版社2003年版,第270页。
③ 联合国教科文组织:《教育——财富蕴藏其中》,教育科学出版社1996年版,第225页。
④ 哈经雄、滕星:《民族教育学通论》,教育科学出版社2001年版,第40页。
⑤ 苏德:《民族教育政策:文化思考与本土建构》,教育科学出版社2014年版,第30—39页。
⑥ 宝玉柱:《民族教育研究》,中央民族大学出版社2009年版,第4页。
⑦ 张澍军:《德育哲学引论》,中国社会科学出版社2008年版,第140—145页。
⑧ 苏振芳:《道德教育论》,社会科学文献出版社2006年版,第42页。

蒙运动造就了西方现代文化,这是西方现代德育的基础。[①] 当代西方德育文化按照学科划分,可以划归到哲学、心理学、社会学、教育学等领域,如道德教育哲学的杜威实验主义、存在主义,道德教育心理学的行为主义、道德认知社会学习理论,道德教育社会学的涂尔干的道德教育、帕森斯的道德社会化理论;按照模式分类法,可以分为理论建构模式、体谅模式、评价过程和澄清模式、价值分析模式、认知的道德发展模式、社会行动模式等。[②] 其中,认知发展道德教育理论提出了"三水平六阶段"道德认知发展论,重点在于通过进行道德两难故事讨论,掌握儿童的道德意识、道德认识的发展水平。人本主义道德教育理论提出"以学生为中心",强调发展个体的"自我实现"。社会学习道德教育理论重视榜样的示范作用,格外关注道德形成过程中,社会文化环境与个体之间的交互作用。价值澄清理论提出只有完全经历"选择、赞赏、行动"的七个阶段,才能彻底澄清并获得价值观。完善人格道德教育理论的宗旨是使儿童形成完善的人格,即道德的认识、情感和行为三部分。体谅关心德育理论尊重学生人格,强调情感在道德教育中的作用。可见,西方德育文化蕴含着实践精神,其内核是人本主义与理性主义,比外在灌输型德育有进步性。[③] 但是,西方德育陷于文化矛盾中,一是个体自我的过度张扬和对社会限制的肆意排斥,即个体与社会之间的矛盾;二是科学理性与价值理性的对立,西方现代社会的功利与德行之间存在着不可调和的矛盾,所以西方德育文化也是一种新的片面的德育观。[④]

三是国外思想政治教育的研究。西方文化中没有思想政治教育的概念,但是却一直存在着相关的实践工作,如公民教育、价值观教育、道德教育、传统文化教育、宗教教育、法制教育、历史地理教育、品格教

---

① 郭凤志:《德育文化论》,中国社会科学出版社2008年版,第179页。
② 戚万学、唐汉卫:《现代道德教育专题研究》,教育科学出版社2005年版,第107—109页。
③ 檀传宝:《当代东西方德育发展要览》,人民出版社2013年版,第10—15页。
④ 郭凤志:《德育文化论》,中国社会科学出版社2008年版,第156—186页。

育、生活教育、社会问题研究等,[①] 其职能基本与我国的思想政治教育相当。公民教育在西方有着悠久的历史,职能是传承政治文化,目标是为公共政治生活培育良好的公民,因此塑造好公民成为当代西方学校价值教育的一种基本任务。西方多元社会公民教育的价值指针是政治自由主义,"价值无涉"是20世纪中叶较为流行的模式。美国作为多元文化国家,有着较为长久的公民教育历史,[②] 其公民教育最具代表性。其中美国公民教育中心是美国公民教育领域最有影响的智库之一,其编写的《公民学与政府国家标准》得到49个州响应;研发了20多类课程和教材,有近2700万中小学生用其材料学习美国核心价值观;90年代中期至今,大力实施国际化战略,影响83个国家,有15个国际合作伙伴,成为美国输出价值观的重要工具。[③] 但是,公民教育以公共价值观为中心,却将私人价值观、个体之善排除在公共教育之外。[④] 英国将公民教育与宗教教育相结合,2002年起公民教育作为基础学科成为法定的国家课程。品格教育源于亚里士多德的"美德—习惯"模式,基于美国道德共识的崩溃及日益严重的道德危机,美国新品格教育在20世纪90年代扩展为全国性的教育改革运动,并获得政府大力支持,新品格教育组织也纷纷成立。新品格教育唤醒了人们对个体道德价值观的关注,将社会道德价值观转化为个体品格是其主旨,"使每个人发展成为完善的人",核心为道德的认知、情感与行为,内容为责任、尊重、诚信、公正、关爱、公民意识,具有道德教育社群化、生活化,注重以学生为本调动其内在因素产生内化效应等特征。[⑤] 但是,新品格教育的具体内容和概念,即使在美国本土,也不统一;对于核心价值观也没有很好的定义,运用保守的道德观

[①] 熊建生:《构建"三个面向"的思想政治教育内容体系》,《思想教育研究》2013年第12期。
[②] 王玄武:《比较德育学》,武汉大学出版社2003年第2版,第204—208页。
[③] 束永睿、傅安洲、胡秋梅:《从学术团体到国家智库:美国公民教育中心的历史考察》,《清华大学教育研究》2017年第5期。
[④] [英] J. 马克·霍尔斯特德、马克·A. 派克:《公民身份与道德教育》,杨威译,社会科学文献出版社2017年版,第2—6页。
[⑤] 刘济良:《新时期道德教育研究》,中国社会科学出版社2018年版,第211—227页。

点来开展新品格教育;道德服从压倒了道德判断等多样化的教育目标等。[①] 由以上分析可见,公民教育与新品格教育的价值定位和实践操作等存在着歧异,但也存在着交集,近年来,公民教育与新品格教育在美国等西方国家学校价值教育中,出现逐渐融合的趋势,但融合中存在着价值困境,这是当代西方社会道德困境、政治困境在学校教育领域里的投影。德国政治教育有着悠久的历史传统和深厚的思想文化渊源,二战后越来越受重视,逐步构建了具有德国特色并在西方发达国家中有典型意义的理论与实践体系。当代德国政治教育的目的在于促进公民在政治上的发展,并巩固政治权利的合法性,主要包括政治修养、政治认知——参与和政治社会化等理论。[②] 德国联邦政治教育中心是当代德国民族政治教育的决策、组织、实施和管理机构,居于核心地位。[③] 法国二战后实施的"公民与道德教育",强调首先不是知识的获得,而是行为实践的学习,灌输统治阶级的意识,具有强烈的意识形态性。[④] 研究还发现国外的思想政治教育,都比较注重将民族精神、传统文化相结合,注重时代化、生活化,尊重青少年的主体性及身心发展规律,并全面渗透到校园内外和社会生活中。

三 研究存在的问题

根据现有文献分析发现,对壮族文化的研究呈现多学科交叉的态势,专业化、系统化水平持续提升。但是在具体研究中,由于缺乏思想政治教育学的直接参与,导致目前思想政治教育中对壮族优秀传统文化的研究,依附于其他学科的研究来开展,具有明显的间接性。可见,当前的相关研究,缺乏思想政治教育的学科性和专业性,也没有以此为题的成果。不足之处:一是缺乏综合、系统的论证与建构。学术界或进行宏观研究,或就少数民族传统文化某一部分的内容或单一角度开展研究,对

[①] [英] J. 马克·霍尔斯特德、马克·A. 派克:《公民身份与道德教育》,杨威译,社会科学文献出版社2017年版,第9—10页。

[②] 傅安洲、阮一帆、彭涛:《德国政治教育研究》,人民出版社2010年版,第2—13页。

[③] 阮一帆:《德国联邦政治教育中心发展历史研究》,人民出版社2016年版,第2页。

[④] 檀传宝:《当代东西方德育发展要览》,人民出版社2013年版,第192—193页。

壮族文化如何融入青少年思想政治教育理论与实践，缺乏整体、系统的研究与论述。二是学理分析较少。关于壮族文化与青少年思想政治教育的内涵界定、互动关系、运行的机制，缺乏深入的理论分析。三是缺乏在新时代背景下的相关研究，特别是在广西壮族自治区成立 60 周年的背景下，挖掘利用壮族优秀传统文化中的思想政治教育资源与价值，显得尤为必要。

四　研究发展趋势

壮族优秀传统文化与青少年思想政治教育相结合的研究，能够推动壮族地区思想政治教育的创新发展。理论层面上，增强壮族传统文化融入思想政治教育的学科性和专业性。实践层面上，实现壮族优秀传统文化思想政治教育价值和资源的有效开发与利用。趋势：一是两者之间的互动、融通进一步深化、系统化的。二是对融入的现状、特点、影响因素、存在问题及原因、影响机制等的研究，会进一步加强，特别是通过实证研究予以探索。三是在理论与实践上，进一步探讨"融入"的方式、路径，以及民族思想政治教育适应"融入"的各项体系的建构等。四是对融入的实践经验总结及其推广，进行探索研究。

第四节　研究设计

一　研究目标和效果

第一，深化对壮族优秀传统文化融入青少年思想政治教育的理论研究。梳理相关理论，明确两组概念的基本内涵、表现形式、主要内容、基本特征、目标任务，分析"融入"的学理基础，阐明两者间的逻辑关联，建立较为系统、完善的理论框架，为同类研究提供理论基础。

第二，探明壮族优秀传统文化融入青少年思想政治教育的现状、成效、影响因素及存在问题。通过理论和实证研究，分析壮族优秀传统文化融入青少年思想政治教育中政府、学校、家庭和社会的主要做法，所发挥的作用，取得的经验，存在的问题及原因，探明"融入"的现状、特点及效果，探索"融入"的社会教育、学校教育、家庭教育、社区教育和自我教育等影响因素及其整合机制。

第三，有针对性地提出壮族优秀传统文化进一步融入青少年思想政治教育的对策建议。在理论分析与实证研究的基础上，结合"融入"的现状、特点、经验及问题和原因，结合"融入"机制整合模型，有针对性地提出"融入"的对策建议，具体包括"融入"的原则、路径、方法，以及"融入"的保障机制。

二 拟解决的关键问题

第一，厘清壮族优秀传统文化与青少年思想政治教育的内在关联，解决"'为什么'必须将壮族优秀传统文化融入青少年思想政治教育"的问题。结合有关理论，从相关概念出发，深入分析壮族优秀传统文化的思想政治教育功能和青少年思想政治教育的文化属性，从学理上探明两者间的逻辑关联和理论依据。

第二，建构壮族优秀传统文化融入青少年思想政治教育的理论框架，解决"壮族优秀传统文化融入青少年思想政治教育的'结构内容有哪些'"的问题。梳理相关理论，分析"融入"的可能性，阐明"融入"的重要性，揭示壮族优秀传统文化融入青少年思想政治教育的主体、原则、资源与环境，探寻"融入"的目标、内容、功能、载体与特点，建立较为系统、完善的壮族优秀传统文化融入青少年思想政治教育的理论框架。

第三，探明壮族优秀传统文化融入青少年思想政治教育的现状、特点、问题及原因，解决"壮族优秀传统文化融入青少年思想政治教育的'现状如何'"的问题。通过理论分析和实证调查，运用数理分析的方法，描述"融入"的现状与特征，总结成效与经验，分析不足及原因，客观反映出"融入"存在的问题，并探寻"融入"的影响因素、存在问题及原因，构建壮族优秀传统文化融入青少年思想政治教育影响因素的整合模型。

第四，提出壮族优秀传统文化有效融入青少年思想政治教育的对策建议，解决"'怎么样'进一步有效提升壮族优秀传统文化融入青少年思想政治教育"的问题。弄清壮族优秀传统文化融入青少年思想政治教育的现实基础，准确把握壮族传统文化的精髓要素及其与青少年思想政治教育的有机耦合，发挥壮族传统文化的优秀元素在壮族地区青少年思想政治教育中的有效性，提出可行的"融入"路径创新和对策建议。特别是依据理论分析与实证研究，结合发现的问题及其原因，提出壮族优秀传统文化进一步有效融入青少年思想政治教育的对策建议。

三　研究思路

遵循"文献梳理—理论建构—实证研究—对策建议"的技术路线，坚持采用量化研究与质性研究相结合的研究思路与方法。第一，在研读文献基础上，对相关概念和基础理论进行梳理，从学理上探明壮族优秀传统文化与青少年思想政治教育的逻辑关联。第二，从审视壮族优秀传统文化与青少年思想政治教育的现实出发，构建出壮族优秀传统文化融入青少年思想政治教育的理论架构，包括"融入"的主体、原则、资源与环境，以及"融入"的目标、内容、过程与载体。第三，根据理论与实证研究结果，描述壮族优秀传统文化融入青少年思想政治教育的现状、特征，存在的主要问题和原因，以及重要影响因素，构建"融入"影响因素整合模型，总结其规律。第四，在理论分析和实证研究的基础上，提出进一步加强壮族优秀传统文化有效融入青少年思想政治教育的对策建议。

四　主要研究方法

（一）文献研究法

资料来源主要包括一手和二手资料。前者主要来自实地调查、问卷调查、访谈及参与观察。后者主要是广泛收集和研读与本选题相关的文献和材料。充分占有资料、吸收已有成果，奠定本选题的理论基础。本选题的确立就是在对相关文献进行了较为充分的研读、比较和总结的前提下进行的。与本选题相关的文献资料有：马克思主义经典著作，习近平新时代中国特色社会主义思想相关著作，马克思主义中国化相关著作，国内外相关学术著作、期刊和学位论文，相关法律法规政策，档案、报告，各种音像素材、网站资源等。国内外学者专家的研究成果，为本选题提供了重要的理论支持和分析工具。

（二）访谈法

运用半结构和非结构访谈法，就壮族优秀传统文化融入青少年思想政治教育相关问题进行访谈，为研究提供素材支持。访谈对象有广西壮族自治区的宣传、教育、民宗、文旅等部门的行政人员，也有各市、县相关行政人员，有非物质文化遗产传承人、歌王，学校思政课和专业课教师、文化企业人员，还有本科院校、职业院校、中小学校的青少年学生及家长。访谈文稿整理原始文字资料16万字。此外，围绕研究主题还专门组织了专题座谈，如"我的壮族文化观""我为'建设壮美广西、共圆复兴梦想'献计策""我的民族团结观""我的职业观""我的道德观""我的生态价值观""青少年如何践行社会主义核心价值观"等，整理原始文字稿20余万字。以上种种，为本研究积累了丰富的一手资料。

（三）问卷调查法

问卷调查在2018年9—12月间，进行预测和正式调查。问卷调查是在广西壮族自治区内的高等学校、职业院校进行，包括民办学校在内，涵盖综合性院校、民族院校、师范类院校、理工院校、医学类院校、艺体类院校、中职学校等不同类型的学校。问卷调查的对象是在校青少年学生，采取整群抽样方式发放问卷。调查问卷原设定在基础教育阶段的中小学校发放，考虑到基础教育阶段青少年学生学习面临知识积累、考试升学等情况的特殊性，特别是问卷调查时他们正在备考，所以在中小学只做了实地考察、访谈，没有做问卷调查。

正式问卷发放的范围包括广西大学、广西民族大学、广西师范大学等18所本科类院校，南宁职业技术学院、桂林师范高等专科学校等17所专科院校，广西纺织工业学校、北部湾职业技术学校等11所中职类学校。共发放问卷10000份，回收9586份，其中有效问卷9230份，有效率为92.3%。

表1.1　　　　　　　　　样本基本情况表（N=9230）

变量	样本特征	频数（人）	百分比（%）
学校类型	1 本科院校	3711	40.2
	2 专科院校	3400	36.8
	3 中职学校	2119	23.0
性别	1 男	3869	41.9
	2 女	5361	58.1
民族	1 壮族	2825	30.6
	2 汉族	5560	60.2
	3 其他民族	845	9.2
家庭所在地	1 广西的城市（含市区、县城）	1950	21.1
	2 广西的农村（镇、乡、村）	5683	61.6
	3 广西以外的城市（含市区、县城）	913	9.9
	4 广西以外的农村（镇、乡、村）	684	7.4
学生干部	1 是	3472	37.6
	2 否	5758	62.4
家庭类型	1 农民家庭	6205	67.2
	2 工人家庭	1413	15.3
	3 商人家庭	547	5.9
	4 知识分子家庭	374	4.1
	5 其他	691	7.5
家庭经济状况	1 困难	3040	32.9
	2 一般	5556	60.2
	3 较好	634	6.9
父亲学历	1 小学及以下	2375	25.7
	2 初中	4216	45.7
	3 高中、中专、中师	1812	19.6
	4 大专及以上	827	9.0

续表

变量	样本特征	频数（人）	百分比（%）
母亲学历	1 小学及以下	3469	37.6
	2 初中	3783	41
	3 高中、中专、中师	1339	14.5
	4 大专及以上	639	6.9
家庭结构	1 三世同堂	3584	38.9
	2 核心家庭	4632	50.2
	3 单亲家庭	595	6.4
	4 其他	419	4.5
年级	1 一年级	4996	54.1
	2 二年级	2267	24.6
	3 三年级	1354	14.7
	4 四年级及以上	613	6.6
政治面貌	1 中共党员	582	6.3
	2 团员	6011	65.1
	3 群众	2637	28.6
学科类型	1 自然科学类	3246	35.2
	2 人文社科类	5984	64.8
合计		9230	100

（四）实地考察法

实地考察既是收集资料的一种技术，也是了解人类行为和思维方式的一种方法，同时也是熟悉一个群体或一个社区的文化与社会系统，及其运作过程的一种方法。研究文化的功能、结构或变迁，都可以通过田野资料的收集和记录，构建自己的新观点或新理论。本选题根据研究需要，在 2018 年 3 月至 2019 年 2 月间，到广西壮族自治区 14 个市全部进行了实地考察调研。选取基础教育、职业教育、高等教育院校，民族博物馆、民族生态博物馆等公共文化机构,世界非物质文化遗产花山岩画等文化旅游景点,深入壮族聚居文化区武鸣(古骆越方国遗址、三月三歌圩)、田阳县敢壮山(壮族人文始祖布洛陀)、宁明县等,进入壮族村镇社区以及壮族家庭,深入调查壮族优秀传统文化融入青少年思想政治教育的现状、特点、影响因素,为后续研究打好实证基础。

(五)统计分析法

运用 spss22.0 处理与分析采集的数据,包括描述性分析、方差分析、回归分析等。

第 二 章

优秀传统文化融入青少年
思想政治教育的基础理论

关于壮族优秀传统文化融入青少年思想政治教育的研究，首先就相关核心概念、内涵进行界定，以便深入认识研究对象的本质；其次，梳理"融入"的理论基础，作为本研究的理论依据；最后，探讨两者间逻辑关联，夯实后续研究的基础。

第一节 优秀传统文化融入青少年思想 政治教育的相关概念辨析

概念是思维的基本形式之一，反映事物的本质属性。概念间的关系，也就是事物之间的本质联系。厘清概念，科学把握概念间的关系，表明对事物与事物之间的关系实现了规律性的认识，这是开展研究的基础与前提。

一 优秀传统文化的相关概念阐释
（一）文化与传统文化

"文化"在古代是"文治"与"教化"的合称。在近代中国其含义则为所有文明成果对人的教化与影响。[1] 我国学者认为，"文化者，人类

---

[1] 刘刚：《周秦伦理文化融入大学生思想政治教育研究》，中国社会科学出版社2017年版，第24—30页。

心能所开释出来之有价值之共业也"①;"文化,就是吾人生活所以靠之一切……"②;"凡是超越本能的、人类有意识地作用于自然界和社会的一切活动及其结果都属于文化,或者说'自然的人化'即文化"③。在西方,"文化"原意指对土地的耕作,即外在自然的人化;后引申为通过教育使人具有理想的素质,即内在自然的人化。④ 同时,还有文化即"人化"以及"化人"的寓意。泰勒对文化的定义凸显了文化的社会地位,突出了文化是人类精神与活动相结合的产物。⑤ 马克思认为文化就是自然的人化,文化是人类社会实践的直接产物,是自然人化了的结果。基于以上分析,从思想政治教育学科出发,广义的文化是人类生活的总和,包括精神、物质和社会生活等广泛的方面;狭义的文化特指人类的全部精神创造活动,"文化是精神生产的创造物"⑥。

"传统文化"是个复合概念。传统文化是沿传至今并影响我们的社会和生活的思想文化、风俗习惯等的总和,体现在物质文化和精神文化中。⑦ 社会学家爱德华·希尔斯认为:"传统是人类行为、思想和想象的产物,并且被代代相传。"⑧ 他还指出:"传统是秩序的保证,是文明质量的保证。"⑨ 庞朴在《传统文化与文化传统》一文中指出,"文化的时代性和民族性,在传统文化身上表现得最为鲜明"。这告诉我们,文化是不断发展和变迁的。传统文化是历史的产物,会随着历史的发展而不断变迁。

---

① 颜吾芟:《中国历史文化概论》,清华大学出版社2002年版,第2页。
② 梁漱溟:《梁漱溟全集》(第3卷),山东人民出版社1990年版,第9页。
③ 张岱年、方克立:《中国文化概论》,北京师范大学出版社2004年修订版,第5页。
④ 李炳全:《人性彰显和人文精神的回归与复兴》,博士学位论文,南京师范大学,2004年,第40页。
⑤ [英]爱德华·泰勒:《原始文化》,连树声译,广西师范大学出版社2005年版,第48页。
⑥ 陈先达:《文化自信中的传统与当代》,北京师范大学出版社2017年版,第4页。
⑦ 刘刚:《周秦伦理文化融入大学生思想政治教育研究》,中国社会科学出版社2017年版,第29—30页。
⑧ [美]爱德华·希尔斯:《论传统》,傅铿、吕乐译,上海人民出版社2014年版,第12页。
⑨ 同上书,第20页。

(二) 壮族传统文化与中华传统文化

壮族传统文化是在长期的历史发展进程中形成的;壮族先民不仅为开拓疆土、缔造和发展中国统一的多民族国家作出了贡献,还从自身生存发展的特殊自然和社会历史条件出发,创造了具有壮族特色的物质和精神文化。"中华文化是各民族文化的集大成",习近平指出,"各民族都对中华文化的形成和发展做出了贡献,各民族要相互欣赏、相互学习"。可见,中华文化涵盖了各民族文化,各民族文化在中华文化内具有平等地位。

(三) 壮族优秀传统文化的界定

任何民族文化,都是精华与糟粕共存、积极与消极作用互现。文化是一种既成的,也是时时增新的世界。① 我们要传承传统文化的合理性、民族性、时代性,扬弃其局限性、保守性、历史性,实现传统文化的现代转换以及现代文化的传统承接。② 对待壮族传统文化也是如此。壮族传统文化有如家庭伦理和社会伦理规范、生态伦理思想、互助合作精神等许多优秀的内容,但又有许多与现代社会发展不适应的内容,如中庸保守、重血缘宗法人论、重农轻商的农耕文化观念等。③ 科学正确地区分壮族传统文化的精华和糟粕,其标准是看壮族传统文化是否能顺应时代发展的要求,是否有利于促进民族团结进步,是否有利于促进壮族地区经济、政治、社会和文化的发展,是否与社会主义核心价值观相一致,是否符合社会主义先进文化发展的方向。有利于民族团结、繁荣发展的传统文化,我们就应当传扬和发展;有弊无利或弊大于利的传统文化,则应予以摒弃,并逐步消除其影响。④

二 青少年思想政治教育的相关概念阐释

(一) 关于青少年的界定

界定"青少年"年龄,是开展青少年理论研究和工作的基础性问题。

---

① 张澍军:《德育哲学引论》,中国社会科学出版社2008年版,第145页。
② 戚万学:《多元文化背景中道德教育的文化自觉》,《人民教育》2011年第22期。
③ 潘志清:《民族心理素质的现代建构》,广西人民出版社2008年版,第337页。
④ 唐凯兴等:《壮族伦理思想研究》,人民出版社2016年版,第89页。

心理学通常认为青少年期即青春期,包括初中、高中阶段,年龄在11—18岁间。人口学把15—25岁确定为青年。社会学界甚至把35、40岁以内的人都归为青年人。我国共青团系统认为,青少年包括青年和少年,即把青少年等同于青年和少年两个群体。本书所指的青少年,是壮族地区在校大、中、小学生,包括职业学校学生,年龄范围约在6—25岁之间。

(二)思想政治教育的内涵

思想政治教育古已有之。自中国共产党成立至今,基本上经过了"政治工作—思想工作—政治思想工作—思想政治工作—思想政治教育"等阶段,在不同的时期,使用的概念不同。1950年第一次提出了"思想政治教育",至1984年学科设立。有些学者从思想政治教育的内容层面界定其概念,还有一些学者从目标和内容相结合的角度阐述其概念,突出了思想政治教育的政治性、阶级性和意识形态性。陈万柏、张耀灿等学者提出:"思想政治教育是指社会或社会群体用一定的思维观念、政治观点、道德规范,对其成员施加有目的、有计划、有组织的影响,使他们形成符合一定社会要求的思想品德的社会实践活动。"[1] 其根本目的,是促进人的自由全面发展,其内容包括世界观、政治观、人生观、道德观等方面的教育。[2] 可见,思想政治教育是中国共产党领导的,用先进的思想观念、政治观点、道德规范所进行的社会实践活动。[3]

(三)民族思想政治教育的内涵

民族思想政治教育属于分支学科,既要遵循思想政治教育的原理与方法,又要以马克思主义民族观、党和国家的民族政策为理论依据,广泛开展以我们党领导的涵盖民族安全、民族团结、民族认同等内容在内的民族教育。民族思想政治教育有其独特的使命和特点,是以民族相关问题为主题的,目的是促成全体社会成员都能树立正确的民族观,实现民族团结、国家发展。民族思想政治教育除了思想政治教育的内容外,

---

[1] 陈万柏、张耀灿:《思想政治教育学原理》,高等教育出版社2015年版,第4页。
[2] 同上书,第174页。
[3] 邓福庆:《和谐文化建设视野中的思想政治教育研究》,人民出版社2014年版,第22—23页。

还涉及民族政策、制度，民族认同、民族文化、民族团结教育等各个方面。① 其基本范畴涵盖："民族认知与民族认同、民族平等与民族团结、教育主体与教育客体、民族文化与文化认同、国家认同与道路认同。"② 民族思想政治教育，在新时代面临新问题与新挑战，做好民族工作，传承民族文化，促进民族团结，展现中华民族团结奋进的精神风貌，从民族文化和民族团结层面讲好中国故事，提升文化自信，提升国家软实力；要做好全体社会成员的民族观教育，增强"五个认同"③ 是其方向和目标，"正确贯彻党的民族政策，加强民族团结"是实践路径。本选题既遵循思想政治教育的一般规律，也遵循民族思想政治教育的特点和规律，基于壮族地区青少年民族心理特点，结合传统文化和生活实际开展，具有教育对象的复杂性、教育内容的民族性、教育环境的特殊性等特点。

三 对优秀传统文化融入青少年思想政治教育的理解

这里首先厘清"融入"的概念，在此基础上，从活动和过程、理念和精神的层面加以正确的理解。

（一）融入的内涵

"融入"从词性上来讲，是一个动词。从主体的角度讲，融入指一个事物进入另一个事物之中，成为另一个事物的一部分或者分散在另一个事物之中，在这里，融入就具有了转化、适应、统整等内涵。"融入"的作用，是增强被融入的事物，但不转换其根本属性。在"融入"过程中，前者拓展了后者的内容。进一步说，本研究用"融入"来连接"壮族优秀传统文化"与"青少年思想政治教育"，就是要明确前者在后者中的重要性，通过对前者的创造性转化、创新性发展，挖掘壮族优秀传统文化所蕴含的思想政治教育资源，融入到教育实践的各个环节，没有改变既

---

① 冯刚、王树荫：《思想政治教育研究热点年度发布 2017》，团结出版社 2018 年版，第 325—338 页。
② 徐柏才：《论民族思想政治教育学的基本范畴》，《思想理论教育》2016 年第 6 期。
③ "五个认同"，即对伟大祖国、中华民族、中华文化、中国共产党、中国特色社会主义的认同。

有的民族思想政治教育性质，但丰富了其方法和载体，改善其环境，助推其发展。

（二）壮族优秀传统文化融入的具体形式

民族地区文化的差异性，引发思想政治教育的一般性与特殊性问题。开展壮族地区青少年思想政治教育，要尊重民族地区的文化差异性，要结合壮族优秀传统文化和生活实际，以及民族地区青少年的民族心理、民族情感等特点，有针对性地实施。壮族优秀传统文化融入青少年思想政治教育，具有很强的实践性特征，需遵循思想政治教育的一般规律；同时，其还是一种理念和精神，在壮族地区开展青少年思想政治教育，要自觉地把壮族优秀传统文化融入其中，并作为理念和精神体现在其运行与发展的全过程。据此，可以将壮族优秀传统文化融入青少年思想政治教育理解为：学校、家庭、社区、社会等不同的教育主体，以立德树人为根本目标，通过挖掘壮族优秀传统文化中的思想政治教育资源与内容，以民族团结教育、民族文化传承等方式，借助课堂内外、网络等载体，融入到青少年思想政治教育过程中，不断增强壮族地区青少年"五个认同"等，使壮族地区青少年践行社会主义核心价值观，增强其中华民族共同体意识，提升壮族地区青少年思想政治教育的有效性，可以为"建设壮美广西、共圆复兴梦想"，为中国特色社会主义现代化强国建设，培养合格建设者和可靠接班人。

第二节　优秀传统文化融入青少年思想政治教育的理论基础

本研究必须建构在科学理论之上，才能真正具有学理性和专业性。思想政治教育始终以马克思主义理论为根本指导思想，本选题也不例外。

一　马克思主义民族理论

该理论是以科学的世界观和方法论，解释民族和民族问题发展规律的科学，是民族思想政治教育的基本遵循。

（一）马克思主义经典作家的民族理论

马克思恩格斯适应19世纪工人运动和民族解放运动的需要，创立了马克思主义民族理论。马克思在1844年《论犹太人问题》中首次论述了民族问题，《神圣家族》奠定了民族平等理论基础。[①] 他们认为社会生产力影响民族的发展，[②] 民族的同化也影响其进程，[③] "民族自然同化是在民族发展过程中一定范围和程度上自然地、自由地发生的必然现象，是有利于民族的交往和接近的历史发展中的进步现象。"[④] 恩格斯还提出了政治因素影响民族进程的论断。[⑤] 马克思恩格斯认为，民族是一个历史范畴。在阶级社会，阶级剥削和压迫是民族剥削和压迫的主要根源。[⑥]《共产党宣言》提出"民族将在共产主义的一定阶段自行消亡"[⑦]，其前提是社会生产力的发展，"要使各民族真正团结起来，他们就必须有共同的利益"[⑧]，无产阶级要"上升为民族的阶级"，实现"全世界无产者，联合起来"。马克思恩格斯还坚持单一而不可分的民族共和国的国家结构形式，坚持国家的集中统一领导，但不排斥地方自治。[⑨] 他们认为民族问题是社会总问题的一部分。

列宁、斯大林适应帝国主义时代革命斗争需要，将其发展为列宁主义民族理论。列宁在领导俄国无产阶级革命时，阐明了民族平等、团结、联合的原则，强调俄国"全体公民不分性别、宗教信仰和种族一律平等"，并指出坚持民族平等是为了各民族的联合与团结，他特别强调各民族的无产阶级是各族人民的核心力量。列宁在《论民族自决权》中提出：

[①]《马克思恩格斯文集》第1卷，人民出版社2009年版，第354页。
[②] 同上书，第68页。
[③] 同上书，第768页。
[④] 金炳镐：《民族理论通论》，中央民族大学出版社1994年版，第151页。
[⑤]《马克思恩格斯选集》第2卷，人民出版社1995年版，第376—377页。
[⑥]《马克思恩格斯选集》第1卷，人民出版社1995年版，第308页。
[⑦] 中国社会科学院民族研究所编：《马克思恩格斯论民族问题》（上册），民族出版社1987年版，第131页。
[⑧]《马克思恩格斯选集》第1卷，人民出版社1972年版，第287页。
[⑨] 李贽：《中国特色社会主义民族理论的体系建构及发展创新》，中国社会科学出版社2016年版，第27—28页。

"各民族完全平等,各民族享有自决权,各民族工人打成一片。"[1] 所谓民族自决权,其真正意义是表明坚决反对一切民族压迫,"我们应当使民族自决的要求服从的正是无产阶级阶级斗争的利益"[2]。"社会主义的目的……要使各民族融合。"[3] 列宁高度肯定和积极支持各民族对自己走向社会主义道路的探索,认为先进民族要帮助落后民族加快发展。列宁既反对大俄罗斯主义,也反对狭隘民族主义。他认为由于文化风俗习惯的差异,而出现民族问题。[4] 斯大林首次完整定义了民族概念,并且认为民族间存在着事实上的不平等,这些不平等是由历史、经济、文化方面的原因造成的,他还提出要始终重视民族问题,"真正地和长期地帮助落后民族的劳动群众发展文化和经济"[5]。

(二) 中国特色社会主义民族理论

它来源于马克思列宁主义民族理论,是解决当代中国民族问题的正确的理论原则。[6]

毛泽东是中国特色民族理论的开拓者和奠基人,确立了"民族平等团结、维护祖国统一、帮助各民族发展繁荣"的根本原则。"国家的统一,人民的团结,国内各民族的团结,这是我们的事业必定要胜利的基本保证。"[7] 强调坚决反对两种民族主义,强调要防微杜渐,经常检查民族关系,还提出了新时期民族工作的任务,促进各民族发展,"是整个国家的利益"。[8] 以毛泽东为核心的党中央还确立了民族区域自治制度,这对建设平等团结、互助合作的民族大家庭发挥了很大作用。毛泽东和周恩来还指出,民族平等还表现为要充分尊重各少数民族的语言文字、

---

[1] 《列宁全集》第25卷,人民出版社1988年版,第285页。

[2] 《列宁选集》第1卷,人民出版社1995年版,第461页。

[3] 《列宁全集》第27卷,人民出版社1990年版,第258页。

[4] 《列宁全集》第3卷,人民出版社1995年版,第200、739页。

[5] 《斯大林全集》第5卷,人民出版社1957年版,第47页。

[6] 李贽:《中国特色社会主义民族理论的体系建构及发展创新》,中国社会科学出版社2016年版,第21页。

[7] 《毛泽东著作选读》(下册),人民出版社1986年版,第757页。

[8] 《建国以来毛泽东文稿》第4册,中央文献出版社1990年版,第369页。

风俗习惯和宗教信仰,"我们的根本政策是要达到各民族的繁荣"①。

十一届三中全会以后,逐步确立了邓小平民族理论。邓小平指出,"真正的"民族平等,"我们要争取整个中华民族的大团结"。② 他认为"我国各兄弟民族……,结成了社会主义的团结友爱、互助合作的新型关系",③ 并充分肯定了我国民族区域自治制度的优越性。他站在人民利益和生产力发展的立场上,认为发展是"民族的要求,人民的要求,时代的要求",并首次把生产力标准运用于民族发展问题,"观察少数民族地区主要是看那个地区能不能发展起来"④。实现各民族共同富裕和繁荣是社会主义的本质,"加速现代化建设,促进各民族共同繁荣"⑤。邓小平作为我国各民族改革开放的总设计师,指出改革开放是各少数民族发展繁荣的必由之路,"真正兴旺发达的民族,是开放的民族"⑥。

江泽民立足"三个代表",提出了"全党同志必须把加强民族团结、促进各民族共同发展和共同繁荣"的民族工作行动纲领。⑦ 江泽民指出要"高举爱国主义、社会主义的旗帜,加强全国各族人民的大团结"⑧,坚决维护国家统一,反对民族分裂,国家利益和中华民族的整体利益高于一切。他强调必须广泛深入地开展民族团结教育,使各族群众牢固树立"三个离不开"的思想。加快少数民族地区的发展,坚持和完善民族区域自治制度,要"改善他们的物质文化生活,着眼于促进民族团结、民族进步",其中"关键是要加快经济发展,落实好民族政策,处理好民族关系"⑨。

胡锦涛提出,新世纪新阶段各民族要"共同团结奋斗、共同繁荣发

---

① 《周恩来选集》下卷,人民出版社1984年版,第263页。
② 《邓小平文选》第三卷,人民出版社1993年版,第161页。
③ 《邓小平文选》第二卷,人民出版社1994年版,第186页。
④ 《邓小平文选》第三卷,人民出版社1993年版,第247页。
⑤ 邓小平1988年为广西壮族自治区成立30周年的题词。
⑥ 《邓小平文选》第三卷,人民出版社1993年版,第372页。
⑦ 《民族工作文献选编》,中央文献出版社2003年版,第211—212页。
⑧ 《江泽民文选》第三卷,人民出版社2006年版,第535页。
⑨ 《江泽民文选》第二卷,人民出版社2006年版,第393、445页。

展"。他指出我国各民族"的确存在差异，但两千多年来基本上和平相处"①，要"切实巩固和发展各民族大团结"。② 胡锦涛指出了民族团结与国家统一的重要性，反对各种民族极端主义和民族分裂主义，要"广泛开展民族团结宣传教育活动，大力弘扬以爱国主义为核心的中华民族精神"，③ 牢固树立稳定压倒一切的思想，提出坚持和完善民族区域自治制度"三个不容"（即：民族区域自治，作为党解决我国民族问题的一条基本经验不容置疑，作为我国的一项基本政治制度不容动摇，作为我国社会主义的一大政治优势不容削弱）的重大论断，指出发展是解决民族地区困难和问题的关键，中国特色社会主义道路是解决我国民族问题的根本道路，要牢固树立和全面落实科学发展观。

党的十八大以来，以习近平同志为核心的党中央，在继承已有成果的基础上，结合我国改革开放新时期和全面建成小康社会征程中的民族工作，形成了新时代中国特色社会主义民族理论，④ 这是党和国家在统筹推进"五位一体"总体布局、协调推进"四个全面"战略布局等实践基础上的科学总结和理论概括，是马克思主义民族理论的新飞跃。⑤ 中国特色社会主义进入新时代，"中国有960多万平方公里土地、56个民族，我们能照谁的模式办？谁又能指手画脚告诉我们该怎么办？"⑥ 要坚定不移走中国特色解决民族问题正确道路。习近平提出"多民族、多文化恰恰是我国的一大特色，也是我国发展的一个重要动力"⑦ 等新理念新思想。习近平准确概括了当前我国民族工作面临的"五个并存"（即：改革开放和社会主义市场经济带来的机遇和挑战并存，民族地区经济加快发展势

---

① 《胡锦涛文选》第三卷，人民出版社2016年版，第61页。
② 《胡锦涛文选》第三卷，人民出版社2016年版，第320页。
③ 《胡锦涛文选》第二卷，人民出版社2016年版，第321页。
④ 李贽：《中国特色社会主义民族理论的体系建构及发展创新》，中国社会科学出版社2016年版，第93页。
⑤ 青觉：《马克思主义民族理论的新飞跃》，《中央民族大学学报》（哲学社会科学版）2017年第6期。
⑥ 《习近平谈治国理政》第二卷，外文出版社2007年版，第286页。
⑦ 中共中央文献研究室：《习近平关于社会主义政治建设论述摘编》，中央文献出版社2017年版，第147页。

头和发展低水平并存,国家对民族地区支持力度持续加大和民族地区基本公共服务能力建设仍然薄弱并存,各民族交往交流交融趋势增强和涉及民族因素的矛盾纠纷上升并存,反对民族分裂、宗教极端、暴力恐怖斗争成效显著和局部地区暴力恐怖活动活跃多发并存)的阶段性特征,明确提出了"中国特色解决民族问题正确道路"的命题,并用"八个坚持"(即:要坚持党的领导,坚持中国特色社会主义道路,坚持维护祖国统一,坚持各民族一律平等,坚持和完善民族区域自治制度,坚持各民族共同团结奋斗、共同繁荣发展,坚持打牢中华民族共同体的思想基础,坚持依法治国)高度概括了其基本内涵。习近平明确提出中华民族"多元一体格局","中华民族一家亲,同心共筑中国梦","铸牢中华民族共同体意识"等新论断。① 习近平指出"民族团结是各族人民的生命线","加强民族交往交流交融","构建相互嵌入的社会结构和社区环境",② 各民族要"像石榴籽那样紧紧抱在一起"③,提出新时期增强各族群众的"五个认同",打牢民族团结的思想基础,④ 揭示了"平等、团结、互助、和谐"的社会主义民族关系的本质特征,强调必须以加强"四个体系"(即:建立完备的民族法律法规体系、高效的民族法治实施体系、严密的民族法治监督体系、有力的民族法治保障体系)建设为重点,按照"两个结合"(即:坚持统一和自治相结合,坚持民族因素和区域因素相结合)原则,坚持和完善民族区域自治制度。以习近平同志为核心的党中央,把发展作为解决民族地区各种问题的总钥匙,明确提出"中国共产党的领导是民族工作成功的根本保证"⑤,"全面实现小康,一个民族都不

---

① 刘宝明:《改革开放以来中国共产党推动民族理论创新发展重要成果及其意义》,《中央民族大学学报》(哲学社会科学版)2018年第3期。

② 国家民委民族理论政策研究室编:《中央民族工作会议创新观点面对面》,民族出版社2015年版,第30页。

③ 《习近平在第二次中央新疆工作座谈会上强调坚持依法治疆团结稳疆长期建疆团结各族人民建设社会主义新疆》,《人民日报》2014年5月30日第1版。

④ 中共中央文献研究室:《习近平关于社会主义政治建设论述摘编》,中央文献出版2017年版,第147页。

⑤ 中共中央文献研究室:《习近平关于社会主义政治建设论述摘编》,中央文献出版2017年版,第159页。

能少"①,"做民族团结重在交心,要将心比心、以心换心"②,解决好民族地区的发展繁荣问题,"关键在党、关键在人"③等要求和论述。习近平新时代中国特色民族理论,要求我们以实事求是的精神,把握新时代民族工作中的"变与不变"。④ 新时代中国特色社会主义民族理论,"以人民为中心"是其根本内容,走中国特色解决民族问题的正确道路是其根本路径,中华民族大团结是其基本原则;新时代中国特色社会主义民族理论,为各民族繁荣发展注入了新动力,明确了民族工作的历史方位,为多民族国家发展民族事业,贡献了中国智慧和中国经验。⑤

二 马克思主义文化观和文化教育思想

（一）马克思主义经典作家的文化观及文化教育思想

马克思恩格斯在众多著作中都提及了文化问题,其文化观与以往文化观的根本区别在于,它是从"现实的人"出发,即从人的基本存在方式——人的劳动实践出发来阐发文化观。马克思恩格斯认为,文化现象是人类有别于他类而特有的独特现象,是由人的劳动所创造的。文化的本质是在实践过程中"人化的自然界",可见,文化建设要做到以人为本。⑥ 马克思恩格斯认为,文化是上层建筑,受经济基础决定,⑦ 但文化

---

① 《习近平总书记会见贡山独龙族怒族自治县干部群众代表侧记》,《人民日报》2015年1月23日第2版。

② 中共中央文献研究室:《习近平关于社会主义政治建设论述摘编》,中央文献出版社2017年版,第153页。

③ 《中央民族工作会议暨国务院第六次全国民族团结进步表彰大会在北京举行》,《人民日报》2014年9月30日第1版。

④ 青觉:《马克思主义民族理论的新飞跃——习近平新时代中国特色社会主义民族理论研究》,《中央民族大学学报》(哲学社会科学版)2017年第6期。新时代民族工作实践中的"变与不变",不变的是:统一多民族国家的国情没有变,当前国家的民族政策没有变;民族工作的极端重要性没有变;民族工作阶段性特征没有变。变的是:民族地区由发展带来的全面变革;各族人民对美好生活的向往;发展不平衡不充分的问题;发展理念、发展方式的转变;发展所面临的国内外局势的变化等。

⑤ 刘宝明:《改革开放以来中国共产党推动民族理论创新发展重要成果及其意义》,《中央民族大学学报》(哲学社会科学版)2018年第3期。

⑥ 谢武军:《马克思主义文化观的当代意义》,《探索与争鸣》2004年第11期。

⑦ 《马克思恩格斯选集》第2卷,人民出版社1995年版,第33页。

的发展变化也对经济基础产生一定的影响。马克思恩格斯非常重视先进精神文化的理论指导作用,"理论一经掌握群众,也会变成物质力量"①。关于传统文化,马克思恩格斯肯定其对历史的推动作用,"人们自己创造自己的历史",是"从过去承继下来的条件下创造"。②正如恩格斯所说:"……通过传统和教育承受了这些情感和观点的个人,会以为这些情感和观点就是他的行为的真实动机和出发点。"③传统的这种正向作用,成为潜意识里支配人们思考的力量,并成为持续影响世世代代的正向作用力。当然,马克思恩格斯也认识到了传统对社会发展的反向作用力,"传统是一种巨大的阻力,是历史的惰性力"④,对待传统文化,扬弃而不抛弃是马克思恩格斯的根本态度。人是文化的人,文化是人的文化。在马克思恩格斯的文化观中,人与文化之间是一种相互依存的关系,"人化"与"化人"是有机统一的,"文化的每一个进步,都是迈向自由的一步"⑤。他们认为,个人通过继承传统和受教育的方式,接受了历史发展过程中所形成的社会精神文化,一旦这种精神文化为人所接受,就会通过人的能动性转变为现实的实践力量。因此,马克思恩格斯在晚年着重强调了无产阶级文化对无产阶级的引导作用,"具体而言,文化是人的第二生命。文化是什么样的,人的素质便是什么样的"⑥。

列宁在领导俄国十月革命、进行社会主义建设的过程中,形成了独特的社会主义文化建设思想。对待传统文化,列宁指出,马克思主义"并没有抛弃资产阶级时代最宝贵的成就,相反却吸收和改造了两千多年来人类思想和文化发展中一切有价值的东西"⑦。列宁提出,按照马克思主义的世界观和方法论构建文化,将无产阶级的主张和观点融入到文化建设之中,"不是臆造的无产阶级文化",要"发扬现有文化的优秀的典

---

① 《马克思恩格斯选集》第1卷,人民出版社1995年版,第9页。
② 同上书,第585页。
③ 同上书,第611页。
④ 《马克思恩格斯选集》第3卷,人民出版社1995年版,第717页。
⑤ 恩格斯:《反杜林论》,人民出版社1993年版,第111页。
⑥ 黄楠森、龚书铎、陈先达:《有中国特色社会主义文化研究》,山东人民出版社1999年版,第525页。
⑦ 《列宁选集》第4卷,人民出版社1995年版,第299页。

范、传统和成果",[①] 提出文化传统的形成需要较长的时间,"在文化问题上,急躁冒进是最有害的"[②]。列宁还认为必须牢牢掌握无产阶级文化领导权,通过思想宣传等同"维持了数千年之久的这一文化和进步的敌人(即宗教)作斗争"[③]。列宁认为,构建社会主义道德规范,"为巩固和完成共产主义事业而斗争,这就是共产主义道德的基础"[④],群众是文化事业的参与者、创造者,也是文化权益的享有者。

(二) 中国化马克思主义的文化观及文化教育思想

毛泽东重要的理论贡献之一,就是汲取传统文化的有益成分进行思想政治教育。"文化是不可少的,任何社会没有文化就建设不起来。"[⑤] 他系统阐释了文化与经济、政治的关系,提出要注重发挥经济基础的决定作用,也要注重文化对经济和政治的反作用,该观点与用人的本质解释文化或用文化解释文化迥然不同。[⑥] 毛泽东认为,文化发展要注重继承和创新,"我们不应当割断历史。从孔夫子到孙中山,我们应当给予总结,承继这一份珍贵的遗产"。[⑦] 他认为,批判继承传统文化,并立足于社会主义革命建设的实践,创造性地运用到思想政治教育工作中。如将古代的爱民、贵民、重民思想,发展成全心全意为人民服务的思想;将"天下兴亡,匹夫有责"等传统的爱国主义思想,改造成为忠于党、忠于祖国、忠于人民的新的道德规范等。[⑧] 毛泽东提出了"百花齐放、百家争鸣"的社会主义文化格局,坚持文化为人民群众服务的思想。[⑨] 文化育人是毛泽东思想的重要内容之一。毛泽东非常重视文化建设,在《关于正确处理人民内部矛盾》《论十大关系》等经典著作中都有体现。他提出,

---

[①] 《列宁全集》第39卷,人民出版社2017年版,第376页。
[②] 《列宁专题文集·论社会主义》,人民出版社2009年版,第366页。
[③] 《列宁专题文集·论无产阶级政党》,人民出版社2009年版,第176页。
[④] 《列宁选集》第4卷,人民出版社1995年版,第292页。
[⑤] 《毛泽东文集》第三卷,人民出版社1996年版,第110页。
[⑥] 陈先达:《文化自信中的传统与当代》,北京师范大学出版社2017年版,第9页。
[⑦] 《毛泽东选集》第二卷,人民出版社1991年版,第534页。
[⑧] 罗艳丽:《草原文化在高校中的德育价值研究》,博士学位论文,吉林大学,2016年,第43页。
[⑨] 《毛泽东选集》第三卷,人民出版社1996年版,第587页。

掀起"文化建设高潮",并开展"文化改造"运动,旨在确立和巩固马克思主义的文化指导地位。毛泽东认为,在社会主义建设中,要坚持古为今用,批判地继承传统文化,为我国的社会主义建设服务。毛泽东的文化及文化教育思想,在研究壮族传统文化的思想政治教育价值时,值得我们深入思考和研究。

邓小平强调文化建设的政治标准,认为文化具有一定的意识形态属性,"所谓超政治的文化是不存在的"①。强调文化建设要基于社会主义初级阶段的基本国情,以经济建设为中心,以此实现文化由服务政治转变为服务经济。他提出"只要我们……坚持两手抓,社会主义精神文明建设就可以搞上去"②。同时提出"科技是第一生产力"的科学论断。邓小平强调,"两手抓,两手都要硬","两个文明建设都要超过他们,才是有中国特色的社会主义"③。邓小平指出,社会主义现代化建设的根本目标,就是培养"四有"新人,抓住了文化建设的根本。他指出:"搞社会主义精神文明,主要是使我们的各族人民都成为有理想、讲道德、有文化、守纪律的人民。"④邓小平充分认识到教育在现代化建设中的重要作用,提出"三个面向",这是我们正确处理民族传统文化与外来文化关系的指南。邓小平指出:"要用历史教育青年,教育人民""要懂得些中国历史,这是中国发展的一个精神动力"。邓小平提出"必须有效地加强和改善我们党的思想政治工作"⑤,他要求开展思想政治教育工作,要结合新的时代内容和新的实践来解决新问题。他要求思政工作者要结合传统文化,创新理论研究,总结实践的经验。

江泽民指出,"有中国特色社会主义的文化,是凝聚和激励全国各族人民的重要力量,是综合国力的重要标志"⑥。江泽民用马克思主义唯物史观研究中国的文化问题,"必须着力提高全民族的思想道德素质和科学

---

① 《邓小平文选》第一卷,人民出版社1994年版,第22页。
② 《邓小平文选》第三卷,人民出版社1993年版,第79页。
③ 同上书,第378页。
④ 《邓小平文选》第二卷,人民出版社1994年版,第408页。
⑤ 同上书,第364页。
⑥ 《江泽民文选》第二卷,人民出版社2006年版,第33页。

文化素质",培育"有理想、有道德、有文化、有纪律的公民",① 立足"三个代表",强调"努力建设我国的先进文化,……都是我们实现社会主义现代化的战略任务"。江泽民特别重视思想政治教育,提出要加强我国优秀文化传统和革命传统的教育,加强文化建设,铸牢思想防线,防止西方意识形态渗透,这与思想政治教育的内容和任务是一致的。他认为思想政治教育工作,应该与文化形成合力。"要用科学的态度对待我们民族的传统文化和外来文化。"②

胡锦涛从党和国家事业的发展全局出发,提出了"国家文化软实力""和谐文化""推动社会主义文化大发展大繁荣"等新论断和新举措。胡锦涛提出,要引导广大干部群众特别是青少年牢记"八荣八耻","充分发挥文化启迪思想、陶冶情操、传授知识、鼓舞人心的积极作用",来培养社会主义公民。③ 他强调,"必须大力推进文化传承创新,积极发挥文化育人作用",④ "要全面认识祖国传统文化",⑤ 注重学习祖国优秀传统文化。胡锦涛指出,思想政治教育工作应遵循"学校教育、育人为本,德智体美、德育为先"的原则,⑥ 在良好的文化氛围中开展。

党的十八大以来,我们党形成了习近平新时代中国特色社会主义思想,其中蕴含着丰富的文化观及文化教育思想。习近平高度重视文化建设,强调中华民族伟大复兴需要以中华文化发展繁荣为条件。对待传统文化,习近平强调要努力实现其创造性转化、创新性发展,"努力用中华民族创造的一切精神财富来以文化人、以文育人"⑦。习近平重视传统文

---

① 《江泽民文选》第三卷,人民出版社2006年版,第277页。
② 中共中央文献研究室编:《江泽民论有中国特色社会主义(专题摘编)》,中央文献出版社2002年版,第387页。
③ 《党和国家领导人同政协委员共商国是》,《人民日报》海外版,2006年3月5日第1版。
④ 《胡锦涛在庆祝清华大学建校100周年大会上的讲话》,《人民日报》2011年4月25日第2版。
⑤ 胡锦涛:《高举中国特色社会主义伟大旗帜为夺取全面建设小康社会新胜利而奋斗——在中国共产党第十七次全国代表大会上的报告》,人民出版社2007年版,第35页。
⑥ 胡锦涛:《在同中国农业大学师生代表座谈时的讲话》,《人民日报》2009年5月3日第2版。
⑦ 《习近平谈治国理政》,外文出版社2014年版,第164页。

化的思想政治教育功能。"中国传统文化博大精深，学习和掌握其中的各种思想精华，对树立正确的世界观、人生观、价值观很有益处。"① 习近平提出了"使中华优秀传统文化融入成为滋养社会主义核心价值观的重要源泉"，"以中华优秀传统文化、红色革命文化和社会主义先进文化"构建新时代中国特色社会主义文化体系，②"不忘本来、吸收外来、面向未来"等文化发展思想。思想政治教育要吸收传统文化的思想精华和丰富内涵，决不可抛弃中华民族的优秀传统文化。习近平在全国学校思政课教师座谈会上指出，以思政课滋养青少年的拔节孕穗期，引导青少年扣好人生第一粒扣子。他要求思想政治教育工作必须要坚持马克思主义的指导地位不动摇，"要巩固马克思主义在意识形态领域的指导地位，巩固全党全国人民团结奋斗的共同思想基础"③。

第三节 优秀传统文化与青少年思想政治教育的逻辑关联

一 优秀传统文化与青少年思想政治教育的关联相通

思想政治教育具有文化性，文化也具有思想政治教育功能，两者在目标、主体、客体、效果、性质等方面，特征一致。④ 壮族优秀传统文化与青少年思想政治教育在培养目标、价值观念、内容结构、育人功能上是相向而行的。

一是培养目标相同。壮族优秀传统文化蕴含着对理想人格的追求与向往，重视本民族成员的道德修养和道德品质养成。青少年思想政治教育，最为本质的目标在于实现青少年自由全面的发展。⑤ 可见，两者的目

---

① 《习近平在中央党校建校80周年庆祝大会暨2013年春季学期开学典礼上的讲话》，《人民日报》2013年3月3日第2版。
② 施秀莉：《改革开放以来中国共产党文化理论发展研究》，博士学位论文，山东大学，2015年，第66页。
③ 《习近平在全国宣传思想工作会议上强调胸怀大局把握大势着眼大事努力把宣传思想工作做得更好》，《人民日报》2013年8月21日第1版。
④ 曹立中：《思想政治教育中的文化融入》，《学术探索》2016年第10期。
⑤ 陈万柏、张耀灿：《思想政治教育学原理》，高等教育出版社2015年版，第79页。

标一致，都是为了实现和促进青少年的全面发展。

二是价值观相契合。壮族优秀传统文化所具有的价值观念，如热爱国家民族、维护祖国统一的爱国主义思想，知理尚义、济困扶危的社会公德观，尊老爱亲、邻里和睦的家庭道德观，诚信敬业、团结协作的职业道德观，勤劳节俭、诚实守信的经济伦理观，民众为本、掌印为民的政治伦理观，尊重自然、保护环境的生态伦理观，笃行践履、勤学崇智的修身观念和实践等壮族道德观念、道德精神和道德传统，深刻诠释了壮族优秀的伦理道德，同时也是对未来美好社会期许的表征。[1] 壮族优秀传统文化中的礼貌谦和、报本还恩、济困扶危、崇尚自然、保护环境等等价值观念，与当前弘扬的社会主义核心价值观具有一致性。青少年思想政治教育的价值目标，就是培育和践行社会主义核心价值观，因而二者在目标上具有相似性。

三是内容结构的相通性。壮族地区的青少年思想政治教育，也就是民族思想政治教育，其内容除了包含青少年的思想、政治、道德、法制、心理等主要内容外，还涉及民族政策、民族团结、"五个认同"、民族观、宗教观等内容，这也正是壮族文化的内容。壮族人民在长期的社会发展和社会生活中，逐渐形成了处理人与人、人与社会、人与自然关系的道德规范和行为准则，形成了在公共生活、家庭婚姻生活等领域的道德规范层次体系，并存在于壮族群众的思想观念和行为模式中。

四是育人功能的一致性。两者各有其功能作用，但在育人上是一致的。壮族的生产、生活、婚恋、礼仪、岁时节日等传统习俗文化，以及壮族的信仰崇尚等优秀传统文化中所蕴含的思想观念和行为规范，调整和约束着壮族人民的日常行为，通过学校教育、家庭教育、社区教育、社会教育，体现着文化的教化功能。壮族地区青少年思想政治教育的功能就是育人，就是把壮族地区青少年培养成"建设壮美广西、共圆复兴梦想"的合格建设者和可靠接班人。可见，两者的对象一致，都是在改造人的思想和行为中发挥作用。不同的是前者育人功能的发挥具有隐性、间接、生活化等特点，而后者育人功能的发挥相对具有显性、直接、灌

---

[1] 唐凯兴等：《壮族伦理思想研究》，人民出版社2016年版，第415页。

输等特点。

二 优秀传统文化融入青少年思想政治教育的现实必要性

将壮族优秀传统文化融入青少年思想政治教育，可以推动民族思想政治教育改革创新，弘扬壮族优秀传统文化，更有利于民族团结、铸牢中华民族共同体意识。

一是有利于推动壮族地区青少年思想政治教育改革创新。首先，有利于推动民族思想政治教育的理论创新，包括深化和拓展其构成要素及研究领域。其次，丰富壮族地区青少年思想政治教育的内容、方法、渠道和环境。特别是壮族优秀传统文化融入青少年思想政治教育，让壮族地区的青少年群体，能够认知认同壮族文化，推动和谐民族关系发展。

二是有利于弘扬壮族优秀传统文化。教育的本质是文化传承。文化传承与民族共生共灭。思想政治教育推动文化自觉的发展，是文化绵延的载体。教育对文化的弘扬通过取舍、扬弃与传播来完成，教育内容的选择决定着文化传承的广度及深度。[①] 壮族地区青少年思想政治教育，一方面要提升青少年思想道德素质和政治素质，另一方面也承担着传承、发展壮族文化的责任与使命。青少年在接受民族思想政治教育的过程中，会形成对壮族文化的认知与认同，增强民族自信心，因而会形成传承、创新壮族优秀传统文化的行为选择。

三是有利于加强民族团结，铸牢中华民族共同体意识。前者是党处理民族关系问题的一项准则，后者是实现中国梦的价值追求。壮族地区青少年是壮乡发展的生力军，因此加强壮族地区青少年思想政治教育，有利于青少年树立正确祖国观、历史观、民族观，有利于加强青少年"两个共同""三个离不开""五个认同"教育，可以持续深化青少年的民族团结教育和爱国主义教育，夯实青少年中华民族共同体意识。

---

① 郄春媛:《社会变迁与文化传承——云南散杂居地区布朗族研究》，社会科学文献出版社2013年版，第154页。

三 优秀传统文化对青少年思想政治教育的诉求

文化传承通过教育得以实现。文化传承就其本质而言不仅是一个文化过程，而且更是一个教育过程。这里指的是壮族优秀传统文化，依托民族思想政治教育，对于自身文化的现代化发展的取向与愿望。

一是提升壮族地区青少年的"文化自觉"与"文化自信"。前者为"生活在一定文化中的人对其文化有自知之明……",[①] 后者为对其自身文化传统和内在价值的充分肯定。随着经济社会发展、网络冲击以及文化的多元性，传统文化遭遇了生存挑战。作为祖国南疆的壮族地区，其传统文化也受到冲击和影响。此背景下，壮族地区人们特别是青少年，对其民族文化缺乏科学认知，缺乏文化自信和文化自觉。壮族地区的青少年思想政治教育的重要任务之一，就是充分肯定壮族优秀传统文化的内在价值，努力挖掘其当代价值，使壮族优秀传统文化与壮族地区青少年思想政治教育优化整合，实现壮族传统文化的创造性转化、创新性发展，培养其形成符合社会主义核心价值观的文化自觉与文化自信。

二是引领壮族优秀传统文化的现代化发展。所谓"引领"，就是用先进的思想和文化引导、统领壮族传统文化的现代转化。思想政治教育对文化有价值导向作用。在文化多元时代，壮族优秀传统文化"融入"教育，必须坚持正确的方向，也就是坚持习近平新时代中国特色社会主义民族理论，坚持中国特色社会主义方向，铸牢中华民族共同体意识。壮族传统文化同任何文化形态一样，有其时代局限性，通过现代化转型，使之具备现代文化的本质，促进壮族优秀传统文化对社会主义先进文化的涵化。在融入和发挥作用的过程，也就是在壮族优秀传统文化的现代转化过程中，必须以具有中国特色社会主义意识形态属性表征的民族思想政治教育来引领、审视。发挥壮族地区青少年思想政治教育对壮族传统文化现代转化引领作用的要旨是将社会主义核心价值观融入其中，克服其消极成分，保障壮族传统文化独特性，使其接受社会主义文化中的

---

① 费孝通：《反思・对话・文化自觉》，《北京大学学报》（哲学社会科学版）1997年第3期。

先进、科学成分，更有效地实现创造性转化，并为壮族地区青少年思想政治教育提供良好的条件。

四　青少年思想政治教育对优秀传统文化的客观需要

作为"育人"的实践活动，天然地凭借浸润其中的文化氛围。因而，壮族地区青少年的思想政治教育，离不开壮族文化这一场域。

一是壮族地区青少年思想政治教育自身发展的内在需求。人的全面发展蕴含着对文化素质的诉求，故思想政治教育需要文化浸润。壮族地区青少年思想政治教育，必须关注壮族传统文化，发挥壮族优秀传统文化"文化化人"和"文化育德"的优良传统。壮族地区青少年思想政治教育要持续创新，就必须重视壮族优秀传统文化，必须从中汲取极为充裕的资源。可见，实现壮族优秀传统文化的融入，是民族思想政治教育自身发展创新的应有之义。

二是探索壮族地区青少年思想政治教育新路径的必然选择。当前全球化背景下，多元文化并存，西方资本主义文化不断渗透侵袭，特别是对民族地区的渗透更为严重，严重冲击了民族地区青少年的价值观念、思维方式和行为方式，这对壮族地区青少年思想政治教育提出了严峻的挑战。壮族地区青少年思想政治教育，应当完全展现民族思想政治教育的效用与功能，其中最为重要的就是根据壮族地区的民族地域特点和民族文化特点，挖掘其蕴含的资源和内容，引导青少年树立民族自信和文化自信，摆脱壮族地区青少年思想政治教育面临的困境。

三是为壮族地区青少年思想政治教育提供资源与载体。必须关注民族文化资源，运用好其文化载体。壮族优秀传统文化可以供给物质的、精神的和制度的文化资源；同样壮族地区的服饰、干栏、糯米等物质文化，壮族三月三、霜降节等节日文化，壮族布洛陀等民间文学，铜鼓、天琴、花山岩画等传统艺术，抢花炮、荡秋千等民族体育活动，花神崇拜、图腾崇拜等民间信仰，都为青少年思想政治教育提供了丰富的载体。在运用这些资源和载体时，必须与实际相结合，本着创造性转化、创新性发展的理念，赋予其新的内涵，使之成为更有效的资源和载体。

四是促使壮族地区青少年思想政治教育更具民族化、世俗化。必须贴近壮族地区青少年的民族心理、文化背景，贴近其日常生活，才能充分发挥民族思想政治教育的功能和作用。壮族传统文化属于世俗文化，寻常浅显、切近生活，易于被认同和接受。所以，必须充分运用壮族优秀传统文化资源，走进青少年的学习生活和文化心理，实现民族思想政治教育创新发展。

五 深化优秀传统文化与青少年思想政治教育的关系

关系是指人或事物间相互作用、相互影响的状态。壮族地区青少年的思想政治教育，要不断深化两者之间的关系，以提升实效性，引领壮族优秀传统文化实现现代化发展。

一是加强青少年思想政治教育与壮族优秀传统文化之间的关联。充分利用两者在壮族地区相互间的需求，建构一种稳定而良好的互动式发展机制。因此，青少年思想政治教育，要重视探寻自身与壮族优秀传统文化之间的相似之处；青少年思想政治教育，应重视对壮族优秀传统文化中所蕴含的思想政治教育资源和内容进行开发，全面提升自身教育功效。

二是利用青少年思想政治教育引领壮族优秀传统文化的现代化发展。以此实现壮族传统文化的时代转换，逐步消除其中的消极影响。这样青少年思想政治教育，能够切实发挥自身在壮族地区社会主义文化建设中的价值，并且可以实现自身价值的突破，也就是对于壮族文化的保护、传承与开发。可见，青少年思想政治教育可以发挥自身先进文化的引领价值，实现促进壮族传统文化现代化发展的目标，深化青少年思想政治教育与壮族优秀传统文化之间的关系。

第 三 章

优秀传统文化及其融入青少年思想政治教育的资源与内容

壮族是历史悠久并富有道德传统的民族，在其历史演进中创造了五彩缤纷的物质文化、精神文化和制度文化，形塑了深邃的壮族伦理思想，构成了壮族文化的基本内容，是中华伦理思想的有机构成，是实施民族地区青少年思想政治教育的关键资源。

第一节 壮族优秀传统文化源流

壮族历史悠久，自古以来，壮族及其先民在珠江流域生息繁衍，通过劳动创造，在自身生存发展的特殊自然和社会历史条件下，逐渐形成了独具特色和富有成就的民族文化。此部分内容将对壮族的历史与发展、壮族传统文化的脉络与渊源、壮族传统文化的形成基础及结构特征等，进行细致的梳理。

一 壮族的历史与发展

（一）族源

壮族是岭南地区的世居民族。自古以来，壮族及其先民就在珠江流域生息繁衍，这可以从大量的考古学材料中得到证实。在广西柳江县（今柳州市柳江区）发现了距今5万年的旧石器时代古人类化石——"柳江人"化石，与今天壮族人的体质特征极为相似。发现于桂林市郊、距今约1万年的新石器时代早期的古人类化石——"甑皮岩人"的特征与"柳江人"接近。考古发掘所揭示的岭南新石器时代文化与旧石器时代文化一脉相承。现代壮族人颅骨特征与柳江人接近，表明现代壮族的根源，可以追溯到旧石器时代晚期。①

（二）族称

壮民族族称形成和统一的经历曲折而漫长。周秦以前岭南的民族被统称为"蛮""蛮夷""百越"，后出现"骆越""西瓯""陆梁"，东汉称"乌浒"，魏晋唐时期出现了"俚""僚"，现在壮族的族称见诸宋代文献，宋元时期都写作"撞"，明代又有"狼"之称。壮人自称"布越""布依"，汉意为"越人""越族"，此外还有布僮、布雅依、布侬、布傣、布沙、布陇等二十多个自称。虽然名称不同，但他们都有文身、贵铜鼓等习俗，这些在考古发现中都有体现，语言学、地名学也说明壮族是岭南地区的土著，并且"五岭以南皆有之"（明田汝成《炎徼纪闻》语）。新中国成立后，统称为"僮族"，1965年改为"壮族"。"壮"有健壮、茁壮之意。②

（三）壮族的历史发展③

历史进入有文字记载的传说时代，与炎黄部落以及三苗部落几乎同时存在的仓吾（苍梧）族，在珠江流域生息繁衍，社会结构是原始氏族、部落社会及其向阶级社会的过渡。壮族祖先约在5000年前进入父系氏族社会，约2500年前的春秋时期，进入铜器时代。公元前214年秦兼并岭南形成统一多民族国家，壮族由此进入中央王朝治理下，在与汉族和其他少数民族杂处中生存和发展的阶段，壮族社会历经"郡县划一""羁縻制度""土司制度"。1949年新中国成立后，壮族被确认为一个民族。1958年，在广西建立壮族自治区，此外，在云南、广东、湖南、贵州还建立了壮族自治州、自治县、自治乡。从此，壮族进入了民族区域自治

---

① 张声震：《张声震民族研究文集》，广西民族出版社2012年版，第134—140页。
② 韦玖灵：《壮族哲学思想》，知识产权出版社2017年版，第15—25页。
③ 张声震：《壮族历史文化与〈壮学丛书〉——〈壮学丛书〉总序》，《广西民族研究》2003年第1期。

的时代。①

二 壮族优秀传统文化的脉络与渊源

根据石器文化、铜鼓文化等考古发现,壮族文化从蛮荒时代独立起源,具有一脉相承的源与流,历经沧桑、自成一体。秦汉之后,壮族与汉族文化,发生广泛的交流与融合。根据文献记载,壮族文化从先秦仓吾瓯骆文化,魏晋南北朝至唐宋乌浒俚僚文化,明清俍僮文化,它们具有直接的承继关系。横向从不同地理区域看,壮族文化渊源也不尽相同。桂西及云南文山壮族文化,同当地的考古文化以及句町国文明有渊源关系。桂中、桂北及相毗邻的壮族文化区,有自成一体的文化脉络,也同楚文化、中原文化关系密切,较早融入了华夏文化。桂南壮族文化与当地以大石铲、顶狮山为代表的远古文化有关联,秦汉以后,这里的壮族民间文化,同沿珠江而上的粤东广府文化,涵化较深。②

三 壮族优秀传统文化形成的基础

珠江流域的自然与人文环境,造就了独特的壮族文化。③ 一是岭南特有的生态环境。壮族居住地处于亚热带、热带,"八山一水一分田一片海",平原、盆地狭小零星,82%为山地丘陵,壮族的生产生活方式必须与之适应。二是稻作农业为主的农耕自然经济。生产方式决定文化特征。稻作农耕滋长了壮族温和、顽强、互助、礼让等民族性格。壮族把水稻不仅仅当作粮食,也看成有生命的灵物,壮族的人生礼仪、岁时节日、信仰崇尚等,都围绕着稻作农业展开。三是人文社会环境。历代封建王朝对壮族地区主要实行以夷制夷的政策,壮族历史上实行的都老制这种自我管理制度,也具有民主的本质。壮族民间信仰多神,崇拜祖先。四

---

① 卢露:《从桂省到壮乡:现代国家构建中的壮族研究》,社会科学文献出版社2016年版,第31—38页。

② 张声震:《壮族历史文化与〈壮学丛书〉——〈壮学丛书〉总序》,《广西民族研究》2003年第1期。

③ 黄雁玲:《壮族传统家庭伦理及其现代演变研究》,民族出版社2017年版,第36—44页。

是民族文化交融。壮族稻作文化属于农耕文化，汉族以及苗、瑶等其他少数民族也是农业民族，在文化上是相通的。公元前214年岭南便被纳入中原王朝版图，中原文化便与壮族文化碰撞与整合，壮族文化在这种交流交融中向前发展。[1]

四　壮族传统文化的结构特征

壮族传统文化结构。它包括：表层结构，即物质文化，稻作文化是其核心。过渡层结构，即壮族精神文化，包括壮族民俗习惯、宗教信仰、传统节日、文学艺术、伦理道德、文化体育、壮族医药等。壮族精神文化是构成壮民族特征的重要因素。深层结构包括语言观念、宗教信仰、审美情趣、价值观念、民族性格等，这是构成壮族文化的灵魂。[2]

壮族传统文化特征。一是基于农耕稻作的那文化。这是壮族文化的根基，是壮族文化心理与民族性格形成的物质条件。二是歌咏文化传统。以刘三姐民歌、《布洛陀》《嘹哥》为代表，反映了壮族的诗性思维与价值信念。三是原生宗教衍生的自然崇拜、布洛陀人文始祖信仰等，展现了壮族的精神文化与独特的世界观。[3] 四是铜鼓与岩画，是壮族人民智慧结晶的体现。五是壮族多重文化的兼容和认同，彰显了其开放与包容，这是壮族和谐文化的核心特征。六是壮族传统文化具有民生文化的取向。以稻作文化为本源的壮民族传统文化，本质上是体现民生取向的平民文化。如山歌是流行最广的壮族民间艺术，绣球在传统习俗中是壮族青年男女爱情的信物。[4]

壮族传统文化的缺陷。一是壮族文化构架的缺陷性。壮族文化构建于小农自然经济，繁盛的"土壤"机制先天不足。二是壮族文化的断裂

---

[1] 潘志清：《西南少数民族心理特征嬗变研究》，广西人民出版社2006年版，第244—245页。

[2] 黄桂秋：《壮族传统文化与现代传承》，光明日报出版社2015年版，第245—246页。

[3] 吴秋燕：《壮心、壮志与壮学——评〈壮族文化的传统特征与现代建构〉》，《广西民族研究》2009年第1期。

[4] 罗传洲：《深入发掘文化资源提升文化软实力——评〈广西文化图史〉》，《当代广西》2010年第15期。

性。壮族先民高超的冶炼、纺织、铸造等技术，以及大量的文学艺术，基本都湮灭于历史中，传承下来的已寥若晨星。[①]

第二节　壮族优秀传统文化融入青少年思想政治教育的主要资源

壮族传统文化蕴含着丰富的思想政治教育资源，具体表现在物质文化资源、精神文化资源和制度文化资源。在实施青少年思想政治教育过程中，要将这些丰厚的文化资源融入其中，以发挥民族思想政治教育的重要作用。

一　物质文化资源

（一）壮族农耕稻作与那文化

稻田壮语叫作"那"（壮语：na）。壮族先民是世界上最早从事农耕稻作的民族，形成了"那文化"体系。[②] 壮族节日、礼仪、祭祀、民族性格等都与稻作农耕有密切关系。1995 年道县寿雁镇玉蟾岩出土的栽培稻炭化稻粒，距今 1.8 万至 2.2 万年，此为考古发现的最早的栽培稻炭化稻粒。[③] 道县在春秋战国时代，是壮族先民苍梧部的腹心地带，因此道县炭化稻粒应是苍梧部即壮族所留。[④] 2012 年 10 月 4 日，世界最权威的科学杂志之一 Nature 发表了中国科学院院士韩斌[⑤]课题组的合作研究成果——《水稻全基因组遗传变异图谱的构建及驯化起源》。研究者发现，广西是人类栽培水稻的起源地。也就是说，在一万年前，生活在这片土地上的先民，最早开始了人工栽培水稻，把野生稻驯化成栽培稻，对人类文明

[①] 覃主元：《对壮族传统文化的几点反思》，《经济与社会发展》2003 年第 12 期。
[②] 黄桂秋：《壮族传统文化与现代传承》，光明日报出版社 2015 年版，第 65—68 页。
[③] 谷葳：《1995 年全国十大考古新发现》，《文物天地》1996 年第 2 期。
[④] 梁庭望：《栽培稻起源研究新证》，《广西民族研究》1998 年第 2 期。
[⑤] 韩斌，中国科学院院士，作物基因组与遗传学家，主要从事水稻基因组学、群体遗传学及水稻的起源和驯化等研究。主要科学贡献之一是系统鉴定了水稻全基因组驯化选择位点，证明了亚洲栽培稻粳稻为单起源于中国珠江流域并经过第二次驯化产生籼稻，解开了水稻驯化和起源之谜。被誉为破译水稻"基因天书"第一人。

的历史进程作出了重要贡献。桂林甑皮岩、南宁贝丘等稻作文化遗址的大量考古发现,还有民族学、文化人类学等的研究成果,分别从文物历史遗迹、文化宗教、野生稻分布,以及生物遗传基因发现,生物遗传研究最新成果等多角度都证明了人类稻作文明起源于广西,呈现了广西稻作文化与中国乃至世界历史文化的关联,展现出广西在稻作文化起源、发展中的重要地位及独特贡献。当然,这也奠定了壮人坚忍不拔、开拓创新的精神。在中国,稻作文化奠定了中华文明的根基;对于世界,稻谷既是三大主粮之一,又是人类步入农耕文明的代表。壮族稻作文化的悠久历史、深刻内涵,以及发展历程和现状,理应得到研究和书写,并进一步得到弘扬与传承。① 广西隆安县作为那文化的圣地之一,具有丰富的那文化遗址和民俗遗存,隆安壮族"那文化"稻作文化系统,于2015年列入第三批中国重要农业文化遗产名单。

(二)壮族花山岩画

壮族花山岩画源于稻作文化,是那文化的一种表现形式,可以用"五个之最"来形容,即"地点规模之最、直观历史之最、画风绵延之最、活态民俗之最、稻作文化之最"。花山岩画的五个之最,是壮族先民智慧的结晶,是民族精神的体现。这些岩画主要分布在广西壮族自治区西南部左江流域的宁明县、大新县等县(市、区),已发现84个地点、183处、287组,绵延200多公里。左江崖画中以宁明县左江畔耀达"岜莱"(壮语"花山")最为壮观,② 研究表明,这些岩画绘于公元前5世纪至公元2世纪(即战国至东汉时期),由生息繁衍于此的中国南方壮族先民骆越人所绘制。2016年,左江花山岩画列入世界文化遗产名录。花山岩画是壮族独特的物质与精神文化遗产,文化内涵极其丰富,文化价值无可替代。③ 花山岩画是壮族文化起源的见证,稻作、铜鼓、壮锦、歌圩等文化,都可在此找到渊源,故花山是骆越文化的重要根祖地。

---

① 李宁:《〈稻之道〉讲述一粒粒稻米的故事》,《光明日报》2015年12月7日第14版。
② 覃圣敏:《骆越画魂——花山崖壁画之谜》,广西人民出版社2009年版,第17页。
③ 陈学璞:《花山岩画的文化价值及申遗意义》,《广西日报》2016年7月18日第7版。

二 精神文化资源

(一) 壮族三月三与歌圩文化

壮族聚居的广西，被誉为"歌的海洋""山歌的故乡"。北宋文献有"男女盛服……聚会作歌"的记录。壮族聚居的地区，都有歌圩。"壮族三月三"，同时也是当地汉、瑶、苗等民族的重要节日。歌圩活动以农历三月三最为盛大，故有"壮族三月三歌节"之泛称。壮族"三月三歌节"原是一种"春秋场歌"，是具有独特文化个性的"歌圩文化"。壮族歌圩是"壮族三月三"文化的灵魂所在，具有独特的象征性和凝聚力。歌圩对壮族乃至当地各少数民族，都产生了极其深入人心的陶染和教化作用。

图 3.1 河池市宜州区中山公园歌圩群众自发对歌活动[①]

2014年"壮族三月三"成为国家级非物质文化遗产，并成为广西法定假日。广西在各个层面均开展"壮族三月三·八桂嘉年华"，把其打造成一个集民族文化、群众体育、风情旅游、特色消费于一体的旅游文化消费品牌。举办了20余届的"南宁国际民歌艺术节"，是壮族歌圩文化的现代延伸。壮乡广西作为"歌海"的魅力得到了阐扬，成了"天下民歌眷恋的家园"。

---

① 本书所有图片均为作者调研时拍摄。

第三章　优秀传统文化及其融入青少年思想政治教育的资源与内容 / 57

图 3.2　南宁市民族博物馆利用现代化的场馆设施传扬壮族优秀传统文化

（二）壮族铜鼓文化[1]

壮族铜鼓文化底蕴深厚，源远流长，已历二千七百余年。铜鼓，壮语称作"宁董"，壮语原意为"可闻声""听闻"。壮族全民崇鼓，是使用铜鼓最普遍的一个民族，铜鼓至今仍"活"在壮族社会之中。铜鼓是壮族最有代表性的遗产。[2] 我国著名民族学家徐松石认为"铜鼓是僮族和

---

[1] 作者在河池市调研期间，于2018年12月1日参加了在河池市举行的第三届广西世居民族论坛，论坛上广西民族大学原副校长万辅彬教授作了题为《穿越千年的鼓声——广西铜鼓文化的传承与发展》的学术报告，并声情并茂地朗诵了蒋英的《铜鼓颂》，令人印象深刻。现辑录如下：《铜鼓颂》（作者：蒋英）：铜鼓锵锵，声震山岗，号召勇士，御敌卫疆，披坚执锐，血战沙场，鼓声激励，凯旋回乡。铜鼓咚咚，声震林中，春种秋收，五谷丰登，载歌载舞，天赐无穷，祭祀大地，人神相通。铜鼓当当，声震山庄，佳节婚嫁，亲朋满堂，主宾同庆，喜庆吉祥，人寿年丰，家邦兴旺。铜鼓扑扑，声震山谷，长者逝去，子孙哀哭，诵经念咒，魂归天府，佑我后裔，既寿且福。铜鼓田田，声震霄汉，神器宝物，永奉堂前，敬爱有加，世代相传，民殷国强，兆民滕欢。

[2] 黄桂秋：《壮族传统文化与现代传承》，光明日报出版社2016年版，第69—75页。

骆越僚族的创制品"。① 范成大在《桂海虞衡志》"志器"类中讲："铜鼓，古蛮人所用，……其制如坐墩，而空其下，满鼓皆细花纹，极工致。四角有小蟾蜍。两人舁行，以手拊之，声全似鞞鼓。"② 壮族铜鼓展现了壮民族的审美观，对自然、生活、劳动的热爱，表达了壮族人民丰富的道德观念和道德情感。铜鼓是壮民族文化的符号，也是中华民族文化宝库中光彩夺目的珍宝。③ 打铜鼓是壮族群众节日活动必不可少的习俗，已被列入第一批国家级非物质文化遗产名录。具有"中国民间（铜鼓）文化艺术之乡"的河池市东兰县举办的东兰国际铜鼓文化旅游节等，引导恢复生态民俗活动，同时建立铜鼓文化生态保护区和铜鼓习俗传习基地，如2012年设立了国家级"铜鼓文化（河池）"生态保护区，在东兰县建立了广西壮族铜鼓习俗传习基地。

（三）壮族民间文学

壮族民间文学是壮族人民在漫长的历史发展过程中，为适应生产生活需要，不断经口头创造和传承的民间语言艺术，其功能和价值异乎寻常。④ 壮族民间文学异彩纷呈、体裁多样，有神话、歌谣、长诗等。⑤ 这些多体裁的民间文学，都是壮族人民在长期的劳动生活和社会生活中根据自己的爱憎好恶而创作的，蕴含着丰富的道德观念和伦理思想。⑥ 神话"也就是已经通过人民的幻想用一种不自觉的艺术方式加工过的自然和社会形式本身"。⑦《布洛陀》《母洛甲》《盘古》等神话，反映了壮族先民的价值观念、思维方式和行为规范，是壮民族心路历程的忠诚记录和民族精神的集中体现。壮族民间长诗，如《布洛陀经诗》吟诵布洛陀创造

---

① 徐松石：《粤江流域人民史》，中华书局1939年版，第239页。
② （宋）范成大：《桂海虞衡志校注》，严沛校注，广西人民出版社1986年版，第41页。
③ 唐凯兴等：《壮族伦理思想研究》，人民出版社2016年版，第148—154页。
④ 梁庭望：《壮族文化概论》，广西教育出版社2000年版，第506页。
⑤ 陈金文、陈丽琴、陆晓芹等：《壮族民间文学概要》，民族出版社2016年版，第2—3页。
⑥ 唐凯兴、黄克赞：《壮族传统体育文化中的伦理思想析论》，《广西社会科学》2011年第2期。
⑦《马克思恩格斯选集》第2卷，人民出版社2012年版，第711页。

图 3.3　铜鼓与芦笙雕塑

天地万物、规范人间伦理道德等故事。① 再如《传扬歌》，被称为壮族人的"道德经"。恩格斯指出："民间故事书还有这样的使命，这就是同圣经一样使农民有明确的道德感，……唤起他对祖国的热爱。"②

（四）壮族传统艺术

壮族在历史发展和社会生活实践中，创造了异彩纷呈、风格独特的民间艺术。壮族传统艺术包括民间戏剧、舞蹈、曲艺等表演艺术，以及民间陶艺、壮锦、绣球、印染等传统工艺美术。③ 壮族民间艺术带有浓郁的地方特色和民族风格，与壮族人民的生产生活密切相关，壮族民间艺术浸润于岁时节令、人生礼仪和日常生产生活中，壮族人民离不开民间

---

① 广西壮族自治区少数民族古籍整理出版规划领导小组办公室整理：《布洛陀经诗》，中国国际广播出版社 2016 年版，第 1—15 页。
② 《马克思恩格斯全集》第 41 卷，人民出版社 1982 年版，第 14 页。
③ 梁庭望：《壮族传统艺术概观》，《民族艺术》1988 年第 3 期。

图 3.4　河池市金城江区铜鼓广场

艺术。壮族民间艺术文化,体现了壮族人民的思想感情和道德观念,蕴含着壮族敬畏自然、尊重生命、热爱生活、孝老敬亲等道德传统和伦理思想,具有极大的艺术感染力。①

（五）壮族传统习俗文化

"人们为了能够'创造历史',必须能够生活。但是为了生活,首先就需要吃喝住穿以及其他一些东西。"② 壮族人民在世代相沿的生产生活中,创造出独具特色的饮食、服饰、干栏等生活习俗,这是壮族传统观念和思想文化的表征和载体③,也广泛和深刻地反映了壮族的伦理思想和道德观念。如壮族传统习俗崇尚集体主义、助人为乐,壮族重要的生产习俗——"打背工",即是指因为受自然等因素影响,在劳动生产活动中

---

① 唐凯兴等:《壮族伦理思想研究》,人民出版社 2016 年版,第 139 页。
② 《马克思恩格斯选集》第 1 卷,人民出版社 2012 年版,第 158 页。
③ 唐凯兴:《壮族生活习俗中的伦理意蕴析论》,《百色学院学报》2015 年第 4 期。

普遍流行的无偿互助、合作互济的习惯。壮族传统习俗蕴含着丰富的行为规范和社会道德资源，强化了壮族传统道德的规范和教化功能。①

（六）壮族传统文娱体育文化

在长期的人地互动过程中，壮族人民为了生产生活、祭祀崇拜、强身健体等需要，创造出独具民族特色的文娱体育文化活动，并在壮族民间有着广泛的群众基础。如具有独特而浓郁民族风格的"抢花炮"，被誉为"东方橄榄球"，对抗性、娱乐性强，深受壮族同胞的喜爱，有山歌唱道："壮乡三月好，天地良缘抢花炮；要得壮家姑娘爱，花炮场中称英豪。"② 这些游艺竞技活动，有的来源于日常生产实践如打扁担、斗牛，有的来源于社会生活交往如春堂、碰彩蛋，有的来源于宗教祭祀如蚂拐舞、打铜鼓，有的来源于武备活动如射弩、壮拳，有的来源于庆祝或纪念活动如赛龙舟、舞龙舞狮，有的展现民族风情如抛绣球、珍珠球，有的来源于游戏娱乐如板鞋竞技、打陀螺等。③ 这些文化活动，具有浓郁的民族风味，形式活泼多样，展现了壮族人民热爱生产生活、追求和谐、向善向上的人生态度和精神品质，也体现了壮民族特有的价值观和文化观，④ 具有极强的吸引力，既能健康体魄、怡心娱神，又能教化人心，有着极强的思想政治教育价值。

（七）壮族岁时节日文化

"节日文化特别凝聚着多方面的民族传统，……特别是缺少文字的民族，更要利用节日活动作为传统文化的学习机会。"⑤ 壮族岁时节日众多，"四季皆聚庆，无月不过节"。壮族正月有春节、蚂拐节、铜鼓节；二月有花炮节、开耕节、春社节、观音节、花婆诞节；三月有三月三歌节、清明节；四月有插秧节、牛魂节、礼田节、农具节、泼泥节、开耕节、神农节；五月有端午节、药王节、结拜节；六月有祭田节、开青节、莫

---

① 骆洋：《壮族传统习俗的当代德育价值》，《内蒙古师范大学学报》（教育科学版）2013年第12期。
② 刘彩强：《壮乡盛典活动多独具特色魅力足》，《右江日报》2017年4月4日第1版。
③ 黄桂秋：《壮族传统文化与现代传承》，光明日报出版社2016年版，第201—205页。
④ 唐凯兴等：《壮族伦理思想研究》，人民出版社2016年版，第166—175页。
⑤ 陈永龄：《贵州节日文化》，中央民族出版社1988年版，第43页。

图 3.5 壮族传统体育运动项目——抢花炮

图 3.6 民族传统文化进校园活动

一大王节、土地公诞节；七月有中元节、下雨节；八月有中秋节、众神诞节；九月霜降节为壮族独有；十月有收镰节；十一月有冬至节；十二月有祭灶节。① 壮族的岁时节日，具有鲜明的民族性、地域性等特点。节日是壮族人民祭祀、娱乐、交友的载体与平台，凝聚着壮民族深厚的情结，融入了壮族的生产生活、社交与人生礼仪、信仰崇尚等种种文化事象，储存着丰富的历史文化信息，铭刻着壮民族历史文化发展的印记，具有调节身心、促进团结、传承民族文化的功能。② 壮族岁时节日文化渗透着壮民族的社会心理和信仰崇尚，是壮民族精神、民族感情、文化脉络和思想精华的凝结和表现，具有提高壮民族思想道德素质水平，增强社会凝聚力，促进壮族地区和谐社会构建等重要功能。③

（八）壮族语言与壮族文字

"语言和民族常被视为是一致的。因为我们能够感觉到，使用同一语言的人群中，产生了民族实体存在的感情。"④ 语言是民族文化传承的主要介质和标识。壮语是一种有着悠久历史的优美语言。现代壮语基本词汇、基本语法都具有自己的鲜明特色。壮语有自己的文字。壮族先民用物件、符号和图画的方法记事，不仅见于铜鼓及其他物件，花山岩画也是一种重要的形式。自商至战国时期，壮族原始文字——刻画文字一直在发展中，随着秦始皇统一岭南，产生了方块壮字。⑤ 唐代，壮族以汉文字为依据创造了壮文字。南宋《桂海虞衡志》记有"边远俗陋，牒诉券约，专用土俗字，桂林诸邑皆然"。新中国应壮族人民的意愿，创制了壮文。新壮文以南宁市武鸣区语音为标准。拼音壮文对促进壮族地区政治经济文化的发展，发挥着积极的作用。⑥

（九）壮族民间信仰文化

马克思主义认为，任何宗教的产生都有其深刻的社会、环境、认识

---

① 梁庭望：《壮族文化概论》，广西教育出版社2000年版，第467—485页。
② 覃彩銮：《壮族节日文化的重构与创新》，《广西民族研究》2012年第4期。
③ 莫雪玲：《和谐社会视阈下广西少数民族传统文化德育资源研究》，《广西社会科学》2013年第11期。
④ [美] 弗朗兹·博厄斯：《人类学与现代生活》，刘莎等译，华夏出版社1999年版，第57—58页。
⑤ 李明：《近五十年来方块古壮字研究述略》，《中国文字研究》2007年第1期。
⑥ 李秀华、蒋平：《现代化对壮族语言文化变迁的影响》，《广西民族研究》2017年第2期。

图 3.7　河池铜鼓山歌艺术节上的小"刘三姐"与古壮字歌词

和心理等根源。壮族在长期的生产生活中形成了形式多样、内容丰富的民间信仰文化,包括早期与壮民族的产生发展密切相关的自然崇拜、图腾崇拜、祖先崇拜等原始崇拜;从壮族原始宗教多神信仰演化来的麽教、师公教等原生型民间宗教信仰;受外来文化影响的壮化僧公信仰等创生宗教信仰;还包括对历史上壮族民间英雄神的信仰,如伏波将军马援、莫一大王、侬智高等。壮族的原始宗教比较普遍,宗教观念相对泛化。"宗教的本质就是道德""宗教和道德是合二为一的东西",① 对促进人与社会和谐发展有着重要的作用。壮族民间信仰蕴含着壮族人民的生态观、人生观、幸福观,对引导和感化人们,调节壮族群众心理和壮族村落秩序,推动地方经济社会发展,维护边疆稳定与国家安全等,都发挥着重

---

① [印度]莫汉达斯·甘地:《甘地自传》,杜危、吴耀宗译,商务印书馆 1985 年版,第 148 页。

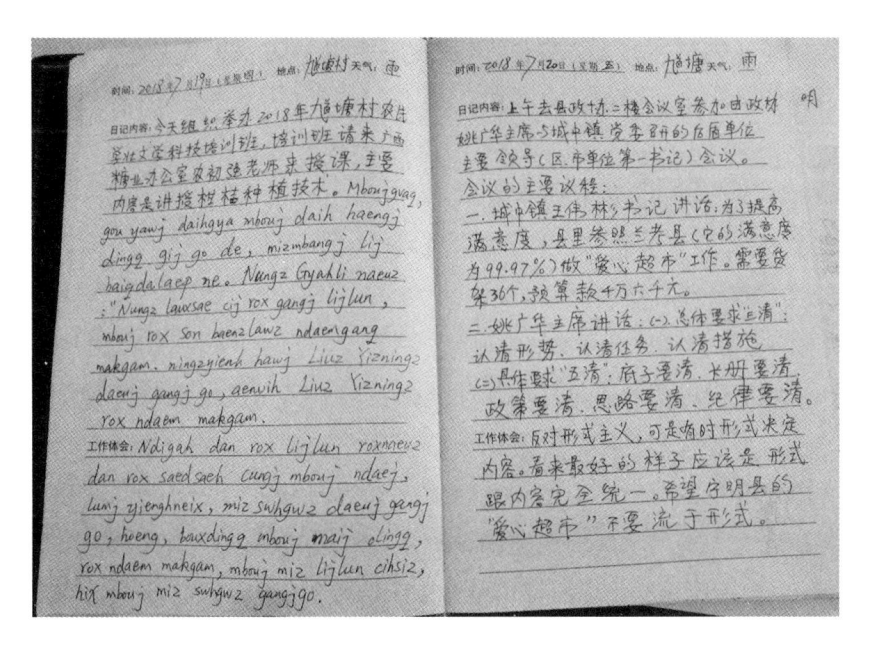

图 3.8　宁明县馗塘村第一书记壮汉双语扶贫工作日记

要作用。①

（十）壮族医药文化

壮族人民为适应岭南的独特环境，创造出具有浓厚民族特色的医药技术，这是壮族人民智慧的结晶。如中华文化的瑰宝针灸，起源于壮族聚居区南宁武鸣区马头镇一带，现存最早的医学典籍《黄帝内经》记载有"故九针者，亦从南方来"，1985 年马头"元龙坡东周墓葬出土的铜针为古代针灸疗法用具"等考古成果即为印证。壮族医药文化是壮族医药与各种文化相互交融、渗透而形成的，其内涵包括自然、人文、物质、非物质等文化。② 壮族医药体系是壮民族的社会文化适应策略，是整个文化体系的有机体。壮医的致病理论有重外界因素而轻内在因素的特点；

---

① 覃丽丹：《壮族民间信仰起源、发展与复兴——壮族民间信仰研究系列论文之一》，《广西民族研究》2017 年第 4 期。

② 庞宇舟：《壮族医药文化的研究》，《中南民族大学学报》（自然科学版）2016 年第 4 期。

在治疗方法上的特点：外治为主，偏重祛毒；注重扶正补虚；防治结合。壮医药文化中蕴含着人命至重、仁心仁术、推己及人等医德思想，"仁、和、精、诚"的价值观，主张以人为本、天人合一、医乃仁术、致中调和、大医精诚等理念，凝聚着深邃的哲学智慧和丰富的健康养生理念，蕴藏着丰富的思想政治教育资源。①

三 制度文化资源

（一）壮族传统婚姻家庭制度

春秋战国以前的原始社会，壮族先民曾经历过血缘婚，后发展到对偶婚制。原始社会末期的父系氏族社会，开始实行一夫一妻制，形成以父系家庭为主，男子在家庭和社会生活中处于主导地位，及男子继承制的婚姻家庭形态。壮族传统婚姻伦理崇尚恋爱自由、婚姻自主、男女平等。②壮族传统家庭伦理道德规范，以孝为出发点，"家和万事兴"是其核心价值，"像糍粑一样和顺"是其特质。壮族家庭成员各有自己的义务，他们把壮族长诗《布洛陀》视为道德的范本，称为壮族的"道德经"，"像软熟的糍粑一样的人缘关系就是史诗《布洛陀》乐土构想的基石"③。壮族长诗《传扬歌》以歌谣的形式，规范着壮族儿女的行为。如夫妻要恩爱和睦，"儿女共抚养，两老共伺候"，"有事好商量，家庭不添忧"。④

（二）壮族村寨都老制

都老制度是壮族村民的自我管理制度。都老，是对村寨头人的尊称。都老实际上是自然领袖，是壮族社会中的管理者。"都老"不是自封的，而是通过民主方式产生的。⑤都老制以民主的选举、议事和监督等，完美

---

① 李富强：《其命维新：壮族传统文化保护与发展实践论》，民族出版社 2014 年版，第 218—223 页。
② 黄雁玲：《壮族传统婚姻伦理特征探析》，《广西民族师范学院学报》2013 年第 2 期。
③ 罗森壬：《壮族家庭伦理解析——循〈布洛陀经诗〉思想之流而展开》，《广西民族研究》2013 年第 1 期。
④ 蒙元耀：《壮族伦理道德传扬歌研究》（上），人民出版社 2018 年版，第 106 页。
⑤ 陈强、黄红星：《壮族都老制民主与古希腊城邦民主之比较》，《学术论坛》2014 年第 7 期。

展现了民主的本质。①"都老"凭威信、村规民约和社会习惯办事,形成了壮族村落特有的"都老制"社会组织。②"都老制"的存在曾对壮族社会的稳定和发展有着积极的影响。③

(三)壮族议众、议团等传统社会组织

议众和议团,是壮族村寨中一种特殊的民间组织,自成体系,组织严密。议众指由族长或头人召集的村寨民众大会,是村寨的最高权力机构,凡村寨的重大事宜,如制定、修改乡约族规,由头人召集议众讨论通过。议团则由一个社区若干个村寨的头人组成,为所辖诸寨民间最高权力机关,每年春秋二季之始召开例会,讨论补充和修改乡约;开会时,头人和村民都享有平等的发言权和表决权。议团讨论决定的乡规乡约,包括规定人们日常生活的道德规范和行为准则;禁牲畜践踏禾苗等专门例规等。议众、议团是社会需要的产物,社会需要其发挥功能来实现对壮族社会的调节,在维护壮族村寨的社会秩序以及传统伦理道德方面,都曾发挥着重要作用。④

(四)壮族地区土司制度

壮族地区的土司制度是一种封建领主制度,"土官治土民",始于唐宋羁縻制度,历经1000多年,是压迫少数民族的制度。土司制度在特定的历史条件下,对加强民族间的交流,捍卫多民族国家的统一,发挥了一定的积极作用,在一定程度上,促进了壮族地区政治的安定和经济、文化的发展。壮族地区留下的遗迹有"忻城莫土司衙署"和"侬氏土司衙署"等。土司制度内容广泛,包括兵制史、庄田史、基层社会结构等文化遗产,以及凌云七十二巫调、大将军信仰等非物质文化遗产。壮族土司制度的众多因子,已转化成当代壮族的重要文化元素。⑤

---

① 黄雁玲:《壮族传统家庭伦理及其现代演变研究》,民族出版社2017年版,第44—49页。

② 广西壮族自治区编辑组:《广西壮族社会历史调查》(第三册),广西民族出版社1985年版,第123—126页。

③ 张强:《桂中北地区壮族传统习惯法的研究》,《赤子》(下旬)2017年第1期。

④ 符广华:《壮族乡约制度功能研究:以龙脊十三寨为例》,《广西民族研究》2005年第1期。

⑤ 黄家信:《壮族土司制度研究与壮学建立》,《广西民族研究》2014年第6期。

第三节　壮族优秀传统文化融入青少年思想政治教育的主要内容

壮族优秀传统文化融入青少年思想政治教育，其内容是壮族人民在长期历史发展进程中，从本民族生存发展的自然条件和社会历史条件出发，形成的对社会道德现象、道德关系思考的各种道德观念和伦理思想。壮族优秀传统文化的思想政治教育内容丰富，主要表现为公共生活道德、婚姻家庭道德、经济伦理、政治伦理，以及关于道德教育、道德修养的认识与实践等。

一　爱国主义教育

壮族有着保家卫国、反抗外敌入侵的爱国传统。宋代至明代，交趾（今越南）封建统治者屡次侵略我国南疆，壮族人民担负起了保卫祖国南疆神圣领土的重任。特别要指出的是宋代壮人"爱国志士"侬智高，英勇抗击交趾进犯，表现出崇高的民族气节。[1] 英雄史诗《侬智高》唱道："岭南处边陲，领土属中国；侬王侬智高，爱国热情高；率众抗交趾，为国立功劳。"明嘉靖年间，壮族女英雄瓦氏夫人，亲率7500俍兵奔赴江浙抗倭，报国安民，堪称"巾帼英雄第一人"。19世纪后期，广西各族人民组成了以壮族为骨干的黑旗军，在民族英雄刘永福的率领下，赴越抗法二十年，保卫了祖国的南疆；爱国将领冯子材率领壮、汉等族人民组成的抗法部队，取得了镇南关大捷。刘永福、冯子材率领壮、汉人民英勇抗法，保卫了祖国南疆，他们的英雄事迹，被壮人编成传说故事、民间歌谣，至今仍在壮乡流传，为人们所称颂，这充分体现了壮人热爱祖国的情怀。中法战争前后，"乐里教案""西林教案"的反洋教斗争不断发生。[2]

---

[1] 张声震：《壮族通史》（中），民族出版社1997年版，第697页。
[2] 《壮族简史》编写组、《壮族简史》修订编写组：《壮族简史》，民族出版社2008年版，第78—80页、第156—160页。

流传在大新、靖西一代的霜降节，作为"二十四节气"扩展项目，入选世界人类非物质文化遗产代表作名录。壮族霜降节依托于壮族稻作文化，最初是壮族民众"酬谢自然、庆祝丰收"的一种形式，表达祈盼五谷丰登的良好愿望，并形成了著名的"霜降歌圩"；明代又融入了纪念民族女英雄瓦氏夫人的内容，颂扬瓦氏夫人率领将士打击倭寇的英雄事迹，宣扬保卫家园、谋求平安的民族精神；[1] 相传霜降节是为纪念壮族姑娘岑玉音在广东、福建沿海地区抗倭成功于霜降节凯旋的迎接仪式，并相沿成节俗流传至今。可见，壮族是一个具有爱国传统的民族。

二 民族团结教育

壮族在同汉族及其他民族交往过程中，形成了开放、兼容的民族心理性格。[2] 壮族人民对家国的热爱，维护民族团结、和睦相处的道德观念，都体现在其历史、神话、故事、歌谣、节日、文娱体育等文化形态中。隋朝时期，壮族民族英雄冼氏夫人"（善于）抚循部众，能行军用师，压服诸越"（《隋书·谯国夫人传》），维护了民族团结，以及岭南与中原王朝的关系。壮族《马骨胡之歌》唱道："土人爱华夏，汉人爱壮家。明透与君达，好比松与杉。……壮汉一家亲哩，团结像一人。琴歌谱传奇哩，从古唱到今。"[3] 这首歌，清晰地表达了消除民族隔阂、民族和睦相处的情感。

事实表明，壮族人民有着民族友好、和睦相处的道德传统。壮族《传扬歌》也有"人迁来同住，盼他创成家"之语。壮族的神话传说，也贯穿着在中华民族大家庭里各个民族都是兄弟的观念。《布伯》是流传于壮族地区的神话故事，基本内容如下：前半部叙述布伯为拯救人类，与制造干旱的雷王展开英勇顽强的斗争；后半部叙述布伯牺牲后，他的两个孩子——伏依兄妹再造世界。伏依兄妹结婚后生下一块肉团，他们把

---

[1] 周仕兴、李志高：《壮族霜降节倾听稻作文明的声音》，《光明日报》2016年12月17日第7版。

[2] 潘志清：《西南少数民族心理特征嬗变研究》，广西人民出版社2006年版，第243—245页。

[3] 李富强：《壮族认同论》，《社会科学战线》2006年第1期。

图 3.9　民族团结宝鼎

肉团割成碎片到处抛撒，使那些碎肉片变成了许许多多的人，从此人类得以再生。其中有一种说法：撒到平原的是汉人，撒到丘陵的是壮人，撒到山里的是瑶人、苗人，撒到森林、草地的便是其他西南少数民族。此外，还有《祖宗神树》等神话故事，这些神话故事反映了壮族人心目中的中华各民族一体观念，以及壮族人民视中华大家庭中各个民族为同胞兄弟的观念。壮族平等亲和的民族性格，使得岭南各民族得以守望相助、睦邻友好，促进了祖国南疆民族关系的和谐与发展。

三 集体主义教育

壮族的集体观念历史悠久。壮族人民把个人融于集体中，把集体劳动和互助协作看作是义务和权利。壮族人民"同类有无相资，一无所吝"[1]的德行古已有之。清《镇安府志》曰：壮民"凡耕种，皆通力合作"。《布洛陀经诗》中，就大量展现了壮族重视群体共同利益的道德准则，以及壮族自古以来就有的团结一致、互助和睦的良好风尚。这部神话史诗中唱诵道"十条小沟汇成溪，十条溪水汇成河，十条河水汇成江，十条大江汇成海，十个大海汇成洋"，展现了齐心协力、团结互助的伦理准则。壮族伦理道德长诗《传扬歌》中，也深刻阐述了团结互助的行为准则。歌中唱道："春耕待插秧，有牛要想帮，挨家轮流种，合力度大忙"，"大家相帮衬，力气会变贱（指少费力气多办事）。"[2]

在现实生活中，壮族聚居地区的人们在长期的生产劳动和生活实践中，形成了团结互助、相扶相帮的美德良俗。在日常生活中"一家有事百家帮，一人有难四方援"；在劳动生产中，壮人普遍流行"相邀互助"、合作互济的习惯，俗称"打背工"。壮族地区还有水利会、建新会等生产互助会组织，展现了崇尚互助、团结协作的道德精神。[3] 由于壮族群体观念浓厚，因而很强调集体的力量。壮族集体观念强烈的另一体现是，宁愿为集体利益而牺牲个人利益。如壮族民间《逃军粮》的故事，宣扬的主要思想就是"集体利益高于一切"。

---

[1] （明）邝露：《赤雅》卷上。

[2] 梁庭望、罗宾译注：《壮族伦理道德长诗传扬歌译注》，广西民族出版社2005年版，第126、183、189页。

[3] 张志巧、唐凯兴：《壮族经济伦理思想及其当代价值》，《广西民族研究》2013年第4期。

四　道德品质与行为规范教育

"人们按照自己的物质生产率建立相应的社会关系，正是这些人又按照自己的社会关系，创造了相应的原理、观念和范畴。"[①] 在壮族公共生活道德规范的发展演进中，民间长诗《布洛陀经诗》《传扬歌》，成为最重要、最完整的表现形式。[②] 主要内容如下：一是勤俭节约，热爱劳动。壮族人一贯把勤劳简朴作为评价人的道德标准。"勤劳是头条"，"遗产好似山洪水，勤勉才是幸福泉"，体现了"富贵荣华非天定，世间由人不由命"的劳动观和人生观。二是崇礼好客，待人真诚。这是壮族重要的道德品质，也是与人交往遵循的重要行为准则和传统道德风尚。"近邻是兄弟，远客是朋友"，"交友重交心"。黄山闵《粤述》载："（客）至，则鸡黍礼待甚殷。"[③] 礼仪歌中有"多谢了，多谢四方众乡亲，我今没有好茶饭，只有山歌敬亲人"的谢客歌。直到今天，壮族依然沿袭着热情好客的优良传统。三是厚德重信，重义轻利。壮族全社会普遍以忠诚、正直、信义为处事之道。"一生来世间，安分走正道"，"劝诫年轻人，行为要端正"。"以义制利"的义利观，早已渗入了壮族人民的骨髓，并传唱千古。四是遵守规约，明礼守法。道德习惯的养成，光靠人们的内心力量是不够的，还必须依靠外部的压力，才能养成良好的行为习惯和道德作风。[④] 壮族人民非常重视道德自律性与他律性的有机结合。壮族社会发展过程中形成的习惯法，主要包括乡规民约、村规民约、族规、款规、禁忌、风俗等。五是崇文重智，笃行践履。"耕种和读书，两条路最美"，"谁是聪明人，用心读书文"。壮族也非常重视在实践中培养人们的道德品行，将践行作为道德修养的重要方法。广西忻城土司衙署莫氏土司第15任土官莫振国，为强化土司官读的教育，制定了《教士条规》16则，精辟地阐释了躬行实践、品德修身的重要方法，指出："人生天地间，躬

[①] 《马克思恩格斯选集》第 1 卷，人民出版社 2012 年版，第 222 页。
[②] 蒙元耀：《壮族伦理道德传扬歌研究》，人民出版社 2018 年版，第 63—84 页。
[③] 高发元：《中国少数民族道德概览》，云南民族出版社 1992 年版，第 360 页。
[④] 龚海泉、万美容、梅萍：《当代公民道德教育》，中央文献出版社 2000 年版，第 123 页。

行为先。"①

五 婚姻家庭道德教育

壮族的家庭，具有某种程度的团结性和实体性。在婚姻道德方面，一是婚恋自由，尊长结婚。壮族"依歌择偶"，"婚配嫁娶完全由当事男女双方之合意而成"。②二是择偶重德，人勤心善。勤劳、善良、能歌善唱，是壮族传统择偶的基本标准。"有钱有势不嫁他，妹爱犁耙后生家。"三是男女平等，相互敬重。"有孙男孙女，总是一样疼。"③四是夫妇守道，相敬如宾。"夫妻相好，百岁嫌少"。再有"一家两夫妻，相敬不相吵。有事多商量，和睦是个宝。……言语当谨慎，和睦把家当。"家庭道德方面。壮族家庭坚持勤俭持家、和为贵、情为上。一是治家勤为本、居家简为先。"勤不富也饱，懒不死也饿"，④勤劳简朴观念影响了一代代壮族家庭，成为壮族优良的道德传统之一。二是持家和为本、齐家情为上。《传扬歌》道："夫妻一条心，勤俭持家忙。……小事各相让，大事好商量。"不仅要处理好夫妻关系，还要处理好父母与子女之间的关系。三是孝敬长辈，尊老爱亲。壮族把孝敬父母当作做人最基本的道德。不要忘记父母的养育之恩，这是壮族传统家庭伦理的核心和准则。《传扬歌》道"莫忘父母恩，辛苦养成人。如今能自立，当孝敬双亲"。

六 生态教育

由于壮族农耕稻作对自然的依赖，所以壮族形成了人与自然协调发展的意识。壮族认为"万物有灵"，尊崇与敬畏自然万物，因此通过生产生活禁忌、传统节日与信仰等习俗，来谋求与自然的和谐相处。尊崇自然、敬畏自然，是壮族生存发展的一种生态伦理智慧，通过自然崇拜、禁忌崇拜、传统习俗、习惯法规，以及神话故事、歌谣民谚等多种文化

---

① 唐凯兴等：《壮族伦理思想研究》，人民出版社2016年版，第251—260、386—388页。
② 刘锡蕃：《岭表纪蛮》，商务印书馆1934年版，第69页。
③ 梁庭望、罗宾译注：《壮族伦理道德长诗传扬歌译注》，广西民族出版社2005年版，第117、253、284—285页。
④ 蒙元耀：《壮语熟语》，民族出版社2006年版，第149页。

形态，加以表现。如：壮族认为人是花婆神花园里的花朵，故壮家供奉花婆神加以崇拜，体现了壮人与自然和谐共生的心理认同。[①] 壮族的节日习俗，也体现了崇拜万物、崇尚自然的生态伦理智慧，如蚂拐节、牛魂节。[②] 壮族借助风尚习俗、习惯法等成文或不成文的道德规范，来调节人与自然的关系，遵循爱护自然资源的生态道德规范。如有的地方规定新生儿出生或有人去世，要种几棵树等。几乎每个壮族村寨都有加以特殊保护的"祖宗神树"。壮族民间有在结婚、乔迁等活动中植树造林的习俗，有"近水不得滥用水""砍伐要舍近求远"等谚语古训。[③]

[①] 过伟：《中国民俗大系·广西民俗》，甘肃人民出版社2003年版，第166页。

[②] 张志巧、唐凯兴：《壮族伦理思想的和谐意蕴及其当代价值》，《广西民族研究》2011年第4期。

[③] 范宏贵：《壮族历史与文化》，广西民族出版社1997年版，第298页。

第四章

优秀传统文化融入青少年
思想政治教育的现状考察

壮族优秀传统文化融入青少年思想政治教育，是庞杂的体系化的工作，不仅仅体现在学校教育中。基于切实优化壮族优秀传统文化融入青少年思想政治教育的思考，在2018年3月至2019年2月间，作者先后到广西壮族自治区14个城市的大中小学校、民族村镇社区、公共文化机构、文化旅游单位等开展实地调研，访谈了相关民族问题专家学者、行政人员、壮族非物质文化遗产传承人等关键人物以及学校思政工作者、青少年学生及家长等47人，自编调查问卷并采集到广西46所院校9230份青少年有效问卷，同时围绕研究主题，开展了"我的壮族文化观""我为'建设壮美广西、共圆复兴梦想'献计策""我的民族团结观""我的职业观""我的道德观""我的生态价值观""青少年如何践行社会主义核心价值观"等专题座谈会7场，以便深入了解壮族优秀传统文化融入青少年思想政治教育的实然状态，努力做到客观、全面地掌握相关实证资料，构建起本研究的事实基础。

第一节 优秀传统文化融入青少年
思想政治教育的环境场域

"人创造环境，同样环境也创造人。"① 一定的环境，对人的成长，必

---

① 《马克思恩格斯选集》第1卷，人民出版社1972年版，第43页。

有不可小觑的影响与熏陶。① 民族思想政治教育是一个复杂的系统活动过程，也离不开特定的环境。② 壮族优秀传统文化融入青少年思想政治教育的成效，会受到壮族地区的民族关系，以及经济社会发展等环境场域的影响。

一 "民族关系十分融洽"

广西壮族自治区成立于 1958 年，是我国五个少数民族自治区之一，有壮族、汉族、瑶族、苗族等 12 个世居民族，并拥有其他 44 个民族成分。广西地处祖国南疆，辖 14 个地级市，111 个县、区。全区 4602.66 万人，其中汉族 2891 万人（占 62.82%），壮族 1444.85 万人（占 31.39%），其他各少数民族 266.20 万人（占 5.79%）。③ 壮族是广西世居民族也是我国人口最多的少数民族，仫佬族、毛南族、京族为广西独有少数民族，仡佬族为人口最少的民族。广西自治县 12 个，民族乡 59 个，人口占全自治区少数民族人口的 92% 以上。广西各民族相互杂居、生活，缔造了别开生面的多元文化。广西各族人民有着浓厚的集体意识、合作精神，世代共生共荣，共同维护着祖国南疆的安全与稳定、繁荣与发展。自治区遵循"民族团结是各族人民的生命线"，着力维护民族团结；始终坚持和完善民族区域自治制度，全面贯彻落实党的民族政策。各民族于交往交流交融之中形成了平等团结互助和谐的民族关系。民族团结不断巩固，广西民族关系正处于历史最好水平。④ 习近平总书记 2017 年调研广西壮族自治区时，对广西民族关系给予高度评价，他指出："作为全国少数民族人口最多的自治区，广西各族人民长期以来亲如一家，民族关系十分融洽。"⑤ 广西壮族自治区成立 60 周年来，"广西始终坚持

---

① 李祖超：《教育激励论》，中国社会科学出版社 2008 年版，第 208 页。
② 崔运武：《中国少数民族地区思想政治教育概论》，云南大学出版社 2005 年版，第 109—114 页。
③ 根据 2010 年第六次人口普查主要数据公报整理。
④ 鹿心社：《在广西壮族自治区成立 60 周年庆祝大会上的讲话》，《广西经济》2018 年第 12 期。
⑤ 龚永辉、俸代瑜、黄金海：《守正创新能帮善成和谐壮美——广西壮族自治区民族团结进步 60 年的基本经验》，《广西民族研究》2019 年第 1 期。

国家利益高于一切，始终屹立在保疆卫国第一线，主动融入服务国家总体发展战略，为维护祖国领土完整和繁荣昌盛做出了重要贡献"，"民族区域自治制度优势充分发挥，中华优秀传统文化广泛弘扬，各民族交往交流交融更加深入，中华民族共同体意识更加牢固"。①

二 教育整体水平全面提升

广西壮族自治区高度重视民族教育工作，坚定不移贯彻党和国家有关民族教育各项方针政策，努力办好人民满意的教育。近年来，广西出台一系列政策，扶持民族教育加快发展，在全国五个自治区中率先通过国家"普九"验收，实现国家"两基"目标，在西部地区最早实施职业教育攻坚计划，并建设国家民族地区职业教育综合改革示范区，在全国首创多元普惠幼儿园机制等。自治区加大经费投入，实施了东巴凤革命老区建设大会战教育项目建设工程、国门边境学校建设工程等，着力提升民族、贫困和边境等地区的民族教育水平。十八大以来，自治区实施了教育振兴行动计划，投入资金过千亿，实施了义务教育均衡发展工程、高中阶段教育突破发展工程、现代职业教育发展工程、高等教育特色化上水平工程、学前教育发展工程、教师队伍强质增量工程、教育信息化建设工程、教育扶贫富民工程等八大工程，促进了民族教育事业的迅速发展。实施"双千计划"，投入 1000 亿元资金，建成 1000 所学校来弥补教育这一民生短板。2018 年广西学前幼儿教育毛入园率达 82.7%、义务教育巩固率达 94%、高中阶段入学率达 88.5%，均超过全国平均水平（79.6%、93.8%、88.3%）；高等教育毛入学率达 35.9%，新增劳动力平均受教育年限达 13.3 年。② 广西民族教育事业加快发展，形成了具有广西特色的、完整的少数民族教育体系，较好满足了各族人民的教育需求，培育了大量的少数民族干部、专家学者等民族人才，提高了各民族群众的整体素质，促进了经济发展和民族团结。

---

① 《中共中央全国人大常委会国务院全国政协中央军委关于庆祝广西壮族自治区成立六十周年的贺电》，《人民日报》2018 年 12 月 11 日第 2 版。

② 周仕兴、安胜蓝、方莉：《义务教育均衡发展八桂儿女人人受益》，《光明日报》2018 年 12 月 10 日第 5 版。

三　各项事业发展取得历史性成就

广西壮族自治区成立后，改革开放以来，特别是党的十八大以来，自治区各族人民守望相助，攻坚克难，"共同团结奋斗、共同繁荣发展"，全面开展政治、经济、文化、社会和生态建设，各项事业取得历史性成就。广西壮族自治区坚持和完善民族区域自治制度，持续推进民族团结示范区建设，不断创新丰富中国特色解决民族问题正确道路的广西实践。经济持续高速运行，地区生产总值2018年突破2万亿元，是60年前的十倍。民族文化得到保护和传承，群众精神生活异彩纷呈，东兰县创建了全国首个"新时代广西山歌讲习所"，"歌海""刘三姐"成为壮乡名片。社会民生获得极大改善，是西部最早实施职教攻坚的省份，也是民族地区中最早普及九年义务教育的省份。壮乡人民敢为天下先，河池市宜州区合寨村是全国第一个村委会的发祥地，创造了农村金融改革的"田东模式"。广西是中国—东盟博览会永久举办地，"南宁渠道"成为我国与东盟国家间最重要的区域合作机制之一。生态治理成效显著，创建全国生态文明示范区，生态环境质量稳居全国前列，探索出了独具广西特色的生态美、产业强、百姓富的绿色转型发展道路，创造出了"桂林山水甲天下""山清水秀生态美""广西生态优势金不换"等金字招牌。广西正在实施多项造福壮乡的国家战略，如北部湾经济区发展规划、左右江革命老区振兴计划等。壮乡广西各族群众的获得感、幸福感显著增强。广西正持续践行习近平新时代中国特色社会主义思想，牢记"三大定位"，落实"五个扎实"[1]，立足"海""江""边"的独特区位，深度融入"一带一路"，为"建设壮美广西共圆复兴梦想"，[2] 奋力谱写发展新

---

[1] "三大定位""五个扎实"是指：党的十八大以来，习近平总书记多次对广西工作作出重要指示，赋予了广西"构建面向东盟的国际大通道，打造西南中南地区开放发展新的战略支点，形成21世纪海上丝绸之路和丝绸之路经济带有机衔接的重要门户"三大定位，提出扎实推动经济社会持续健康发展、扎实推进现代特色农业建设、扎实推进民生建设和脱贫攻坚、扎实推进生态环境保护建设、扎实建设强有力领导班子的"五个扎实"新要求，为新时代广西发展指明了前进方向、注入了强大动力。

[2] "建设壮美广西共圆复兴梦想"，是习近平总书记2018年赠予广西壮族自治区成立60周年的题词。

篇章。[1]

第二节 优秀传统文化融入青少年
思想政治教育的调查分析

客观存在的一切事物都是质和量的统一体。质的研究具有过程性和情境性的特征，强调整体把握，突出以人为本，侧重于描述性，体现求善和美的价值取向，主要采用归纳推理的方法。量的研究与数据处理分不开，数据是教育实验研究中揭示现象的科学手段，也是逻辑推理得出结论的主要依据。[2] 因此，通过质性资料和量化资料的分析，兼顾现状调查样本的个性特征和总体状况，探讨壮族优秀传统文化融入青少年思想政治教育的现状、特点等实证信息，可以为深入研究打下良好的基础。

一 优秀传统文化融入青少年思想政治教育的质性资料分析

围绕研究主题，通过现状考察调研，我们获得了大量的质性资料，通过对质性资料的研判，可以把握壮族优秀传统文化融入的现状。

（一）现场调查及其相关记录

第十九届河池铜鼓山歌艺术节[3]于2018年10月20日至21日，在大化县举行。艺术节由河池市政府举办，主要活动包括民族非物质文化展演、山歌赛等丰富多彩的内容，壮族、瑶族、苗族、仫佬族、毛南族等各族群众参与其中。这里主要选取山歌会进行阐释。山歌会由政府相关部门举办，台下评委有文化部门工作人员、山歌协会人员、高校教授、非遗传承人等。参加山歌会的人员，由河池市各县文化部门组织，并对参赛选手和参与指导的非遗传承人的食宿交通费用进行补贴。对山歌手

---

[1] 汪洋：《在广西壮族自治区成立六十周年庆祝大会上的讲话》，《人民日报》2018年12月11日第2版。

[2] 孟万金、官群：《教育科研——创新的途径和方法》，华东师范大学出版社2004年版，第80—85、160页。

[3] 河池铜鼓山歌艺术节，与南宁国际民歌艺术节、桂林山水旅游节，并列为广西三大艺术节。

进行指导的是各地的民族非遗传承人，如河池市宜州区的国家级非遗（刘三姐歌谣）传承人谢庆良，南丹县壮族山歌王龙江存，大化六也壮鼓第14代传承人周国英，罗城县仫佬族协会会长罗周兰、副会长吴正琼等。陪同选手参赛的有青少年父母、爷爷奶奶、邻居。坐在台下观看山歌赛的是当地各族群众。活动由广播电视、网络报刊等媒体进行宣传报道。在山歌赛现场，采集到河池铜鼓山歌艺术节山歌会少年组对歌歌词①一份，内容辑录如下：

图 4.1　河池铜鼓山歌艺术节山歌会组图

---

① 歌词采集于2018年10月21日举行的河池铜鼓山歌艺术节山歌会现场，地点在大化县铜鼓广场，南丹县壮族山歌王龙江存给予大力支持。歌词的演唱者，是图4.1组图左上角两组少年组选手。参赛的两名女生由南丹县选送，指导教师是歌王龙江存，她们是邻居，两名女生的奶奶也是山歌爱好者，陪同两个孙女一起参赛。参赛的两名男生由天峨县选送，指导教师与他们是祖孙关系，他们一家从祖辈、父辈都是歌王。两个县的文化部门，给予两组选手经费补助，同时配有化妆老师等对参赛选手给予全力支持。

青少年山歌会歌词（节选）

家门歌
南丹两只小百灵
出门三步起歌声
别人问我为哪样
要当三姐传承人

赞美歌
草木青青天蓝蓝
白云悠悠绕青山
山美水美是大化
天下游客爱来玩

分组对唱

女1
小小画眉头戴金
今天飞出金竹林
大化铜鼓山歌会
我邀天峨亮嗓音

男1
一对金鸡乖又乖
展翅飞过九重崖
阿妹邀请我高兴
拿起话筒就登台

女2
我们两个小三姐
爱唱山歌图闹热
我们都是好姊妹
先唱友爱和团结

男2
友爱团结我爱唱
好比蜜蜂爱酿糖
若是阿妹挨欺负
捏紧拳头我来帮

女3
同学之间莫打架
团结友爱像一家
阿哥莫学牯牛样
动点想撩人下巴

男3
我们两个读书郎
德智兼优有担当
保护妹像熊猫样
不给你受半毫伤

女 4
你俩人帅好良心
年年评上三好生
德智体美样样好
长大干脆去当兵

男 4
其实我也有梦想
长大想穿绿军装
腰间挂把短驳火
保家卫国守边疆

女 5
男儿有志在四方
你想当兵握钢枪
如今国防现代化
科学文化要加强

男 5
这个道理我也懂
强国文化打前锋
哪条难题攻不下
还望阿妹帮弄通

女 6
看你是个男子汉
求知路上勇登攀
不懂你就虚心问
我们一起攻难关

男 6
书山有路勤为径
功夫不负有人心
将来我有出息了
不忘兄妹手足情

女 7
梧桐树高引金凤
大海水深藏蛟龙
我们共圆中国梦
祖国明天更繁荣

男 7
山歌越唱越新鲜
蜜糖越留味越甜
唱完这首收歌尾
我回学校读书先

通过现场考察及对采集到的歌词材料进行分析，我们可以得知壮族优秀传统文化融入青少年思想政治教育的现状与效果：一是民族思想政治教育活动，是由当地党政等部门组织，在社会力量积极参与下共同形成教育合力。二是充分运用壮族铜鼓、歌圩等传统文化资源和载体，来开展思想政治教育，体现了民族性、群众性、生活性，贴近青少年民族心理和文化心理。三是壮族等各民族传统文化资源丰富、活动众多，有的由党政部门主办，有的由各族群众自发举行，主角都是壮族等各族群众，无论是党政部门、社会组织、民间力量，还是各族群众，积极性、主动性都很高，有良好的氛围，壮族优秀传统文化融入青少年思想政治教育在这种"文化场域"中，会产生良好的教育效果。四是在社会教育发挥作用的同时，家庭教育的影响不容忽视。参赛的青少年选手，很多都是由于家庭中父辈、祖辈热爱民族文化，这些家庭成员中有些就是民族文化传承人。在家庭教育的潜移默化中，这些青少年本身就具有了对本民族的文化自信、文化自觉，从而提升了思想道德素养。五是青少年的自我教育发挥着重要作用。通过访谈发现，参赛的青少年自身对学习与传承壮族优秀传统文化具有很浓厚的兴趣。兴趣是最好的老师，壮族传统文化中所蕴含的思想政治教育价值与功能，自然而然得以实现。六是从这一份参赛山歌歌词本身来分析，它在充分展现壮族群众的诗性思维的同时，同时也传递了青少年对祖国、对家乡的热爱，还传递了团结互助、崇尚学习、报效祖国家乡等情感。歌词承载的思想政治教育内容，用青少年喜爱的歌谣形式，得以实现其育人成效。七是参赛选手来自壮族、汉族、苗族、瑶族、毛南族、仫佬族等各民族，充分体现了民族间的交往交流交融，是"三个离不开"的生动体现，青少年在潜移默化中接受了一场生动的"民族大团结"教育。八是节日文化活动，对青少年发挥了重要的"文化濡化"作用，有利于构筑和谐的民族内部关系，有利于促进族际关系的共生发展。

（二）田野日志及其相关记录

田野考察日志（节选）

左江花山位于崇左市宁明县，既神秘又令人向往，是"骆越根祖""中国的奇迹、民族的瑰宝"。2016年"左江花山岩画文化景观"被列入《世界文化遗产名录》，实现了中国岩画申遗、广西世界文化遗产零的突破。2010年，笔者在中越边境独自骑行的时候，去过花山、友谊关与大小连城等地。现借着课题研究需要，一直想再去花山看看，正好接到大化六也壮鼓第14代传承人周国英老先生电话，说他最近应邀到崇左市宁明县亭亮镇中心小学传授壮鼓、铜鼓打法，便借机欣然前往调研。

2019年1月6日。笔者坐南宁—宁明火车，早6：00由南宁出发，11：30到宁明。从宁明火车站搭乘到宁明百货大楼的公交车，转乘宁明8号线，到城中镇馗塘村（首批全国双语和谐乡村（社区）示范点之一）调研。公路边下车后，搭乘一位热情的那荷屯老乡摩托车（送上初中的孩子进宁明县城寄宿后，正返回村里）走了约2公里后到达村支部。在村里，同唐老汉、馗塘村小学旁小卖部女主人及两名小学生等攀谈，同两名村民大嫂简单交流。察看村里的风貌、馗塘村小学、歌圩节舞台等情况。后在村委会，同农姓村委委员进行了简单交流，进入村支部，查看脱贫攻坚、全国模范匾牌等情况。后看到桌面上有第一书记工作日志，经允许后便坐下来拍照，因由壮汉双语记录，所以很感兴趣。正在拍照时，第一书记从城中镇参加扶贫会议回来了。简单交流后，知道第一书记是自治区民语委直属三月三杂志社的韦花荣。她简单介绍了馗塘村的基本情况，以及国家民汉双语和谐示范村创建情况，并建议我到东兰武篆乡调研第二批国家民汉双语示范村。该村村民以壮族为主。农历6月24是该村的壮族重大节日之一。

中午回到县城后，到江滨公园、花山广场、宁明职业技术学校等地，实地调研。在宁明桥头看到一卖货小车，跟当地一热情居民聊天，聊天内容关于花山实景演出。后到三个寄宿制学校走访（江南实验学校、桥东路小学、新阳山学校），了解到学生周日下午返校，在校寄宿，周五下午放学后才能回家，在家只能呆周末2天的时间。返回县城内一桥头（商号—永妙农机）旁，很难得地看到壮族传统的丧葬礼仪——道公超度仪式，进行了录像录音和拍照。晚上在百货大楼旁宾馆住宿，停电，晚21时来电，又停，23时才恢复正常。

2019年1月7日。早起，坐上宁明到亭亮镇的巴士，到亭亮镇中心小学，六也壮鼓第14代传承人周国英老师正在该校传授壮鼓打法。亭亮镇中心小学门口挂着中央文明办、财政部、教育部授予的"乡村学校少年宫"牌匾。该校的巫政银老师、黎曼老师，还有一位女老师在周老师的指导下，学习打壮鼓和铜鼓。铜鼓鼓面是花山图案。周老师介绍，一面铜鼓价值5000元左右，壮鼓700元左右，所以亭亮小学的这几面铜鼓、壮鼓还是需要投入一笔不小的费用。通过跟巫老师、黎老师交谈发现，上级重视但校领导因教学任务等原因，而对传统文化重视不够。该校也是寄宿制学校。中午巫老师请我们到镇上吃了碗米粉，我们围绕着亭亮小学如何把传统文化教育做好，深入地讨论了一番。之后我跟他们告辞，乘坐亭亮到宁明的大巴回宁明。

回宁明后，路过宁明县城中镇中心小学，后走到宁明民族中学（广西壮族自治区民族文化传承示范学校），跟学校相关工作人员沟通后进入校园，察看校园文化建设情况，进入班级察看课程开设情况，与学生进行简单交流。"花山"是该校的主打校园文化，校徽也有花山元素；一进校门左侧宣传墙壁上就是被列入世界非遗名录的"二十四节气"宣传材料，其中"壮族霜降节"是宣传的重点内容之一。校内有"宁明县民族体育特色项目板鞋训练基地"，学生桌上有一本《中华优秀传统文化》课本。记得去年10月份在崇左市调研时，笔者去过广西城市职业学院，该学校是民族艺术（花山岩画）文化传承创新职业教育基地。出宁明民族中学校门，搭乘出租车到"攀龙屯"（全国民族特色小镇）调研。在村口小卖部跟村民交流，得知该屯有50户人家，节日有歌节等民族活动。该屯靠近花山，村民依托花山搞游船、民宿、餐饮等活动。村里孩子送到宁明县城读书的多，有的寄宿，有的租房子由老人陪读。该屯有"花山民族山寨"，还挂着"统一战线花山民族文化研究与创作基地"牌匾，进去除一栋楼房"花山风情楼"装修一新能居住外，其他几栋富有民族特色的木楼，已经成为危楼。该村有"广西弄岗国家级自然保护区隆瑞保护站"。该屯路旁有上百年的龙眼树3棵，还有一棵百年榕树。有集体活动场所篮球场、卫生室，建有亭子、水池等游乐场所。老房子有壮族民居特色，各家各户的小楼房都盖起来了。屯里还悬挂着宁明民族中学的"溺水警钟是长鸣、安全时刻记心中"条幅。从屯里出来，走了约3公里，路旁就是"花山"实景演出剧场了，但只能留待下次再看了。后免费搭乘一卖电动车的热心小伙的宣传车，回到宁明火车站。火车站旁宁明县城中镇第五小学，校徽上也有花山小红人元素。后搭乘一对老夫妇送孙子去学校的四轮电动车，来到宁明新汽车站，在跟他们闲聊中，得知老两口带着孙子及家人，已看过花山实景演出，感觉效果不错。在回南宁的大巴上，跟周国英老师通过微信交流壮鼓传承相关事宜。

这次宁明调研，本来想再去花山现场看看，因问了好多知情人和老乡，他们说花山仍在修复，只能用望远镜远看，而不能近前观看，所以花山虽在咫尺，从攀龙屯乘船过去即是，但只能留待下次再去了，包括实景演出"花山"和"花山音画夜游"，这也算是此次调研留下的一点遗憾吧。

通过对田野考察日志材料进行分析，笔者发现壮族优秀传统文化融入青少年思想政治教育的现状如下：一是壮族优秀传统文化融入青少年思想政治教育的资源非常丰富，有着"骆越根祖""民族瑰宝"美誉的"花山岩画"已成为世界文化遗产，当地进一步挖掘和弘扬这一壮族优秀传统文化，推出了实景演出"花山"，媲美"印象·刘三姐"，同时开发出民族旅游项目"花山音画夜游"，宣传与弘扬壮族优秀传统文化遗产。二是广西壮族自治区、崇左市、宁明县等各个层面，积极利用花山岩画所承载的壮族绘画艺术、舞蹈艺术、宗教信仰、生活习俗、审美意识、道德伦理等，宣传其所蕴含的敬畏自然、守护生命、团结协作、同甘共苦，热爱生活、追求幸福等思想，以及其历史价值、艺术成就和独特魅力等。花山岩画体现了无可替代的精神价值，是代表壮族先民骆越族群精神之魂的艺术瑰宝，同时也是各民族共享的文化财富，具有构建国家文化竞争力的价值，在国际上展现出中华文化软实力，其对青少年思想政治教育的意义不言而喻。三是壮族优秀传统文化融入青少年思想政治教育，学校教育是主渠道。壮族优秀传统文化走进了校园，进入了思政课堂，并体现在校园文化活动中，调研发现崇左市、宁明县的城镇学校和农村学校，都积极传承壮族优秀传统文化，都将"花山、绣球、铜鼓"等壮族优秀传统文化元素，体现在其学校教育的各个方面。但是笔者在调研中发现，很多小学生都离开自己的村屯、社区，到县城等学校寄宿学习，因而学校教育对壮族优秀传统文化的传承与发扬，显得至关重要。四是社区教育在壮族优秀传统文化融入青少年思想政治教育中，发挥了重要作用。村屯社区是青少年从小就生活的地方，这一文化场域对青少年思想政治教育的影响，是全面的、深刻的、持久的。调研材料中的城中镇馗塘村,是首批七家全国双语和谐乡村(社区)示范点之一,"攀龙屯"是紧靠世界文化遗产——花山岩画的全国民族特色小镇,两个村屯中的壮族传统文化物质和非物质载体都很丰富。五是壮族非遗传承人对壮族优秀传统文化融入青少年思想政治教育,发挥了积极作用。材料中的周国英先生是六也壮鼓第14代传承人,在其家乡六也乡义务教周边青少年打铜鼓三年,后被六也中心小学请去做兼职教师,教授在校青少年学生打壮鼓、铜鼓、竹竿舞、山歌等,目前周国英已在该校担任兼职教师八年多。这些"壮族文化进校园活动"成为六也小学的品牌,虽处于民族偏远山区,但广西壮族自治区文化、教育等各机构都经常到该校观摩学习,甚至国家级领导人也去过该乡镇小学调研,并给予高度评价;壮族三月三、河池铜鼓山歌艺术节等各个层面的文化活动,也经常邀请非遗传承人周国英带领学生参与,反响强烈。非遗传承人为了传承壮族等传统文化,对民族传统文化进校园等活动都不计报酬,多是向青少年义务传授。

(三)专题座谈及其相关记录

以下是在专题座谈会上,获取的大学生文字材料。

材料一:

我的文化观——以壮族传统文化为例

我的家乡在广西河池市都安县的一个小农村里。河池的文化遗产有铜鼓,有一句话是这么说的,"世界铜鼓在中国,中国铜鼓在广西,广西铜鼓在河池"。河池铜鼓文化可以追溯到汉代,距今已有2000多年,目前全世界传世铜鼓2400多面,河池就有1458面,占世界铜鼓总量的一半以上,因此得名"世界铜鼓之乡"。

河池的民俗活动也有很多,比如金城江区下洛扁担节,宜州区民族团结宗教和谐善歌演唱会,独竹漂比赛……河池的风俗活动是一场接着一场,"壮族三月三"成为各民族展示文化、一同团结奋进的嘉年华,欢庆"壮族三月三",营造全市民族团结共谋发展的良好氛围。

我认为壮族文化中最应当保护的是:语言文字、伦理道德、民间信仰、风俗礼仪、节庆服饰。这些都是一个民族的象征，是一个民族重要的精神载体。最应当改变的是：思想观念，因为如果你一定要以一种方式去解决某件事，而不去想着试用另一种更加便捷的方式，思想观念这个东西一定要活用，简单来说就是，取其精华，去其糟粕。

洋节可过可不过，这是要看个人的，只要不侵害到他人利益就行了。

壮族优秀传统文化具有丰富的习俗性、系统的整体性、生动的具象性、民族的兼容性等特征，蕴含着社会主义核心价值观，对我的思想具有深刻广泛的影响。加强优良传统文化建设，让优秀的传统文化美德走进生活。

通过这份材料，我们可以看出壮族优秀传统文化融入青少年思想政治教育的现状，对这名大学生来说：一是对其家乡的壮族传统文化有充分的认知，对作为壮族文化标识的铜鼓如数家珍，充满了对家乡作为"世界铜鼓之乡"的自豪之情。二是通过"壮族三月三"节日活动，亲身体验传统民俗文化活动，并称这一节日是展示各民族传统文化，推动民族团结发展的重要举措。三是对壮族传统文化的保护有清晰的认识，持有"取其精华、去其糟粕"的科学态度。四是对待外来文化相对比较理性。五是对壮族优秀传统文化特征的认识深刻，并明晰其"蕴含着社会主义核心价值观"，对其思想具有深刻的影响，激发其文化自觉，孕育其文化自信，从而必然推动文化繁荣，让其蕴含的美德走进生活。

材料二：

我的壮族传统文化观

我来自被世人誉为"岭南美玉，盛景如林"的玉林，玉林即称郁林州，是一座具有2000多年历史的文化古城，其中玉林的容县更是古代四大美人之一杨贵妃的故乡，除了文化遗址，玉林还有一大批的民俗活动，最著名的就是玉林的寒山诞。

我参与过学校举行的三月三活动，通过颇具壮族特色的竹竿舞，还有抛绣球等，我体验到壮族浓厚的民族文化，感受到壮族文化里的热情、友好、乐观、积极向上。

我认为壮族文化中最应当保护的是语言文字和风俗礼仪，因为壮文对我们当代的学生来说真的太陌生了，还有风俗礼仪，如果不是因为政府这几年对民族风俗的推广保护，三月三活动可能真的没有很多人参加，大多数的人可能只是知道，但并不了解。我认为壮族文化中，最应当改变的是宗教（祭祀）礼仪。

洋节对我们来说影响太重，因为我们记得圣诞节，但是却记不住一些中国的传统节日。

我觉得壮族文化中的热情、乐观、开朗、大方的价值观，对我来说影响很深，正是因为这些价值观的影响，让我成长为一个热情开朗乐观的人。

新时代的青年，应当多在网络上弘扬壮族的传统文化，并多亲身体验一下关于壮族传统文化的活动。

通过这份材料，我们可以看出壮族优秀传统文化融入青少年思想政治教育的现状，这名青少年学生：一是对家乡典型的传统文化资源非常了解。二是在"壮族三月三"文化活动中，亲身体验到壮族浓厚的民族文化，感受到壮族文化所蕴含的热情、友好、乐观、积极向上等思想政治教育内容，充满了文化自豪感。三是对政府推动壮族传统文化，以及举办"壮族三月三"所起到的积极作用，给予充分的肯定。四是对壮族传统文化存有危机感，认识到外来文化冲击对青少年的消极影响。五是认识到壮族传统文化所具有的思想政治教育价值，对其价值观的积极影响感到欣慰，充满了文化自信。六是倡导新时代的青少年要通过网络和亲身实践，来积极传承壮族优秀传统文化。

材料三：

我为"建设壮美广西共圆复兴梦想"献计策

2018年，正值广西壮族自治区成立60周年。经过60年的艰苦创业，八桂大地，从贫困落后走向繁荣复兴，从偏远闭塞走向开放前沿，从温饱不足走向全面小康，城乡面貌发生了翻天覆地的变化。广西的进步与发展成就是巨大的，现在是2019年初，我为广西建设做贡献的雄心，却依然不减。

我来自广西的一个小农村，美丽乡村让我的家乡变得更美好，精准扶贫，也让我的家摆脱了贫困，所以我作为当代大学生，也更应该加强对于马克思主义的学习与贯彻党中央的方针政策。我觉得广西的发展离不开教育事业的发展。其实我觉得广西的教育基础还比较薄弱，但发展离不开人才，外省人才的输入固然重要，但自身教育的发展更不能落下。如果当代青年都能成为广西一名优秀的建设者，那么广西的发展实现腾飞更是指日可待了，广西的富足也会让每一个广西人感到骄傲。

绿水青山就是金山银山，广西真的是个环境特别好的地方，绿城南宁也不是浪得虚名。我觉得广西更要保护好自身的生态环境，先污染后治理，是极度不负责任的行为。在发展的同时，更要保证环境可持续发展。

另外，广西作为一个少数民族集聚的省份，我希望省内的各族人民能和谐相处。广西并没有太多的特色产业，我觉得旅游产业倒是可以构想一下，也可以好好宣传广西的十万大山，毕竟这也算一大特色。我曾去过百色一个偏僻的村庄，那里只有四户人家，在山上种云味和其他作物。从镇上去那里要坐一个多小时的车，山路险峻。但是，那里真的很美，空气很清新。每天早上起床，看见蒙蒙的雾气笼罩在山头，真是一种享受。那里也还有一家人四世同堂，其乐融融。如果那里发展起来，估计会有很多人去吧，毕竟谁都不愿错过美丽。

最后，我还希望能加大对预防艾滋病的宣传力度。广西的艾滋病感染率着实让人揪心，我不愿意看到因艾滋病而造成一个家庭的破碎，让更多人了解怎样预防艾滋病与艾滋病的可控性，真的是迫在眉睫。这样做，我也相信能帮到更多人，对于在校大学生的宣传工作也不能放下。

我也希望广西能越来越美好，我也会努力学习专业知识，为以后更好地建设壮美广西出一份力，让我们一起走向更美好的明天。

通过这份材料，我们可以看出壮族优秀传统文化融入青少年思想政治教育的现状,这名大学生:一是对壮乡广西60年发展所取得的成就感到自豪。二是充分体现了对"建设壮美广西共圆复兴梦想"的高度责任感和使命感。三是对"美丽乡村""精准扶贫"等党和政府的政策,给予高度认可。四是通过身边乡村的变化等,感受到作为当代大学生,应加强马克思主义理论学习,积极贯彻党的方针政策。五是对广西的民族教育发展,提出了自己比较深刻的见解。六是对壮乡广西的生态文明建设成果给予充分肯定。必须践行"绿水青山就是金山银山"生态发展理念。七是积极倡导党的民族团结政策。八是基于亲身体验,提出发展乡村生态旅游的建议。九是基于对现实的深刻认识,提出加大宣传防控艾滋病的建议。再就是,充分认识到作为一名大学生,应该努力学习专业知识,积极投身于壮美广西的建设中,具有强烈的责任意识和担当精神,是"五个认同"的生动体现。

材料四:

关于生态价值观念

我的家乡是百色靖西市,家乡那边有一个传统习俗,那就是进山砍树之前要向山神祈祷,祈祷山神不要因此发怒,并且会在之前砍树的地方重新种上一棵小树,所以我们那边的树林一直都是非常地茂盛。(HXQ)我的家乡四面环山,在这里我们有一个习俗,是在每年的三月三,几乎每家每户都会去自家的荒地上种上植物,期待今后的日子顺心顺意,平平安安。(LYJ)沿海地区开海时,渔民外出捕鱼,会用较大的网眼来捕鱼,这样可以漏掉小鱼,不至于赶尽杀绝,来年再开海时也可以获得丰收。近水不可枉用水,近山不可枉用柴。(WY)

我是四川人,但我生活在玉林,从小跟父母来玉林发展,体验了不一样的玉林风情,我觉得玉林生态非常好,在城市道路上几乎看不到乱扔垃圾的现象,我对于环境保护是比较认真的,绝不会在无人的乡村小道上丢塑料等不易降解的垃圾,我爸也总说我太认真了,我也总是义正词严地说,保护环境是我们共同的事。(YJZ)

习近平总书记指出:"我们既要绿水青山,也要金山银山。宁要绿水青山，不要金山银山，而且绿水青山就是金山银山。"这体现了人与自然和谐共生的价值观念。我们要坚持节约资源保护环境的基本国策，坚持绿色发展，建设生态文明，良好的生态环境就是财富，没有"绿水"和"青山"又何来"金山银山"。（WY）

建设好广西的生态环境，就要利用好广西优越的地理环境，大力发展旅游业和服务业，并提高这些类似产业的经济比重，这样会减少工业的比重，污染也会减少很多。（HXQ）建设壮美广西还是要以以人为本的思想观念为重，践行新发展理念，推动转型发展是重中之重。（YJZ）建设壮美广西，应坚持绿水青山就是金山银山的发展理念，把保护生态环境放在首位。（CXY）"绿水青山就是金山银山"。为了祖国的美好未来，为了下一代的美好前程，但愿我们每个人都能成为一个爱护环境的好青年，成为一个保护环境的小能手。（CTH）

通过这份材料，我们可以看出壮族优秀传统文化融入青少年思想政治教育的现状，壮乡的青少年学生在生态价值观方面：一是通过耳濡目染，能够充分感受到壮族传统文化中所蕴含的丰富的生态价值观念，并能自发地引起他们对生态环境的敬畏心理和保护意识。二是壮乡美好的生态环境，对青少年发挥了潜移默化的教育作用，促使他们由心底生发出保护环境的自觉行为，并正确处理人与环境的和谐共生关系。三是青少年对于"绿水青山就是金山银山"有着科学的认知，能辩证地认识到这一论断的理论价值和实践意义。四是就环境保护，青少年从自己的角度出发提出了相应的意见建议，也就说明这些青少年对于生态文明建设有了深入的思考和实践。

材料五：

关于民族团结

民族团结是一种精神、一种思想、一种追求，它对凝结人心、整合社会起着重要作用；民族团结关系到中华民族的生死存亡，关系到国家的安危和各族人民的根本利益。

民族团结是中华民族凝聚力的重要内核。随着经济全球化步伐的不断加快，民族团结更加必不可少，因为无论是经济实力还是科技实力，没有民族凝聚力来贯穿，终究形不成合力，形不成强大的国力。

我的家乡位于广西贵港市平南县，是少数民族聚居区，在我们县附近就有很多少数民族同胞。民族团结一家亲，让我们共同建设美好的国家！一个国家，只有精诚团结，才能屹立于世界，才能谋求发展和进步，特别是作为新世纪的接班人青少年更应该学会团结，继承和发扬中华民族的传统美德；56个民族联手相握，将心比心，齐心协力向前进，共创美好的明天！（WM）

我的家乡在南宁市横县，我们县有汉族、壮族、瑶族等，在各种民族政策中，促进民族团结是我国建设社会主义民族关系的基本特征和核心内容之一，也是党和国家所追求的目标。（HXN）

我是瑶族人，长大后我明白不管是什么民族我们都是中国人，随着时代的发展，邻里关系会变好，壮族跟瑶族也能够很好地相处。只要民族团结一心，祖国的明天就会更加美好，祖国才会更加辉煌。（YZM）

从世界范围来看，作为一个多民族大国的执政党，中国共产党的民族理论和民族政策是最科学和最完善的。中国的民族团结问题处理得最好。通过加强对于民族团结的认识，我更加清楚地认识了解到我们国家的民族问题，更加清醒地知道了民族团结对于一个国家发展的重要性。（TJH）

通过这份材料，我们可以看出壮族优秀传统文化融入青少年思想政治教育的现状，壮乡青少年学生在民族团结教育方面：一是民族团结认知素养较高。在这独有的壮族地区民族团结生态中，青少年的民族团结认知素养获得润物细无声的天然滋养。二是青少年民族团结情感积极向上。壮乡青少年充满正能量的民族团结情感丰富，有利于青少年形成团结互助和谐关系，有利于青少年形成高层次的民族观、国家观，有利于增进青少年对民族、国家的认同和热爱。三是青少年具有很强的民族团结意识。壮族地区青少年能够充分意识到民族团结的重要性及其重要意义，能够认同民族团结教育的举措，增进了民族团结意识。四是青少年能够用实际行动积极践行民族团结。壮族地区青少年能够积极参加维护民族团结的活动，成为维护民族团结的积极践行者，用日常中的实际行动凝聚起促进民族团结的力量。

材料六：

关于壮族红色文化及爱国主义精神

人无精神则不立，国无精神则不强。我的家乡有着浓厚的红色文化资源，比如：百色起义纪念馆、红军楼、烈士纪念碑、红七军纪念馆、韦拔群纪念馆、东兰将军纪念园等著名的红色文化资源。正是有了为国家而奋斗的精神，我的家乡面貌才焕然一新。我们要关心祖国前途命运。（WCZ）我自幼成长在百色，深受红色文化熏陶，更能深刻地明白爱国主义对于我们、对于社会、对于国家起着至关重要的作用。（LHT）

我的家乡在柳州，她是个工业化城市。柳州市有个烈士陵园，在螃蟹岭上，高中时期老师经常组织我们去纪念烈士，通过对烈士生平事迹的讲解，大力宣传革命烈士的先进事迹，再现革命烈士的丰功伟绩，让烈士事迹成为弘扬和培育民族精神的生动教材，让我们更加爱国，知道怎么去爱国。作为新时代的青年大学生，我们应该承担起对国家应尽的义务，维护民族团结和国家统一，而且还要增强国防观念。作为满腔热血的青年，我们应该满怀爱国情怀，以振兴中华为己任，努力做到立志报国，做一个忠诚的爱国者。（XLQ）

历史的车轮总在不断前进，留下的只有那些在人们心中不断传承的东西，其中最重要的我想就是爱国主义了吧！而作为当代青年，我认为我们定当接过先辈的旗帜，让爱国主义在新时代得到更好地弘扬。从小到大，长辈们都跟我们讲过那一段红色岁月，当时的我们虽然不太明白，但我们也被先辈们的故事所打动，爱国的种子在我们的心中萌芽，像我们身边的百色起义纪念馆，里面一个个生动的塑像，抒发着前辈们的一腔爱国豪情，而这一腔爱国豪情深深感染着后人，而一个国家、一个民族，就是在这种感染传承中愈发强大，也让中华民族站在了更高的历史舞台。

我们青年生活在先辈们用血汗铸就的安稳社会中,但我想,爱国主义丝毫没有减弱,虽然我们不像前辈们那样,但每一代人有每一代人的长征路,立志学好知识,为祖国发光发热,这何尝不是一种爱国的体现,哪怕只是爱护环境、关心他人,为祖国的和平稳定作出一丁点贡献,也是爱国主义的体现。作为新时代的一名青年,应当走好新时代的长征路,更好地发扬爱国主义。(GJC)

通过这份材料,我们可以看出壮族优秀传统文化融入青少年思想政治教育的现状,壮乡青少年学生在壮族红色文化和爱国主义教育方面:一是壮族红色文化提升了壮族地区青少年思想政治教育的实效性。壮族地区红色文化,蕴含着丰富的体现爱国主义、理想信念、民族团结等精神历史事实,是鲜活的资源,内涵丰富、形式多样,拓宽了教育的内容、广度和深度,是进行青少年思想政治教育的活载体、活榜样和活教材,增强了感染力和说服力,增强了青少年的爱国精神。二是壮族红色文化有利于引导青少年树立正确的"三观"。壮族地区的百色起义纪念馆、韦拔群纪念馆、红军楼、东兰将军纪念园等著名的红色文化资源,是革命时期党带领壮乡人民战胜敌人的物质见证,这对青少年塑造正确的"三观"尤为可贵。三是壮族红色文化有利于增强壮族地区青少年的文化自信。壮族红色文化融入思想政治教育,灌注带有民族特色的文化基因,便于强化青少年对壮族红色文化的传承,最终构建起民族文化自觉和文化自信。

材料七:

关于壮族优秀民族传统文化融入思想政治教育

优秀的民族传统文化可以让人保持良好的文化自信,并且可以颐养情操,而我本身是一个壮族人,就更应该保护好我们少数民族的传统文化,将其传承下去,让更多人领会到壮族的传统文化。每个地方,都有不一样的习俗,我的家乡百色靖西是壮族人们的聚居地,那里世世代代生活着许多壮族人民,那里有风景秀丽的鹅泉,有滋润着靖西人民的渠洋湖，还有充满历史沉淀的旧州老街，而最具有民族色彩和最出名的当属靖西的上下甲山歌，它具有强烈的民族色彩，每当有喜事时，我们老一代人都会用山歌对唱起来，整整一天都是唱山歌，以表对喜事的祝福。

传统文化不同，它承载的价值就有所不同，靖西的传统文化就我而言，给我带来的价值是深入灵魂的认同感，对自己民族的文化自信，以及对传统文化的尊重感。对自己民族文化的认同是保证文化多样性的必要条件，现在祖国大力发展文化多样性，无疑给了我们一个机会去展现自己民族的优秀传统文化。那么文化自信又是什么？文化没有高低，我们要相信自己的民族文化不比别人差，并且要保护好和发扬光大，而我尊重传统文化，因为那是古人的智慧结晶，是无数先人辛勤劳作的成果，我应该保护好优秀的传统文化。

民族文化融入思想政治教育中的现状总体较好，但也存在不足。主流的做法大多都是开展文化节，学校开展民族文化课，并在网上进行宣传。就目前来看，年轻人开始关注自己本民族的文化和习俗，但仍然有许多困难，比如欧美文化的入侵，新兴文化的发展……使许许多多的年轻人感到目不暇接，文化的多样性带来了发展，但也限制了许多传统文化的发展。

民族文化有着许多优点，就个人而言它可以提高自己的文化水平，提高自己的精神素养，就国家而言，它可以提高国家文化的丰富度，并为国家的发展提供精神支持；就社会而言，它可以提高社会的凝聚力和社会丰富度。主要的措施一般都是开办文化馆、文化节，在网络上进行宣传和在学校开展课程。弘扬壮族传统文化，应加大宣传力度，重点是对年轻人进行宣传，只有后一代喜欢并愿意将其传承下去，传统文化才可以发扬光大，实现走出国门和更多的文化相互交流。（HXQ）

通过这份材料，我们可以看出壮乡青少年学生在壮族优秀传统文化融入青少年思想政治教育方面：一是壮乡青少年坚守民族文化精神。壮族文化有着自己独特的文化呈现方式，有着对真善美的追求和诠释，壮乡青少年对壮族文化有着深刻的认同意识。二是壮乡青少年充分认识到民族文化的价值。他们汲取壮族民族文化精髓，同时又尊重文化的多样性，注重增强民族文化凝聚力，自觉弘扬民族文化，更好地促进民族文化的繁荣发展。三是对于壮族优秀传统文化融入青少年思想政治教育现状有清晰的认知，对国内外相关因素对教育效果的冲击也有较为客观的分析，为增强融入的成效提供了参考。四是有很强的促进民族文化和谐共生的意识。青少年意识到壮族传统文化对于个人、社会和国家所能发挥的重要功能和所体现的重要文化价值，他们希望在民族文化的百花园中能够百花齐放百家争鸣，实现民族文化的丰富发展，推动中华民族伟大复兴。

二 优秀传统文化融入青少年思想政治教育的量化资料分析

通过对壮族地区青少年9230份有效问卷的分析，从量化的角度把握壮族优秀传统文化融入青少年思想政治教育的现状。

（一）青少年学习壮族优秀传统文化的目的

在壮族优秀传统文化融入思想政治教育中，新时代壮族地区的青少年，表现出提升自身思想政治素养与职业发展相结合的特点。如图4.2所示，青少年学习壮族传统文化知识，最重要的目的就是学习壮族优秀传统文化中所蕴含的道德、精神和为人处事之道（占37.9%），这也表明了壮族优秀传统文化的思想政治教育价值被青少年认同并形成文化自觉。青少年学习壮族优秀传统文化知识的第二个目的，就是提升自身技能和专业知识（占28.9%），这表明青少年对于传统文化的学习，已经与自身职业发展相结合，实现了文化的实践价值，这更有利于以壮族优秀传统文化对青少年开展思想政治教育，增强思想政治教育的实效性，让青少年感到思想政治教育不是虚无缥缈、可有可无的，而是与自身生活和职业发展密切相联系的。选择目的为学习民族传统技艺的占20.2%，这个选项是青少年对壮族传统技艺所蕴含的思想政治价值认知认同之后所作出的选择，进一步体现了壮族传统文化的思想政治教育价值。

（二）青少年对壮族传统文化的认知

青少年对壮族传统文化的认知情况，根据统计结果（如图4.3），壮族三月三等节日庆典（占26.6%）是青少年选的最多的一项，"壮族三月三"在广西壮族自治区已是最隆重的节日，不仅是因为自治区人民政

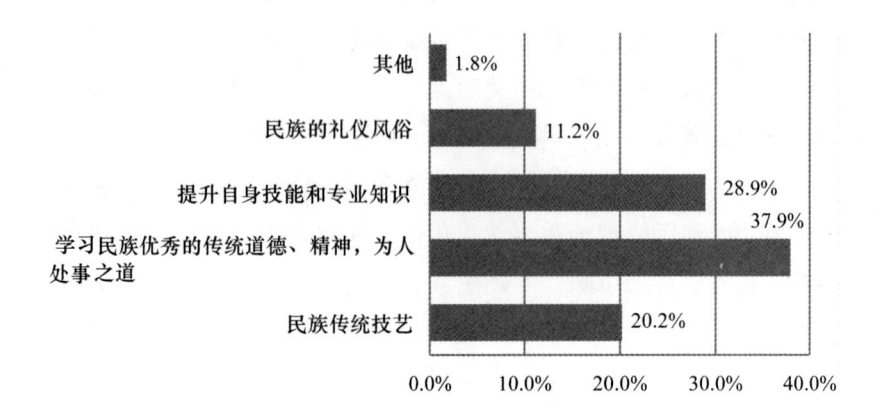

图4.2 青少年学习壮族传统文化目的统计

府将其列为法定节假日，更重要的是壮族三月三在壮族地区民间是非常隆重的节日活动，对青少年的教育意义不言而喻。此外，青少年对传统礼仪习俗（19.1%）、民间艺术传承（15.2%）、民族传统美德（12.6%）、民族传统体育（9.4%）比较了解，而民间信仰（6.9%）、乡规民约等制度文化（5.0%）、原始崇拜禁忌（3.2%）、布洛陀神话等民间文学（1.7%）则了解较少。

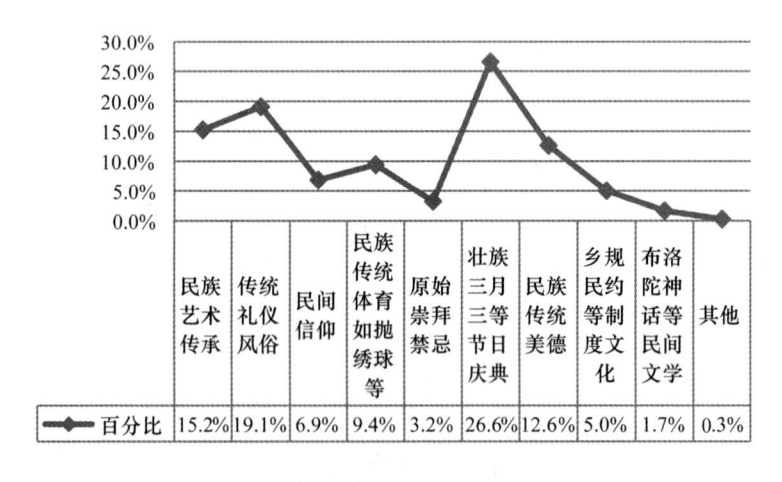

图4.3 青少年对壮族传统文化的了解情况统计

(三) 青少年对壮族传统文化的兴趣情况

青少年对壮族传统文化的兴趣（如图4.4所示），最突出地集中在传统节日（22.3%）、服饰穿着（21.0%）、饮食文化（17.1%）三个方面，这些文化形式具有娱乐化、表层化和生活化的特点，易于为青少年所接受和喜爱。青少年感兴趣的还包括生活习俗（8.3%）、语言文字（7.1%）、艺术体育（6.5%）、生态环境（6.5%）、壮族医药（5.2%）、民间文学（3.6%）、信仰崇尚（1.4%）等方面，均有一定的分布，表现出青少年对壮族传统文化兴趣的多元化。

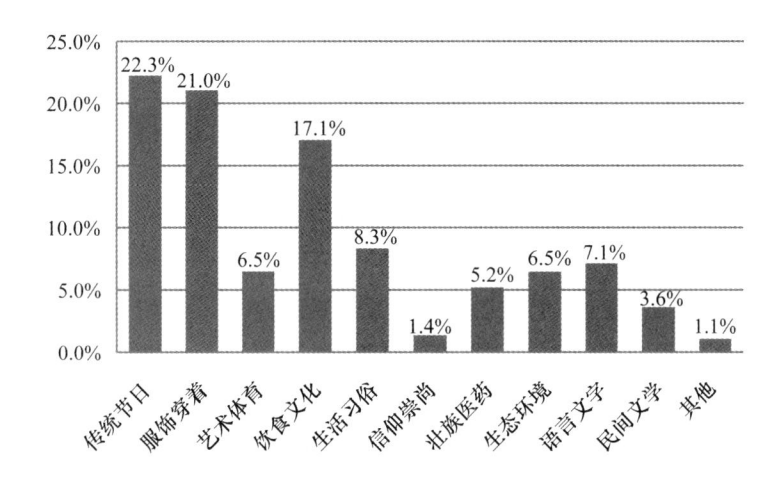

图4.4　青少年对壮族传统文化的兴趣情况统计

(四) 青少年接受壮族优秀传统文化知识的途径

青少年接受壮族传统文化知识的途径（如图4.5所示），首选"网络、微信等媒体"，占被调查人数的24.2%，这说明随着信息社会的发展，青少年的学习方式发生了重要改变。选择学校教育的占22.8%，这说明其仍然是青少年进行学习、接受教育的主渠道。选择社会教育的占16.2%，说明社会教育的作用必须引起重视。接下来是广播、电视、报纸等传统媒体，占15.5%，传统媒体的力量仍不容小觑。选择家庭教育的比例占到11.5%，与前述教育途径相比，所占比例相对较低，但是仍不可忽视其重要作用。

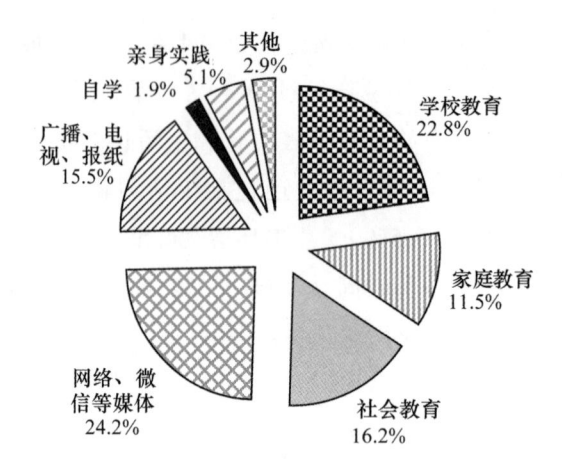

图 4.5　青少年接受壮族优秀传统文化知识的教育途径

（五）青少年成长除学校教育外的教育影响程度

青少年认为除学校教育外（如图 4.6 所示），对其影响最大的，首选"父母或长辈的教导"，占 27.8%，说明父母或长辈的言传身教在青少年看来，对其影响非常大。选择"网络及广播电视等媒体"的占 17.5%，说明网络大众传媒是影响青少年的重要媒介，可以说除了父母外，网络媒体对青少年的影响是不可忽视的，这也是时代发展的必然。选择"村落或社区成长环境的耳濡目染"的占 13.2%，证明社区教育的影响，在青少年的成长中占有重要的地位。接下来是选择"传统习俗"如婚丧礼仪、成年礼仪式等，占 12.4%，说明人生礼仪等传统习俗对青少年的影响比较大。选择民间信仰的占 9.9%，选择民族博物馆等公共文化场所的占 8.3%、政府的宣传及民族旅游业的影响占 7.8%，这说明相较而言，民间信仰的力量不逊色于公共文化场所、政府的宣传和民族文化旅游等对青少年的影响。

（六）青少年喜爱的壮族传统文化融入思想政治教育学习方式

对于青少年最喜爱的学习方式（如表 4.1 所示），选择"民族文化旅游、壮族三月三等节庆活动亲身体验"的占 18.6%，这说明通过民族旅游、节日庆典等活动亲身体验，是青少年的首选。校园文化活动

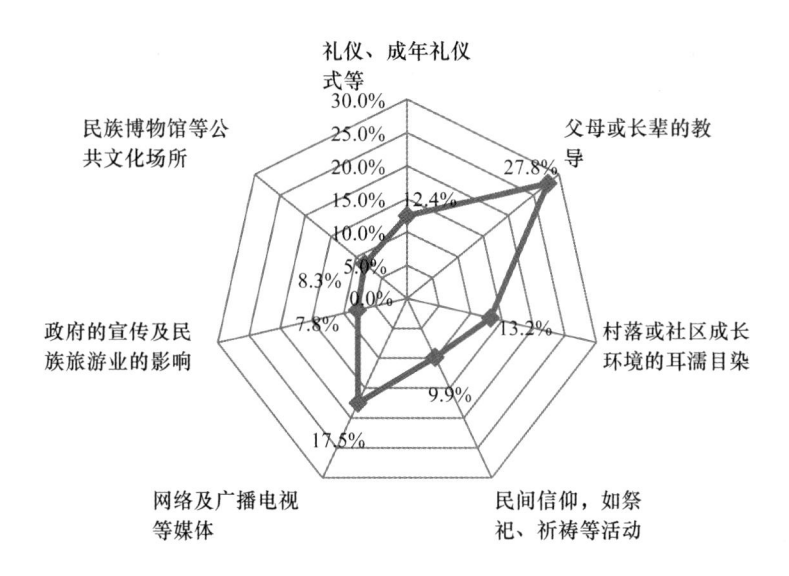

图 4.6　青少年成长除学校教育外影响最大的教育途径

（15.6%）、社会实践调研（13.4%）、民族传统体育运动项目（10.8%），也是青少年喜欢的学习方式，选择融入课程中（10.4%）、开设专门的课程或专业（10.1%）的比例居中，说明学校教育、课堂或专业教学中融入壮族传统文化，还是很受青少年欢迎的学习方式。选择网络平台学习，如学校、文化机构的官网、官微等官方媒体的占8.1%，说明官方媒体有一定的公信力和影响力，但是吸引力还不够强。选择民族团结教育月的占7.5%，选择学校与公共文化机构、民族文化企业等加强合作，搭建学习平台的占5.4%，选择这两种方式的青少年占比较低，说明需要进一步加强对这两种学习途径的挖掘，以提高其吸引力和影响力。

表4.1　青少年喜爱的壮族优秀传统文化融入思想政治教育学习方式

选项	N	百分比	观察值百分比
融入课程中	2433	10.4%	26.9%
开设专门的课程或专业	2360	10.1%	26.1%
民族团结教育月	1748	7.5%	19.3%
民族传统体育运动项目	2526	10.8%	27.9%

续表

选项	N	百分比	观察值百分比
校园文化活动，如民族文化大课间、主题社团活动	3640	15.6%	40.2%
社会实践调研，如到民族博物馆、民族村落等参观考察	3141	13.4%	34.7%
网络平台学习，如学校、文化机构的官网、官微等官方媒体	1900	8.1%	21.0%
民族文化旅游、壮族三月三等节庆活动亲身体验	4355	18.6%	48.1%
学校与公共文化机构、民族文化企业等加强合作，搭建学习平台	1271	5.4%	14.0%
合计	23374	100.0%	258.0%

进一步分析发现，青少年喜欢的壮族优秀传统文化融入思想政治教育的学习方式，仍存在娱乐化、表层化等特点，系统性、深层次的学习还比较缺乏。

第三节　优秀传统文化融入青少年思想政治教育现状的结论与讨论

通过对实地调研所得质性资料与量化资料的分析，对壮族优秀传统文化融入青少年现状，讨论如下：

一　优秀传统文化融入青少年思想政治教育的主体

教育主体与客体是共生关系，主体因客体而存在，反之亦然。[1] 在壮族优秀传统文化融入青少年思想政治教育过程中，学校教育、社会教育、家庭教育、社区教育都发挥了教育作用，可见参与以上教育活动的教育者，都可称为教育主体，青少年属于教育客体。在青少年接受壮族优秀传统文化融入思想政治教育过程中，自我教育也发挥了重要作用，这时

---

[1] 李祖超：《教育激励论》，中国社会科学出版社2008年版，第135页。

候青少年就实现了主客体的统一，也成为了教育主体。因此，我们可以称之为个体主体和社会主体。这样，壮族优秀传统文化融入青少年思想政治教育，是主体间的交往实践活动。在主体间的共生互动过程中，要通过教育引导与自主选择相结合的方式，发挥群体主体的引领作用，帮助个体主体不断形成正确的价值观念，从而充分发挥壮族优秀传统文化融入青少年思想政治教育主体间的积极作用。

二　优秀传统文化融入青少年思想政治教育的目标

思想政治教育的根本目标是实现人的自由而全面的发展。民族思想政治教育具有自身独特的使命和特点，是以解决与民族相关问题为主题的实践活动，要旨在促成全体社会成员树立正确的民族观，实现民族团结、国家发展。[①] 壮族优秀传统文化融入青少年思想政治教育，就是要实现民族传统文化的承续，持续不懈地开展爱国主义和民族团结教育，夯实青少年"两个共同""三个离不开""五个认同"意识，铸牢中华民族共同体意识。以上所述，是壮族优秀传统文化融入青少年思想政治教育的社会目标。就个人目标而言，壮族优秀传统文化融入青少年思想政治教育，要着力提高壮族地区青少年思想道德素质，具体而言就是运用壮族优秀传统文化所蕴含的丰富资源和内容，培育青少年个体民族文化自信、涵养道德品质、养成健康人格、坚定理想信念、提高人文素养、增强责任意识等优良思想道德素质。在壮族优秀传统文化融入青少年思想政治教育过程中，社会目标和个人目标实现了很好地融合，形成了教育目标的一致性。

三　优秀传统文化融入青少年思想政治教育的功能

调研发现，壮族优秀传统文化融入青少年思想政治教育的功能，主要体现为个体性功能和社会性功能。一方面，个体性功能是"融入"的直接表现。一是个体生存功能。该教育实践活动，贴近壮族地区青少年

---

① 冯刚、王树荫：《思想政治教育研究热点年度发布2017》，团结出版社2018年版，第327页。

的民族心理和文化生活场域，体现了对民族地区青少年思想政治教育差异性的关注，可以使壮族地区的青少年更好地融入其生存的环境，在熟悉的文化场域中实现物质上的追求和精神上的需要。二是个体发展功能。壮族优秀传统文化所蕴含的资源与价值，可以规范和约束青少年的思想与行为，塑造其个体人格，体验其快乐与幸福，增强其文化自信、民族认同，激发其精神动力，并引导其树立正确的政治方向，实现个人更好的发展。另一方面，关于社会性功能，是指其对社会发展所发挥的作用。一是政治功能，可以传播主流意识形态，引导政治行为。二是经济功能，依托壮族优秀传统文化资源及其蕴含的经济伦理思想，推动壮族地区社会生产力的发展。三是文化功能，具有对壮族传统文化选择、赓续、弘扬的功能。四是和谐社会建设功能，壮族优秀传统文化蕴含着丰富的伦理道德思想内容，可以和谐家庭关系、人伦关系、民族关系，协调社会矛盾，具有促进社会主义和谐社会建设的价值。五是生态功能。壮族优秀传统文化崇尚敬畏自然、善待自然，引领生态思潮、创新生态文化，"广西生态优势金不换"的观念深入人心。

四 优秀传统文化融入青少年思想政治教育的载体

调研发现，壮族优秀传统文化融入青少年思想政治教育的载体丰富。一是岁时节日活动载体。壮族地区节日众多，且形式多样，群众容量巨大，"四季皆聚庆，无月不过节"。无论是官方举办、民间组织，还是群众自发，众多的节日活动成为壮族优秀传统文化融入青少年思想政治教育最重要的载体。特别是每年的三月三成为广西法定假日，在这期间，广西壮族自治区开展"壮族三月三·八桂嘉年华"活动，歌节活动涉及天文地理、神话传说、岁时农事、社会生活、伦理道德、恋爱婚姻等各个方面。各市县村镇也举办相应的活动庆祝壮族三月三，各民族群众参与其中。可见，这些节日活动，成为重要的教育实践载体。二是文化展示载体。广西建有完善的公共文化服务机构，民族博物馆、艺术馆、生态博物馆，以及铜鼓博物馆、壮族医药博物馆等专业博物馆众多，壮族艺术剧团、壮族文化旅游场所、村屯社区等壮族传统文化物质载体、民间社团等都展示着壮族优秀传统文化，都有效传递着教育信息。三是校园课程载体。壮族优秀传统文化已走入校园、进入课堂，大中小学校都建立了民族传统文化融入以思政课为主渠道的课程体系，学校建设壮族文化传承基地，开设壮族文化相关专业，设有相关课程，并积极开发地方和校本课程，同时校园民族文化活动、实践活动等课程也是重要的载体。四是传播载体。广播电视报刊网络等大众传播媒体，特别是以新媒体等现代信息技术为主要手段的传播载体，都是壮族优秀传统文化融入青少年思想政治教育的载体。这些载体可以传播壮族优秀传统文化及其所蕴含的精神价值，拓展教育空间，强化教育效果，更好地发挥其教育功能。

五　青少年对优秀传统文化融入思想政治教育的认知特点

通过调查发现，青少年对壮族优秀传统文化融入青少年思想政治教育的认知特点如下：一是青少年学习壮族优秀传统文化的目的，表现出提升自身思想政治素养与职业发展相结合的特点。青少年学习壮族优秀传统文化，首要的是学习其所蕴含的道德、精神和为人处世之道，其次是提升自身技能和专业知识。二是青少年对壮族优秀传统文化的内容了解比较全面。比较了解的有壮族三月三等节日庆典、传统礼仪习俗、民间艺术传承、民族传统美德，而对原始崇拜禁忌、民间文学了解不充分。三是青少年对壮族传统文化的兴趣，主要集中在传统节日、服饰穿着、饮食文化方面，对壮族医药、民间文学、信仰崇尚兴趣不足。四是青少年接受壮族传统文化知识的途径，首选"网络、微信等媒体"，接下来是"学校教育""社会教育""传播媒体"。五是除学校教育外，对青少年影响最大的，首选"父母或长辈的教导"，其次是"网络广播电视媒体"，接下来是"村落或社区成长环境的耳濡目染""传统习俗"。六是青少年喜爱的壮族传统文化融入思想政治教育学习方式，首选民族文化旅游、壮族三月三等节庆活动亲身体验，接下来依次是校园文化活动、社会实践调研、民族传统体育运动融入课程中并开设专门的课程或专业。基于以上特点，要有针对性地实施壮族优秀传统文化融入青少年思想政治教育活动。

第四节　优秀传统文化融入青少年
　　　　思想政治教育的实践经验

一　法规制度方面：逐步完善"融入"的法制依据与政策保障

壮族优秀传统文化融入青少年思想政治教育的相关法规制度，蕴含于广西壮族自治区各级各类相关法规与政策文件中，这为其实施提供了法制依据和政策保障。如2019年1月1日起实施的《广西壮族自治区民族教育促进条例》，旨在贯彻国家民族政策，促进教育公平和民族团结进步，促进中华民族优秀传统文化传承创新等，统筹解决少数民族聚居地区学校建设、双语教育、民族文化交融创新等方面的突出问题。此外，还出台了一批相关的地方性法规，如广西壮族自治区《民族民间传统文化保护条例》《中医药壮医药条例》《南宁市民族教育条例》等。政策文件方面，如《关于加快发展民族教育的实施意见》，将"加强中华民族共同体思想教育""积极稳妥开展民族双语教育""加快培养少数民族人才"等作为主要任务，重点实施民族文化教育示范学校、壮汉双语教学示范基地等六大工程。自治区教育厅等六部门印发《壮汉双语教育发展规划（2016—2020年）》，目标是实现全区壮汉双语教育实施学校达到300所以上。这些地方性法规、政府规章和规范性文件，内容涵盖民族传统文化、民族教育、语言、医药、旅游、特色村寨、民族产业、民族干部等各个方面，为壮族优秀传统文化融入青少年思想政治教育，提供了法制依据和政策保障。

二　文化建设方面：构建优秀传统文化融入的"文化场域"

壮族优秀传统文化融入青少年思想政治教育，离不开特定的"文化场域"。一是积极传承发展壮族优秀传统文化。左江花山岩画入选世界文化遗产名录；壮族霜降节作为"二十四节气"拓展项目，列入联合国教科文组织非遗代表名录；灵渠列入世界灌溉工程遗产名录；建设了广西民族博物馆等"1+10"生态博物馆；建设了一批壮族文化生态保护区如"铜鼓文化（河池）生态保护区""壮族文化（百色）生态保护区""壮族歌圩文化（南宁）生态保护区"。刘三姐歌谣等一大批壮族传统文化项目列入国家、自治区等各级非遗名录，认定了一批从国家级到县级壮族传统文化非遗传承人。"壮族三月三"成为民族文化节庆品牌。南宁国际民歌节、河池铜鼓山歌艺术节等民俗节日活动开展得如火如荼。二是壮族民族文化精品不断涌现。电影《刘三姐》风靡国内外，壮族舞剧《妈勒访天边》等列入国家舞台艺术精品工程；近年还呈现了《花山》《百鸟衣》等一大批具有桂风壮韵的舞台精品；彩调剧《刘三姐》获文化部第二届保留剧目大奖。《印象刘三姐》享誉海内外，新推出的实景演出《花山》与之媲美。三是公共文化服务能力不断增强。全区的博物馆、图书馆、文化馆、美术馆等免费开放。建立了覆盖全自治区行政村的1.5万多个农村书屋，在全国首创"千村万户文艺惠民工程"，持续开展文化惠民活动。此外，大力发展民族体育事业，广西已成功举办14届少数民族体育运动会，抛绣球、打陀螺、射弩等壮族传统体育项目，已列入竞技赛事。

三 学校教育方面：以民族文化为载体坚持铸牢中华民族共同体意识

壮族优秀传统文化融入青少年思想政治教育，就是以壮族传统文化为载体，贯彻党的民族政策，筑牢"三个离不开"思想，加强"五个认同"教育，唱响民族团结的时代主旋律，实现广西民族团结进步、社会和谐稳定、边疆巩固安宁，铸牢中华民族共同体意识。一是实施民族团结教育。广西各地制定了民族团结教育相关政策，落实课程及学时，开展校园民族团结教育活动；建立了百色起义纪念馆、广西民族博物馆、东兰革命烈士陵园等国家级、自治区级民族团结教育基地。二是实施壮汉双语教育。目的是以促进壮族学生发展为主线，建立健全壮汉双语教育教学体系，传承和弘扬壮族优秀文化，提升民族教育质量和办学水平，培养"壮汉兼通"的少数民族人才。目前全区开展壮汉双语教学的学校有275所。三是实施民族文化教育示范学校创建工作。2014年启动实施创建百所示范校计划，南宁市沛鸿民族中学、崇左市宁明县民族中学等已通过验收。建设的内容包括：第一，学校文化资源建设，硬件方面包括将民族特色元素融入学校基本建设，校园标志性文化资源载体建设，教学文化环境建设，校外教育实践基地建设；软件方面包括学校办学特色的文化教育理念，民族文化教育机制建设，校本课程建设等。第二，开展民族文化传承教育活动。第三，民族文化教育师资培养培训。第四，开展评价活动。评价指标包括办学思想和特色目标、组织领导和工作机构、校园民族文化特色、民族文化传承教育载体、师资队伍与教研科研、学生发展与相关成果、示范作用与影响等。四是实施民族文化传承创新职业教育工程。加大对民族职业院校的扶持力度，加强民族特色专业和课程建设。在铜鼓、坭兴陶等传统工艺产业，以及民歌、舞蹈等特色民族文化领域，已建立了40个"四位一体"①、具有民族特色的职教基地。此前，广西还实施了中等职业教育示范特色学校建设项目，以及民族文化技术技能人才培养培训基地建设项目。② 五是实施民族特色学科建设工程。支持20个学科建设，提高民族特色学科建设水平，为民族地区培养高素质的民族特色专业技术人才。六是加强课程建设。各级各类学校，都将壮族优秀传统文化融入以思政课为主的相关显性与隐性课程建设，以实现壮族优秀传统文化思想政治教育的价值与功能入脑入心。如广西民族大学"民族理论与民族政策"公共必修课，十年来以"让和谐文化成为民族素质"为目标，先后被评为国家级精品课程、精品资源共享课、精品视频公开课。

---

① "四位一体"，指集民族工艺传承创新、遗产保护、人才培养、产业孵化于一体的职教基地。

② 王屹、王立高：《民族文化传承人才培养的探索与实践——以广西中职民族文化传承示范特色项目建设为例》，《职业技术教育》2017年第6期。

第 五 章

优秀传统文化融入青少年思想政治教育的成效分析

在前期基础上,本部分主要针对壮族优秀传统文化融入青少年思想政治教育的成效进行研究。在确立概念框架的基础上,设计问卷调查结构表,科学编制问卷,实施调查,统计分析,以期通过实证数据,审视壮族优秀传统文化融入青少年思想政治教育的成效,客观、真实地反映其现状、特点,全面审视融入"成效"的现实境况。

第一节 研究的概念框架

马克思主义交往实践理论认为,交往的本质就是不同主体之间现实的实践关系。"壮族优秀传统文化融入青少年思想政治教育","青少年"与"民族思想政治教育者"就是两种不同的实践主体,"壮族优秀传统文化"就是教育的实践客体,其效果受"交往实践的广度和深度"影响,制约着实践主体的发展程度。布罗芬布里(Bronfenbrenne)的生态系统理论(Ecological Systems)认为,儿童青少年的成长发展受生物和环境因素交互影响,人与环境是一个无法切割的整体,小至家庭大至国家社会,都会对青少年的成长产生影响。埃里克森(Erich. Erikson)的"心理社会发展理论"强调生物与社会作用对人发展的影响,认为青少年人格的发展是自我与社会文化相互作用的产物,我们既要重视自我教育,也要发挥学校、家庭和社会对个体的影响;也就是说青少年的成长过程既受到家庭和学校的影响,也受到社区和文化等社会环境系统的影响,在这些因素的交互作用下,处于"壮族地区"特定环境和特定成长阶段青少年的心理和行为,都会受到影响和调整。奥斯汀(Austin)的 IEO 模型,即"输入—环境—输出"模型,强调学生的参与,并指出"输入"与"环境"的共同作用决定了"输出"的效果,其中"输入"包括学生的经验、态度、投入等个体特征,以及家庭状况等因素,"环境"包含文化氛围、教育资源等各因素。"文化生态论"认为,文化是人发展的基础,是人类与外部环境互动的结果。① "文化教育人类学"力图解释教育对人生各个层面(信仰、情感、价值等)形成发展的影响,以及如何在教育中表现出人的本质和人的存在。

综合上述理论观点可知:壮族地区青少年的发展,受到不同层次的内、外部环境的影响;壮族优秀传统文化,能促进民族地区青少年的成长;壮族优秀传统文化融入青少年思想政治教育的成效(素养与行为),受"环境"因素与青少年个体因素"投入"交互作用,对其(思想与观念)产生影响。笔者基于上述理论基础和分析,构建了"壮族优秀传统文化融入青少年思想政治教育增进机制的简易模型"。

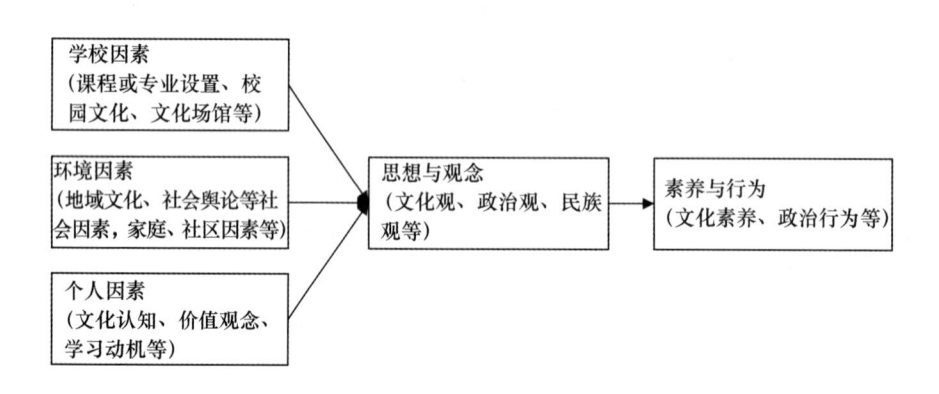

图 5.1　壮族优秀传统文化融入青少年思想政治教育简易模型

人的思想品德是在一定的环境里形成发展的。② 经过上述理论分析与文献分析,我们对壮族优秀传统文化融入青少年思想政治教育的发生机

---

① 唐建军:《文化生态学视角下的国家文化安全》,《中国文化产业评论》2018 年第 1 期。
② 陈万柏、张耀灿:《思想政治教育学原理》,高等教育出版社 2018 年第 3 版,第 99—101 页。

制，已基本明晰，其主要受个体、学校、家庭、社区、社会等层面的影响，这些作用于青少年的思想观念，思想观念进一步作用于青少年的素养养成与行为表现。

第二节　问卷的编制与质量分析

一　设计思路

笔者根据构建的理论模型，结合相关文献分析、实地调研、访谈等情况，并结合已经辨识出的变量，设计了问卷。因为"壮族优秀传统文化融入青少年思想政治教育"，既受个体的影响，也受学校、家庭、社区、社会的影响，这些影响因素对青少年的思想状况产生作用，进而对其文明素养与行为选择产生影响。因此，问卷从"教育与引导""思想与观念""素养与行为"三个维度[1]来进行设计和修订。主要维度和具体指标见表 5.1。

表 5.1　　　　　　　　　问卷设计结构表

主要维度	一级指标	二级指标
教育与引导	社会教育	社会对壮族优秀传统文化的保护、传承；壮族传统文化滋养的文艺作品；对壮族传统文化的宣传；壮族传统文化融入"美丽乡村"建设；对社会教育的满意度等
	学校教育	学校开设壮族优秀传统文化的相关课程或专业；有相关的场馆设施；内容的设计与现实生活的联系程度，对学校教育的满意度等
	家庭与社区教育	家庭成员对壮族优秀传统文化的言传身教；社区场域的传承活动；对家庭教育的满意度；对社区教育的满意度等
	自我教育	对待壮族传统文化的兴趣与学习意愿；认识到壮族优秀传统文化的思想道德价值；具有学习的积极性、主动性；具有强烈的认知、情感、行为、意识等

---

[1] 沈壮海、王晓霞、王丹等：《中国大学生思想政治教育发展报告 2017》，北京师范大学出版社 2018 年版，第 22—24 页。

续表

主要维度	一级指标	二级指标
思想与观念	文化观	对壮族优秀传统文化蕴含的爱国主义思想、社会公德观、家庭道德观、生态伦理观、优秀道德品质等人生观、道德观、价值观等的认知与认同；对社会主义核心价值观作用的认识；民族自豪感与文化自觉、文化自信；传承与弘扬壮族优秀传统文化意愿；对待其他文化的态度等
	政治观	对习近平新时代中国特色社会主义思想的认同；对"四个自信"的认同；对改革创新的认同；对党和政府领导壮乡建设与发展的认同与信心，对中国特色社会主义共同理想的信心，政治信任与政治参与等
	民族观	对民族政策、规章、制度的理解与认同；对"两个共同""三个离不开"等民族关系的理解与认同；对中华民族共同体的认同；对民族区域自治制度、中国特色社会主义道路等解决民族问题的认同；中华民族共同体意识等
素养与行为	文明素养	具有奉献精神；具有网络文明素养；有责任担当素养；有尊重民族风俗习惯的文化素养；奋发成才、报效祖国的道德素养；正确认识自己与国家、社会、个人关系的人生观、价值观素养等
	行为选择	拥护党的领导，坚定"四个自信"；做到"五个认同"；支持民族区域自治制度；倡导与践行民族团结和社会稳定；积极践行"两山"理念；为"建设壮美广西、共圆复兴梦想"贡献力量等

"教育与引导"，即壮族优秀传统文化融入青少年思想政治教育的"双主体"，不仅包括"学校教育"，也包括"家庭教育""社区教育""社会教育"，还包括发挥能动性的"自我教育"，这些教育形式共同将"壮族优秀传统文化"作用于青少年，引起其思想与观念的变化。

"思想与观念"，即青少年的思想政治观念，这是青少年思想政治状况的集中体现。基于民族思想政治教育的内容和目标，以及壮族地区青少年思想政治教育的实际，在问卷中主要设计了"文化观""政治观"

"民族观"三个方面,在突出民族思想政治教育特点的同时,也涵盖了青少年相关的思想政治素质。

"素养与行为",即青少年所具备的文明素养和行为选择。青少年受"思想与观念"的影响与制约会产生相应的文明素养与行为选择。

二 问卷编制和修订过程

根据研究主题,笔者积极进行文献阅读,深入开展理论研究,广泛收集相关资料,在实地调研和访谈专家学者、相关党政工作人员、文化传承人、社会人员以及青少年的基础上,编制了59道题项,作为封闭式问卷的题项,进行了问卷的预测,预测后,对问卷部分题项又进行了修改和完善,最终确定了问卷的主体内容和基本结构,最终问卷保留56题。问卷采用李克特(Likert)5点计分办法项。

三 问卷质量分析

(一)自编问卷的预测与分析

编制的《壮族优秀传统文化融入青少年思想政治教育研究》(初试问卷),对广西民族大学、百色学院、广西水利电力职业技术学院、广西纺织工业学校等院校回收的816名学生有效问卷进行分析。采用SPSS22开展问卷项目和探索性因子分析,结合"问卷设计结构表"维度,确定问卷的基本结构模型,最终形成正式问卷。

(二)正式问卷的信度与效度分析

应用采集的大样本数据,对问卷再次进行信度与效度的分析和检验。在广西壮族自治区相关院校回收的9230份有效学生问卷中,随机抽取1000份问卷进行问卷结构的信效度检验。结果显示正式问卷的信度与效度水平较高。

(三)文化观量表

"文化观"初始量表共设计了11个题项,采用李克特5点计分办法进行分析。经初测后,正式问卷保留这11个题项。

经可靠性分析,该量表信度系数Cronbach's Alpha(克伦巴赫阿尔法系数)=0.883,说明内部条目一致性很好。经检验,KMO样本合适性测定值为 0.920，Bartlett（巴特利特）的球形检定近似卡方值为 43328.27，显著性水平 P<0.001，表明数据适合做探索性因子分析。采用主成分分析和最大方差旋转，从 11 项中抽取"文化认知""文化自觉" 2 个因子，分别用 Y1 和 Y2 表示，Y1 各因子载荷量处于 0.637—0.831 之间，Y2 各因子载荷量处于 0.531—0.749。分析结果显示，2 个因子的累计方差贡献率为 59.354%，表明这两个因子能够较好地解释关于青少年文化观状况的调查内容。

表 5.2　　　　　　　　　　文化观的探索性因子分析

操作性题项	成分 Y1	成分 Y2
A1 我知道壮族传统文化蕴含着尊老爱幼、邻里和睦的家庭道德观	0.831	
A2 我知道壮族传统文化蕴含着知理尚义、济困扶危的社会公德观	0.812	
A3 我知道壮族传统文化蕴含着崇尚自然、保护环境的生态伦理观	0.797	
A4 我知道壮族传统文化蕴含着热爱国家民族、维护祖国统一的爱国主义思想	0.762	
A5 我知道壮族传统文化蕴含着勤劳善良、开拓创新的道德品质	0.761	
A6 我知道壮族语言文字是中华民族文化的重要组成部分	0.637	
B1 我愿意弘扬和发展壮族传统文化，讲好广西故事，并面向东盟、"一带一路"国家进行交流传播		0.749
B2 我会对境外不好的文化进行抵制		0.743
B3 广西生态优势金不换		0.719
B4 壮族传统文化有利于增进我对社会主义核心价值观的理解		0.682
B5 继承发扬壮族传统文化中的精髓，对维护社会稳定，促进地区经济发展，构建和谐广西发挥重要的作用		0.531

(四) 政治观量表

设计了 5 个项目，采用李克特 5 点计分办法进行分析。

经可靠性分析，该量表 Cronbach α 为 0.793，说明内部条目一致性很好。经检验，KMO 值为 0.829，Bartlett 值为 13103.36，$P<0.001$，显示数据适合做探索性因子分析。从 5 项中抽取"政治观"1 个因子，用 Y1 表示，Y1 各因子载荷量处于 0.648—0.812 之间。分析结果显示，这个因子的累计方差贡献率为 55.66%，表明这个因子能够较好地解释关于青少年政治观状况的调查内容。

表 5.3　　　　　　　　　政治观的探索性因子分析

操作性题项	成分
	Y1
A1 改革创新是国家兴旺发达的动力源泉	0.812
A2 改革开放以来壮乡人民的生活一年比一年好	0.793
A3 我赞同学习习近平新时代中国特色社会主义思想，让广大师生坚定道路自信、理论自信、制度自信、文化自信	0.759
A4 对党和政府的精准扶贫事业充满信心	0.706
A5 宗教信仰自由不等于宗教活动自由	0.648

(五) 民族观量表

民族观量表共设计了 12 个题项，采用李克特 5 点计分办法分析。经初测删除 1 个题项，正式问卷包含 11 个题项。

经可靠性分析，该量表 Cronbach α 为 0.881，说明内部条目一致性很好。经检验，KMO 值为 0.903，Bartlett 值为 46288.635，$P<0.001$，显示数据适合做探索性因子分析。从 11 项中抽取"中华民族共同体意识""民族问题认知"2 个因子，分别用 Y1 和 Y2 表示，Y1 各因子载荷量处于 0.656—0.795 之间，Y2 各因子载荷量处于 0.791—0.867。分析结果显示，2 个因子的累计方差贡献率为 59.354%，表明这两个因子能够较好地解释关于青少年民族观状况的调查内容。

表 5.4　　　　　　　　民族观的探索性因子分析

操作性题项	成分	
	Y1	Y2
A1 各民族共同团结奋斗、共同繁荣发展	0.795	
A2 汉族离不开少数民族，少数民族离不开汉族，各少数民族之间相互离不开	0.767	
A3 当前我国的民族关系是"平等、团结、互助、和谐"的	0.754	
A4 各民族要像石榴籽那样紧紧抱在一起	0.740	
A5 维护祖国统一和民族团结是各民族的最高利益	0.720	
A6 民族区域自治制度有利于民族团结进步	0.680	
A7 中国特色社会主义道路是解决我国民族问题的根本道路	0.671	
A8 我对全面推进我国民族团结进步事业很有信心	0.656	
B1 我了解马克思主义民族理论和党的民族政策		0.867
B2 我了解当前我国和世界的民族状况		0.839
B3 我了解中国共产党在民族团结工作中的具体贡献		0.791
我认为政府执行民族政策很到位	备注：初测时删除。	

（六）文明素养量表

文明素养量表共设计了 6 个题项，采用李克特 5 点计分办法进行分析。

经可靠性分析，该量表 Cronbach α 为 0.849，说明内部条目一致性很好。经检验，KMO 值为 0.885，Bartlett 值为 20280.599，$P<0.001$，表明数据适合做探索性因子分析。从 6 项中抽取"文明素养"1 个因子，用 Y1 表示，Y1 各因子载荷量处于 0.676—0.798 之间。分析结果显示，这个因子的累计方差贡献率为 57.45%。表明这个因子能够较好地解释关于青少年文明素养状况的调查内容。

表 5.5　　　　　　　　文明素养的探索性因子分析

操作性题项	成分
	Y1
A1 我有明确的学习规划和理想，并着手付诸实施	0.798
A2 我能做到爱微信、不狂热；维护网络安全、传播社会文明	0.785

续表

操作性题项	成分 Y1
A3 我很尊重各民族的风俗习惯	0.776
A4 我会发奋图强，成才报国，在深化改革开放的进程中贡献力量	0.757
A5 我参加支教、义务劳动、献血、救灾、捐赠等社会公益活动	0.748
A6 人生梦是国家梦、民族梦和个人梦的有机统一	0.676

（七）行为选择量表

行为选择量表共设计了 6 个项目，采用李克特 5 点计分办法进行分析。

经可靠性分析，该量表 Cronbach α 为 0.862，说明内部条目一致性很好。经检验，KMO 值为 0.876，Bartlett 值为 23000.719，$P<0.001$，表明数据适合做探索性因子分析。从 6 项中抽取"行为选择"1 个因子，用 Y1 表示，Y1 各因子载荷量处于 0.708—0.802 之间。结果显示，这个因子的累计方差贡献率为 59.51%，表明该因子能够较好地解释关于青少年行为选择状况的调查内容。

表5.6　　　　　行为选择的探索性因子分析

操作性题项	成分 Y1
A1 我会积极践行绿水青山就是金山银山的理念	0.802
A2 我要做维护民族团结和社会稳定的倡导者与践行者	0.798
A3 我坚决拥护中国共产党，相信并坚定中国特色社会主义的道路自信、理论自信、制度自信和文化自信	0.795
A4 我完全能做到"对祖国的认同，对中华民族的认同，对中华文化的认同，对中国共产党的认同，对中国特色社会主义道路的认同"	0.772
A5 如果有机会，我会为"建设壮美广西、共圆复兴梦想"贡献自己的力量	0.749
A6 我支持民族区域自治制度	0.708

(八) 学校教育量表

共设计了 4 个题项，采用李克特 5 点计分办法进行分析。

经可靠性分析，该量表 Cronbach α 为 0.786，说明内部条目一致性很好。经检验，KMO 值为 0.743，Bartlett 值为 11762.906，$P<0.001$，表明数据适合做探索性因子分析。从 4 项中抽取"学校教育" 1 个因子，用 Y1 表示，Y1 各因子载荷量处于 0.635—0.855 之间。分析结果显示累计方差贡献率为 61.14%，表明这个因子能够较好地解释学校教育关于壮族优秀传统文化融入青少年思想政治教育状况的调查内容。

表 5.7　　学校教育的探索性因子分析

操作性题项	成分 Y1
A1 我所在的学校开设了传承民族文化的课程或专业	0.855
A2 我所在的学校有传承民族文化的场馆设施	0.850
A3 学校中壮族传统文化内容的设计与现实生活联系紧密	0.767
A4 我对学校开展壮族传统文化传承的效果很满意	0.635

(九) 家庭、社区教育量表

家庭、社区教育量表共设计了 4 个题项，采用李克特 5 点计分办法进行分析。

经可靠性分析，该量表 Cronbach α 为 2，说明内部条目一致性很好。经检验，KMO 值为 0.697，Bartlett 值为 11762.906，$P<0.001$，表明数据适合做探索性因子分析。从 4 项中抽取"家庭—社区教育" 1 个因子，用 Y1 表示，Y1 各因子载荷量处于 0.805—0.826 之间。结果显示，这个因子的累计方差贡献率为 66.83%。表明这个因子能够较好地解释家庭—社区教育关于壮族优秀传统文化融入青少年思想政治教育状况的调查内容。

表 5.8　　　　　　　　家庭—社区教育的探索性因子分析

操作性题项	成分 Y1
A1 我对村屯社区开展壮族传统文化传承的效果很满意	0.826
A2 我对家庭开展壮族传统文化传承的效果很满意	0.822
A3 我的父母、长辈经常向我讲授壮族传统文化知识	0.817
A4 我所在的村落或社区经常举办民族传统文化活动	0.805

（十）社会教育量表

共设计了 5 个题项，采用李克特 5 点计分办法进行分析。

经可靠性分析，该量表 Cronbach α 为 0.837，说明内部条目一致性很好。经检验，KMO 值为 0.845，Bartlett 值为 18913.667，$P<0.001$，表明数据适合做探索性因子分析。从 5 项中抽取"社会教育"1 个因子，用 Y1 表示，Y1 各因子载荷量处于 0.582—0.855 之间。分析结果显示累计方差贡献率为 61.73%，表明这个因子能够较好地解释社会教育关于壮族优秀传统文化融入青少年思想政治教育状况的调查内容。

表 5.9　　　　　　　　社会教育的探索性因子分析

操作性题项	成分 Y1
A1 文化机构不断推出壮族传统文化滋养的文艺作品	0.855
A2 政府和社会加强保护传承壮族文化遗产	0.838
A3 报纸书刊电视互联网等各类媒体大力宣传壮族传统文化	0.819
A4 壮族传统文化融入"美丽乡村"建设	0.802
A5 我对社会开展壮族传统文化传承的效果很满意	0.582

（十一）自我教育量表

共设计了 4 个题项，采用李克特 5 点计分办法进行分析。

经可靠性分析，该量表 Cronbach α 为 0.688，说明内部条目一致性很好。经检验，KMO 值为 0.672，Bartlett 值为 6460.305，P < 0.001，表明数据适合做探索性因子分析。从 5 项中抽取"自我教育" 1 个因子，用 Y1 表示，Y1 各因子载荷量处于 0.684—0.760 之间。分析结果显示，这个因子的累计方差贡献率为 51.79%，表明这个因子能够较好地解释自我教育关于壮族优秀传统文化融入青少年思想政治教育状况的调查内容。

表 5.10　　　　　　　自我教育的探索性因子分析

操作性题项	成分
	Y1
A1 壮族传统文化能激发我热爱家乡和祖国的情感与责任感	0.760
A2 我觉得壮族传统文化里所蕴含的民族精神能提升我的思想道德素质	0.744
A3 我觉得壮族地区的学生应该学习和传承壮族传统文化	0.688
A4 我会主动去了解壮族传统文化知识	0.684

第三节　优秀传统文化融入青少年思想政治教育成效"思想与观念"的现状分析

通过调查分析，研究壮族优秀传统文化融入青少年思想政治教育的效果如何，也就是通过壮族优秀传统文化的融入教育，研究青少年在思想与观念方面的现状与特点。同时，研究青少年的个人、家庭、学校、社会等背景因素对其思想观念的影响状况，以便为理论与对策研究提供依据。研究工具采用自编的《壮族优秀传统文化融入青少年思想政治教育》正式问卷。研究对象为课题调研被试的 9230 份有效问卷。

一　青少年"思想与观念"的整体特征

壮族优秀传统文化融入青少年思想政治教育的成效，需要一个整体的呈现。本部分内容，主要以整体的视角呈现出青少年思想与观念现状与特征,并且利用李克特(Likert)5点量表水平评定标准,对青少年思想与观念水平分布状况进行评定。同时,从文化观、政治观、民族观等各因子角度出发,对青少年思想与观念总体状况进行分析。

(一)青少年"思想与观念"的总体状况

由调查数据可知,将青少年"思想与观念"的三个维度进行测量,发现政治观(M=4.369)均值得分最高,其次是文化观(M=4.253)和民族观(M=4.217)。

根据李克特5点计分办法,被试得分高于4.25为非常高水平,得分在3.75—4.25为较高水平,3—3.75为一般水平,3分以下为低水平。青少年文化观、政治观两个维度的均值得分都高于4.25,说明青少年的文化观、政治观处于非常高水平。青少年民族观得分介于3.75—4.25之间,处于较高偏上水平。

文化观维度上,有54.6%的青少年文化观处于非常高水平,有28.3%的青少年文化观处于较高水平,有14.9%的青少年文化观处于一般水平,只有2.2%的青少年文化观处于低水平。在政治观维度上,有高达60.7%的青少年政治观处于较高水平,有26.0%的青少年政治观处于非常高水平,有11.7%的青少年政治观处于一般水平,有1.6%的青少年政治观处于低水平。在民族观维度上,52.5%的青少年民族观处于非常高水平,有28.5%的青少年民族观处于较高水平,有16.5%的青少年民族观处于一般水平,青少年政治观处于低水平的占2.5%。

在文化观的两个因子中,文化自觉因子得分最高(M=4.329),高于临界值4.25,说明文化自觉因子处于非常高水平;文化认知因子得分(M=4.178),介于3.75—4.25之间,处于较高水平偏上区间;在民族观的两个因子中,中华民族共同体意识因子得分高达4.452,高于临界值4.25,说明青少年中华民族共同体意识整体处于非常高水平;民族问题认知因子均值得分为3.981,介于临界值3.75—4.25之间,处于较高水平中间位置。

表5.11　　　　　　青少年"思想与观念"的基本概况

维度	文化观	政治观	民族观	文化认知	文化自觉	民族问题认知	中华民族共同体意识
N	9230	9230	9230	9230	9230	9230	9230
M	4.253	4.369	4.217	4.178	4.329	3.981	4.452
SD	0.564	0.594	0.579	0.688	0.590	0.787	0.568
Min	1	1	1	1	1	1	1
Max	5	5	5	5	5	5	5

表5.12　　　　　　青少年"思想与观念"等级分布表

结构维度	低水平 N	低水平 P	一般水平 N	一般水平 P	较高水平 N	较高水平 P	非常高水平 N	非常高水平 P
文化观	199	2.2%	1387	14.9%	2608	28.3%	5036	54.6%
政治观	150	1.6%	1083	11.7%	2399	26.0%	5598	60.7%
民族观	232	2.5%	1525	16.5%	2628	28.5%	4845	52.5%

（二）青少年"思想与观念"总体状况的分析

就文化观而言，经题项分析发现：壮族传统文化认知方面，青少年"知道壮族传统文化蕴含着勤劳善良、开拓创新的道德品质"的占比达到79.5%；"知道壮族传统文化蕴含着热爱国家民族、维护祖国统一的爱国主义思想"的占比达到84.1%；"知道壮族传统文化蕴含着知理尚义、济困扶危的社会公德观"的占比达到75.8%；"知道壮族传统文化蕴含着尊老爱幼、邻里和睦的家庭道德观"的占比达到81.8%；"知道壮族传统文化蕴含着崇尚自然、保护环境的生态伦理观"的占比达到79.7%；"知道壮族语言文字是中华民族文化的重要组成部分"的占比达到79.0%。壮族传统文化自觉方面，青少年认为"壮族传统文化有利于增进我对社会主义核心价值观的理解"的占比达到83.8%；"会对境外不好的文化进行抵制"的占比达到84.7%；认为"广西生态优势金不换"的占比达到82.7%；会"继承发扬壮族传统文化中的精髓，对维护社会稳定，促进地区经济发展，构建和谐广西发挥重要的作用"的占比达到80.2%；"愿意弘扬和发展壮族传统文化，讲好广西故事，并面向东盟、'一带一路'国家进行交流传播"的占比达到88.3%。由此可知，青少年对壮族传统文化有着很正确的认知，而且形成了良好的文化自觉，故青少年的文化观整体处于非常高水平。

就政治观而言，经题项分析发现：青少年"赞同学习习近平新时代中国特色社会主义思想，让广大师生坚定道路自信、理论自信、制度自信、文化自信"的占比达到91.1%；认为"改革创新是国家兴旺发达的动力源泉"的占比达到89.4%；"对党和政府的精准扶贫事业充满信心"的占比达到83.3%；认为"宗教信仰自由不等于宗教活动自由"的占比达到73.7%；赞同"改革开放以来壮乡人民的生活一年比一年好"的占比达到85.9%。由此可知，青少年拥有坚定的政治理想信念，高度认同中国特色社会主义理论体系、发展道路、宗教政策、政治制度以及壮乡的发展，故青少年的政治观处于非常高水平。

就民族观而言，经题项分析发现：青少年在民族问题认知方面，"了解中国共产党在民族团结工作中的具体贡献"的占比达到75.1%；"了解马克思主义民族理论和党的民族政策"的占比达到72.0%；"了解当前我国和世界的民族状况"的占比达到68.0%。中华民族共同体意识方面，青少年赞同"民族区域自治制度有利于民族团结进步"的占比达到87.6%；认为"当前我国的民族关系是'平等、团结、互助、和谐'的"占比达到90.2%；赞同"各民族共同团结奋斗、共同繁荣发展"的占比达到90.8%；赞同"汉族离不开少数民族，少数民族离不开汉族，各少数民族之间相互离不开"的占比达到89.0%；认为"各民族要像石榴籽那样紧紧抱在一起"的占比达到89.8%；认为"维护祖国统一和民族团结是各民族的最高利益"的占比达到87.9%；赞同"中国特色社会主义道路是解决我国民族问题的根本道路"的占比达到85.8%；"对全面推进我国民族团结进步事业很有信心"的占比达到85.8%。由此可知，七成左右的青少年对党在民族团结工作中的贡献、马克思主义民族理论和党的政策，以及中外民族现状等民族问题是非常了解的；九成左右的青少年对我国的民族区域自治制度、民族关系、"两个共同"、"三个离不开"、民族团结、民族最高利益、民族发展道路、民族团结奋斗等方面的是认同的、赞成的，这反映了青少年具有非常强烈的中华民族共同体意识。总之，这些数据说明了青少年的民族观处于较高水平。

二 青少年"思想与观念"的民族差异分析

将处于同一场域中的壮族、汉族和其他少数民族青少年进行对比分析，可以展现在实施壮族优秀传统文化融入青少年思想政治教育中，不同民族青少年群体"思想与观念"的基本概貌和差异特征。

（一）青少年"思想与观念"民族差异的总体状况

以民族为自变量，将壮族、汉族和其他少数民族青少年的"思想与观念"进行对比，通过方差分析发现，文化观、政治观、民族观在民族因素上均存在显著性差异。文化观维度上，不同民族青少年均值得分由高到低依次为：壮族、汉族、其他少数民族；文化观维度在民族因素上组间的差异，达到统计学意义上的显著性（F = 21.477，P = 0.000），经事后程序检定（LSD）发现：壮族青少年的文化观得分显著高于汉族和其他少数民族，汉族青少年的文化观得分显著高于其他少数民族。政治观维度上，不同民族青少年均值的得分由高到低依次为：汉族、壮族、其他少数民族；政治观维度上，不同民族青少年组间存在显著性差异（F = 6.549，P = 0.001），经事后程序检定（LSD）发现：汉族青少年政治观得分显著高于壮族和其他少数民族。民族观维度上，不同民族青少年均值得分由高到低依次为：汉族、其他少数民族、壮族；民族观维度上，不同民族青少年组间存在显著性差异（F = 2.996，P = 0.050），经事后程序检定（LSD）发现：汉族青少年的民族观得分显著高于壮族。

文化观的两个因子中，不同民族青少年组间均存在显著性差异。其中文化认知（F = 42.891，P = 0.000）因子，经事后程序检定（LSD）发现：壮族青少年的文化认知得分显著高于汉族和其他少数民族，汉族青少年的文化认知得分显著高于其他少数民族；文化自觉（F = 5.097，P = 0.006）因子，经事后程序检定（LSD）发现：壮族、汉族青少年得分显著高于其他少数民族青少年。民族观两个因子中，只有"中华民族共同体意识"因子（F = 6.833，P = 0.001），在不同民族青少年组间存在显著性差异，经事后程序检定（LSD）发现：壮族青少年得分显著高于其他少数民族；汉族青少年得分显著高于壮族和其他少数民族。

表5.13　　　　青少年"思想与观念"的民族差异比较

维度	民族	N	M	SD	F	P	LSD
文化观	1 壮族	2825	4.306	0.540	21.447***	0.000	1>2, 1>3, 2>3
	2 汉族	5560	4.237	0.568			
	3 其他民族	845	4.182	0.605			
政治观	1 壮族	2825	4.350	0.599	6.549**	0.001	2>1, 2>3
	2 汉族	5560	4.386	0.586			
	3 其他民族	845	4.321	0.628			
民族观	1 壮族	2825	4.198	0.569	2.996*	0.050	2>1
	2 汉族	5560	4.229	0.581			
	3 其他民族	845	4.201	0.600			
文化认知	1 壮族	2825	4.276	0.626	42.891***	0.000	1>2, 1>3, 2>3
	2 汉族	5560	4.140	0.707			
	3 其他民族	845	4.097	0.726			
文化自觉	1 壮族	2825	4.337	0.579	5.097**	0.006	1>3, 2>3
	2 汉族	5560	4.334	0.589			
	3 其他民族	845	4.267	0.628			
民族问题认知	1 壮族	2825	3.956	0.786	2.202	0.111	
	2 汉族	5560	3.990	0.789			
	3 其他民族	845	4.006	0.773			
中华民族共同体意识	1 壮族	2825	4.440	0.558	6.833**	0.001	1>3, 2>1, 2>3
	2 汉族	5560	4.467	0.563			
	3 其他民族	845	4.396	0.623			

（注：*表示 P<0.05，**表示 P<0.01，***表示 P<0.001，下同）

（二）青少年"思想与观念"民族差异总体状况的分析

就文化观而言，经对题项进行分析发现不同民族青少年："知道壮族传统文化蕴含着勤劳善良、开拓创新的道德品质"的，壮族占85.3%，汉族占76.9%，其他民族占76.5%；"知道壮族传统文化蕴含着热爱国家民族、维护祖国统一的爱国主义思想"的，壮族占88.8%，汉族占

82.3%，其他民族占 80.4%；"知道壮族传统文化蕴含着知理尚义、济困扶危的社会公德观"的，壮族占 80.2%，汉族占 73.8%，其他民族占 74.5%；"知道壮族传统文化蕴含着尊老爱幼、邻里和睦的家庭道德观"的，壮族占 86.7%，汉族占 80.0%，其他民族占 77.2%；"知道壮族传统文化蕴含着崇尚自然、保护环境的生态伦理观"的，壮族占 82.6%，汉族占 88.8%，其他民族占 75.5%；"知道壮族语言文字是中华民族文化的重要组成部分"的，壮族占 81.9%，汉族占 77.9%，其他民族占 75.9%。壮族文化自觉方面，青少年认为"壮族传统文化有利于增进我对社会主义核心价值观的理解"的，壮族占 85.3%，汉族占 83.2%，其他民族占 82.5%；认为"会对境外不好的文化进行抵制"的，壮族占 84.4%，汉族占 84.9%，其他民族占 85.2%；认为"广西生态优势金不换"的，壮族占 82.8%，汉族占 82.8%，其他民族占 81.9%；认为会"继承发扬壮族传统文化中的精髓，对维护社会稳定，促进地区经济发展，构建和谐广西发挥重要作用"的，壮族占 81.7%，汉族占 80.2%，其他民族占 75.2%；"愿意弘扬和发展壮族传统文化，讲好广西故事，并面向东盟、'一带一路'国家进行交流传播"的，壮族占 89.3%，汉族占 88.1%，其他民族占 86.0%。由此可知，壮族传统文化认知方面，壮族青少年要好于汉族和其他民族青少年；文化自觉方面，壮族和汉族的青少年要好于其他民族青少年。总体上来说，壮族青少年的文化观好于汉族和其他民族青少年，这也与壮族青少年牢牢扎根于本民族文化的天然优势有关。

就政治观而言，经题项分析发现不同民族青少年："赞同学习习近平新时代中国特色社会主义思想，让广大师生坚定道路自信、理论自信、制度自信、文化自信"的，壮族为 91.5%，汉族为 91.3%，其他民族为 89.1%；赞同"改革创新是国家兴旺发达的动力源泉"的，壮族为 89.1%，汉族为 89.8%，其他民族为 86.5%；"对党和政府的精准扶贫事业充满信心"的，壮族为 82.8%，汉族为 83.6%，其他民族为 83.6%；赞同"宗教信仰自由不等于宗教活动自由"的，壮族为 71.2%，汉族为 74.7%，其他民族为 75.4%；赞同"改革开放以来壮乡人民的生活一年比一年好"的，壮族为 86.8%，汉族为 88.0%，其他民族为 82.8%。由此可知，不同民族的青少年均拥有坚定的政治理想信念，高度认同中国特色社会主义理论体系、发展道路、宗教政策、政治制度以及壮乡的发展，其中汉族青少年在统计百分数上均高于壮族和其他民族青少年。

就民族观而言，经题项分析发现不同民族青少年：在民族问题认知方面，"了解中国共产党在民族团结工作中的具体贡献"的，壮族占74.4%，汉族占74.9%，其他民族占76.2%；"了解马克思主义民族理论和党的民族政策"的，壮族占70.8%，汉族占71.8%，其他民族占75.8%；"了解当前我国和世界的民族状况"的，壮族占67.4%，汉族占67.8%，其他民族占71.0%。中华民族共同体意识方面，赞同"民族区域自治制度有利于民族团结进步"的，壮族占87.9%，汉族占87.5%，其他民族占87.5%；认同"当前我国的民族关系是'平等、团结、互助、和谐'"的，壮族占90.8%，汉族占90.2%，其他民族占87.8%；赞同"各民族共同团结奋斗、共同繁荣发展"的，壮族占92.8%，汉族占91.9%，其他民族占88.2%；赞同"汉族离不开少数民族，少数民族离不开汉族，各少数民族之间相互离不开"的，壮族占88.1%，汉族占90.0%，其他民族占85.4%；认为"各民族要像石榴籽那样紧紧抱在一起"的，壮族占90.8%，汉族占89.6%，其他民族占86.8%；认为"维护祖国统一和民族团结是各民族的最高利益"的，壮族占88.0%，汉族占88.0%，其他民族占86.5%；赞同"中国特色社会主义道路是解决我国民族问题的根本道路"的，壮族占85.9%，汉族占86.0%，其他民族占85.5%；"对全面推进我国民族团结进步事业很有信心"的，壮族占85.1%，汉族占86.7%，其他民族占83.3%。由此可知，不同民族的青少年，有七成左右对党在促进民族团结工作中的贡献、马克思主义民族理论和党的民族政策，以及中外民族现状等民族问题是非常了解的；不同民族的青少年，有九成左右对我国的民族区域自治制度、民族关系、"两个共同""三个离不开"、民族团结、民族最高利益、民族发展道路、民族团结信心等方面的观点是认同的、赞成的，这反映出各民族青少年都具有非常强烈的中华民族共同体意识。

三 青少年"思想与观念"的个人背景分析

性别、政治面貌等个人背景，会对壮族优秀传统文化融入青少年思想政治教育的效果产生影响。本部分内容主要探讨不同性别、政治面貌的青少年,其"思想与观念"的差异特征。并通过对相同个人背景下的不同民族青少年进行对比分析,凸显在相同个人背景下壮族、汉族和其他民族青少年思想与观念的差异特征。

(一) 性别差异分析

以性别为自变量,对青少年"思想与观念"进行差异分析,经 T 检验发现:在文化观上,男女青少年的差异不显著(T = -1.807,P = 0.071);在政治观上,男女青少年的差异显著(T = -3.742,P = 0.000),女生的政治观得分显著高于男生;在民族观上,男女青少年的差异显著(T = 2.379,P = 0.017),男生的民族观得分显著高于女生。从上可知,男女青少年的文化观差异不显著,政治观、民族观差异显著。

表 5.14　　青少年"思想与观念"的性别差异比较

	性别	N	M	SD	T	P
文化观	1 男	3869	4.241	0.591	-1.807	0.071
	2 女	5361	4.262	0.544		
政治观	1 男	3869	4.342	0.618	-3.742***	0.000
	2 女	5361	4.389	0.575		
民族观	1 男	3869	4.234	0.602	2.379*	0.017
	2 女	5361	4.205	0.562		
文化认知	1 男	3869	4.177	0.699	-0.130	0.896
	2 女	5361	4.179	0.680		
文化自觉	1 男	3869	4.305	0.619	-3.307**	0.001
	2 女	5361	4.346	0.568		
民族问题认知	1 男	3869	4.063	0.786	8.532***	0.000
	2 女	5361	3.922	0.782		
中华民族共同体意识	1 男	3869	4.404	0.601	-6.946***	0.000
	2 女	5361	4.487	0.540		

在文化观的两个因子上,男女青少年的文化认知因子得分不存在显著性差异,在文化自觉因子上男女青少年差异显著(T = -3.307,P =

0.001），女生的文化自觉得分显著高于男生。在民族观的两个因子上，男女青少年在民族问题认知（T=8.532，P=0.001）上存在显著性差异，男生的民族问题认知得分显著高于女生；男女青少年在中华民族共同体意识（T=-6.946，P=0.000）因子上差异显著，女生得分显著高于男生。

以性别和民族为自变量，将同性别的壮族、汉族和其他少数民族青少年进行对比，经方差分析发现：不同民族男性青少年在文化观（F=10.232，P=0.000）、政治观（F=7.012，P=0.001）上差异显著，在民族观（F=2.200，P=0.111）上差异不显著。经事后程序检定（LSD）发现，在文化观上，壮族男性青少年得分显著高于汉族和其他少数民族青少年，汉族青少年得分显著高于其他少数民族青少年；在政治观上，壮族、汉族青少年得分显著高于其他少数民族青少年。不同民族的女性青少年在文化观（F=12.641，P=0.000）上差异显著，在政治观（F=1.574，P=0.207）、民族观（F=2.516，P=0.081）上差异不显著；经事后程序检定（LSD）发现，在文化观上，壮族女性青少年得分显著高于汉族和其他少数民族青少年。从上可知，不同民族男性青少年的显著差异主要体现在文化观、政治观上，不同民族女性青少年的显著差异主要体现在文化观上。

（二）政治面貌差异分析

以政治面貌为自变量，对青少年"思想与观念"进行差异性分析，经方差分析发现：在文化观上，不同政治面貌的青少年组间差异显著（F=30.138，P=0.000），经事后程序检定（LSD）发现，政治面貌为中共党员的青少年的文化观得分显著高于团员和群众；在政治观上，不同政治面貌的青少年组间差异显著（F=76.068，P=0.000），经事后程序检定（LSD）发现，政治面貌为中共党员、团员的青少年文化观得分显著高于群众；在民族观上，不同政治面貌的青少年组间差异显著（F=30.577，P=0.000），经事后程序检定（LSD）发现，政治面貌为中共党员的青少年得分显著高于团员和群众；团员青少年的文化观得分显著高于群众。由此可知，不同政治面貌的青少年在文化观、政治观、民族观上都存在显著性差异。

在文化观的"文化认知"（F=6.751，P=0.001）、"文化自觉"（F=56.884，P=0.000）两个因子上，不同政治面貌的青少年组间存在显著性差异,"文化认知"因子、"文化自觉"因子经事后程序检定(LSD)均发现,政治面貌为中共党员、团员的青少年得分显著高于群众。在民族观的两个因子中,民族问题认知因子在政治面貌上组间存在显著性差异(F=16.126,P=0.000),经事后程序检定(LSD)发现,政治面貌为中共党员的青少年得分显著高于团员,团员青少年的得分显著高于群众;中华民族共同体意识因子,在政治面貌上组间存在显著性差异(F=76.746,P=0.000),经事后程序检定(LSD)均发现,政治面貌为中共党员的青少年得分显著高于团员,团员青少年的得分显著高于群众。

表5.15 青少年"思想与观念"的政治面貌差异比较

维度	政治面貌	N	M	SD	F	P	LSD
文化观	1 中共党员	582	4.315	0.565	30.138***	0.000	1>3, 2>3
	2 团员	6011	4.278	0.547			
	3 群众	2637	4.183	0.596			
政治观	1 中共党员	582	4.431	0.577	76.068***	0.000	1>3, 2>3
	2 团员	6011	4.415	0.566			
	3 群众	2637	4.250	0.642			
民族观	1 中共党员	582	4.333	0.550	30.577***	0.000	1>2, 1>3, 2>3
	2 团员	6011	4.234	0.560			
	3 群众	2637	4.153	0.620			
文化认知	1 中共党员	582	4.229	0.701	6.751**	0.001	1>3, 2>3
	2 团员	6011	4.190	0.679			
	3 群众	2637	4.139	0.702			
文化自觉	1 中共党员	582	4.402	0.572	56.884***	0.000	1>3, 2>3
	2 团员	6011	4.367	0.567			
	3 群众	2637	4.227	0.631			
民族问题认知	1 中共党员	582	4.160	0.716	16.126***	0.000	1>2, 1>3
	2 团员	6011	3.970	0.783			
	3 群众	2637	3.968	0.805			
中华民族共同体意识	1 中共党员	582	4.505	0.565	76.746***	0.000	1>2, 2>3
	2 团员	6011	4.497	0.537			
	3 群众	2637	4.337	0.618			

以政治面貌和民族为自变量，将相同政治面貌的不同民族青少年进行比较，经方差分析发现：政治面貌为中共党员的不同民族青少年在文化观（F=6.191，P=0.002）上差异显著，在政治观（F=1.310，P=0.271）、民族观（F=1.578，P=0.207）上差异不显著；经事后程序检定（LSD）发现，在文化观上壮族和汉族青少年的得分显著高于其他少数民族。政治面貌为团员的不同民族青少年在文化观（F=19.552，P=0.000）上差异显著，在政治观（F=1.055，P=0.348）、民族观（F=0.843，P=0.430）上差异不显著；经事后程序检定（LSD）发现，壮族团员青少年文化观得分显著高于汉族和其他少数民族青少年，汉族团员青少年文化观得分显著高于其他少数民族青少年。政治面貌为群众的不同民族青少年在文化观（F=4.898，P=0.008）、政治观（F=4.764，P=0.009）、民族观（F=3.695，P=0.025）上均存在显著性差异；经事后程序检定（LSD）发现，汉族和壮族青少年的文化观得分显著高于其他少数民族，汉族青少年的政治观得分显著高于壮族和其他少数民族，汉族青少年的文化观得分显著高于壮族青少年。由上可知，政治面貌为党员、团员的不同民族青少年的显著差异主要体现在文化观上，政治面貌为群众的不同民族青少年的显著差异在文化观、政治观、民族观上都有体现。

四 青少年"思想与观念"的家庭文化背景分析

壮族优秀传统文化融入青少年思想政治教育，其中家庭文化背景对青少年的影响是直接的，也是非常重要的。这里主要从父亲学历、母亲学历，以及青少年的家庭结构来分析青少年思想与观念的差异，并通过对相同家庭文化背景下的不同民族青少年进行对比分析，凸显在相同家庭文化背景下壮族、汉族和其他民族青少年思想与观念的差异特征。

（一）父亲学历差异分析

以父亲学历为自变量，将青少年"思想与观念"进行方差分析，发现：文化观维度在不同父亲学历的青少年组间差异不显著（F=2.869，P=0.035）；政治观维度上，不同父亲学历的青少年组间差异显著（F=4.156，P=0.006），经事后程序检定（LSD）发现，父亲学历为大专及以上的青少年，政治观得分显著高于父亲学历为初中、小学及以下的，父亲学历为高中（中专、中师）的青少年，政治观得分显著高于父亲学历为小学及以下的；民族观维度上，不同父亲学历的青少年组间存在显著性差异（F＝7.262，P＝0.000），经事后程序检定（LSD）均发现，父亲学历为大专及以上的青少年，民族观得分显著高于父亲学历为高中（中专、中师）、初中、小学及以下的，父亲学历为高中（中专、中师）的青少年，民族观得分显著高于父亲学历为小学及以下的。从上可知，不同父亲学历的青少年"思想与观念"的显著差异主要体现在政治观和民族观上，在文化观上不存在显著差异。

表5.16　　青少年"思想与观念"的父亲学历差异比较

维度	父亲学历	N	M	SD	F	P	LSD
文化观	1 小学及以下	2375	4.236	0.569	2.869	0.035	
	2 初中	4216	4.250	0.545			
	3 高中、中专、中师	1812	4.263	0.562			
	4 大专及以上	827	4.300	0.641			
政治观	1 小学及以下	2375	4.344	0.609	4.156**	0.006	3＞1，4＞1，4＞2
	2 初中	4216	4.366	0.572			
	3 高中、中专、中师	1812	4.383	0.598			
	4 大专及以上	827	4.424	0.648			
民族观	1 小学及以下	2375	4.188	0.590	7.262***	0.000	4＞1，4＞2，4＞3，3＞1
	2 初中	4216	4.212	0.558			
	3 高中、中专、中师	1812	4.230	0.584			
	4 大专及以上	827	4.294	0.635			
文化认知	1 小学及以下	2375	4.169	0.674	0.797	0.495	
	2 初中	4216	4.176	0.669			
	3 高中、中专、中师	1812	4.180	0.699			
	4 大专及以上	827	4.211	0.792			
文化自觉	1 小学及以下	2375	4.303	0.604	4.969**	0.002	4＞1，4＞2，3＞1
	2 初中	4216	4.324	0.575			
	3 高中、中专、中师	1812	4.346	0.582			
	4 大专及以上	827	4.389	0.633			

续表

维度	父亲学历	N	M	SD	F	P	LSD
民族问题认知	1 小学及以下	2375	3.948	0.792	10.769***	0.000	4>1, 4>2, 4>3, 3>1
	2 初中	4216	3.965	0.770			
	3 高中、中专、中师	1812	4.001	0.793			
	4 大专及以上	827	4.118	0.829			
中华民族共同体意识	1 小学及以下	2375	4.429	0.584	1.946	0.120	2>1
	2 初中	4216	4.459	0.544			
	3 高中、中专、中师	1812	4.459	0.572			
	4 大专及以上	827	4.470	0.626			

在文化观的两个因子中，文化认知因子在不同父亲学历的青少年组间差异不显著（F=0.797，P=0.495），文化自觉因子在不同父亲学历的青少年组间差异显著（F=4.969，P=0.002），经事后程序检定（LSD）发现，父亲学历为大专及以上的青少年，文化自觉得分显著高于父亲学历为初中、小学及以下的，父亲学历为高中（中专、中师）的青少年，文化自觉因子得分显著高于父亲学历为小学及以下的。民族观的两个因子中，民族问题认知因子在不同父亲学历的青少年组间差异显著（F=10.769，P=0.000），经事后程序检定（LSD）发现，父亲学历为大专及以上的青少年，得分显著高于父亲学历为高中（中专、中师）、初中、小学及以下的，父亲学历为高中（中专、中师）的青少年得分显著高于父亲学历为小学及以下的。

以父亲学历和民族为自变量，将相同父亲学历的不同民族青少年进行比较，经方差分析发现：父亲学历为小学及以下的不同民族青少年在文化观（F=4.016，P=0.018）、政治观（F=3.723，P=0.024）上差异显著，民族观（F=1.230，P=0.292）差异不显著；经事后程序检定（LSD）发现，在文化观上壮族青少年得分显著高于汉族和其他少数民族青少年，在政治观上汉族青少年得分显著高于壮族青少年。父亲学历为初中的不同民族青少年在文化观（F=7.896，P=0.000）上差异显著，在政治观（F=2.579，P=0.076）、民族观（F=1.701，P=0.183）上差异不显著。经事后程序检定（LSD）发现，在文化观上壮族青少年得分显著高于汉族和其他少数民族青少年。父亲学历为高中、中专、中师的不同民族青少年，在文化观（F = 10.702，P = 0.000）、政治观（F = 4.220，P = 0.015）、民族观（F = 2.849，P = 0.058）上均存在显著差异，经事后程序检定（LSD）发现，在文化观上，壮族青少年得分显著高于汉族和其他民族青少年，汉族青少年得分显著高于其他民族青少年；在政治观和民族观上，壮族和汉族青少年得分显著高于其他民族青少年。父亲学历为大专及以上的不同民族青少年，在文化观（F = 3.174，P = 0.042）上差异显著，在政治观（F = 0.668，P = 0.513）、民族观（F = 0.026，P = 0.975）上差异不显著；经事后程序检定（LSD）发现，在文化观上，壮族青少年得分显著高于汉族青少年。从上所知，相同父亲学历的各族青少年"思想与观念"的显著差异在文化观上均有体现。

（二）母亲学历差异分析

以母亲学历为自变量，将青少年"思想与观念"进行方差分析，根据数据发现：在文化观上，不同母亲学历的青少年组间不存在显著性差异（F = 2.869，P = 0.035）（F = 0.588，P = 0.623）；在政治观上，不同母亲学历的青少年组间存在显著性差异（F = 2.920，P = 0.033），经事后程序检定（LSD）发现，母亲学历为高中（中专、中师）的，政治观得分显著高于母亲学历为初中的，母亲学历为初中的显著高于母亲学历为小学及以下的；在民族观上，不同母亲学历的青少年组间存在显著性差异（F = 4.380，P = 0.004），经事后程序检定（LSD）发现，母亲学历为高中（中专、中师）的，民族观得分显著高于母亲学历为初中、小学及以下的，母亲学历为大专及以上的青少年，得分显著高于母亲学历为小学及以下的。从上可知，不同母亲学历的青少年"思想与观念"的显著差异主要体现在政治观和民族观上，在文化观上不存在显著差异。

在文化观两个因子上，文化认知（F = 0.954，P = 0.413）、文化自觉（F = 1.560，P = 0.197）在不同母亲学历的青少年组间不存在显著性差异。在民族观两个因子上，民族问题认知因子（F = 13.792，P = 0.000）在不同学历母亲的青少年组间存在显著性差异，经事后程序检定（LSD）发现，母亲学历为高中（中专、中师）的，民族问题认知得分显著高于母亲学历为初中、小学及以下的,母亲学历为大专及以上的青少年,得分显著高于母亲学历为初中、小学及以下的。

表5.17　　　青少年"思想与观念"的母亲学历差异比较

维度	母亲学历	N	M	SD	F	P	LSD
文化观	1 小学及以下	3469	4.247	0.558	0.588	0.623	
	2 初中	3783	4.251	0.544			
	3 高中、中专、中师	1339	4.269	0.594			
	4 大专及以上	639	4.265	0.645			
政治观	1 小学及以下	3469	4.381	0.584	2.920*	0.033	3>2,1>2
	2 初中	3783	4.350	0.585			
	3 高中、中专、中师	1339	4.397	0.608			
	4 大专及以上	639	4.356	0.669			
民族观	1 小学及以下	3469	4.196	0.576	4.380**	0.004	3>1,3>2,4>1
	2 初中	3783	4.215	0.560			
	3 高中、中专、中师	1339	4.254	0.603			
	4 大专及以上	639	4.258	0.653			
文化认知	1 小学及以下	3469	4.162	0.688	0.954	0.413	
	2 初中	3783	4.187	0.659			
	3 高中、中专、中师	1339	4.184	0.732			
	4 大专及以上	639	4.192	0.760			
文化自觉	1 小学及以下	3469	4.332	0.584	1.560	0.197	
	2 初中	3783	4.315	0.579			
	3 高中、中专、中师	1339	4.354	0.604			
	4 大专及以上	639	4.337	0.651			
民族问题认知	1 小学及以下	3469	3.928	0.790	13.792***	0.000	3>1,3>2,4>1,4>2
	2 初中	3783	3.987	0.762			
	3 高中、中专、中师	1339	4.044	0.816			
	4 大专及以上	639	4.107	0.827			
中华民族共同体意识	1 小学及以下	3469	4.465	0.559	2.388	0.067	
	2 初中	3783	4.444	0.556			
	3 高中、中专、中师	1339	4.465	0.579			
	4 大专及以上	639	4.408	0.653			

以母亲学历和民族为自变量,将相同母亲学历的不同民族青少年进行对比,经方差分析发现:母亲学历为小学及以下的不同民族青少年,在文化观($F=6.717$,$P=0.001$)、政治观($F=5.269$,$P=0.005$)、民族观($F=3.317$,$P=0.036$)上均差异显著;经事后程序检定(LSD)发现,壮族青少年文化观得分显著高于汉族和其他民族青少年,汉族青少年政治观、民族观得分显著高于壮族青少年。母亲学历为初中的不同民族青少年,在文化观($F=8.816$,$P=0.000$)、政治观($F=3.456$,$P=0.032$)上差异显著,在民族观($F=0.448$,$P=0.639$)上差异不显著;经事后程序检定(LSD)发现,壮族青少年的文化观得分显著高于汉族和其他民族青少年,汉族青少年的政治观和民族观得分显著高于壮族青少年。母亲学历为高中、中专、中师的不同民族青少年,在文化观($F=4.103$,$P=0.017$)上差异显著,在政治观($F=1.398$,$P=0.248$)、民族观($F=0.379$,$P=0.685$)上差异不显著;经事后程序检定(LSD)发现,壮族青少年的文化观得分显著高于汉族和其他民族青少年。母亲学历为大专及以上的不同民族青少年,在文化观($F=2.996$,$P=0.051$)上差异显著,在政治观($F=0.787$,$P=0.456$)、民族观($F=0.608$,$P=0.545$)上差异不显著;经事后程序检定(LSD)发现,壮族青少年文化观得分显著高于汉族和其他民族青少年。由上可知,相同母亲学历不同民族青少年"思想与观念"的显著差异在文化观上均有体现。

(三)家庭结构差异分析

以家庭结构为自变量,将青少年"思想与观念"进行方差分析。根据数据结果,发现:在文化观的两个因子中,在文化认知上,不同家庭结构的青少年组间存在显著性差异($F=3.466$,$P=0.016$),经事后程序检定(LSD)发现,生活在三世同堂、核心家庭的青少年,得分显著高于其他家庭的青少年。由此可知,不同家庭结构的青少年"思想与观念"在文化观、政治观、民族观上均存在显著差异。

在文化自觉因子上,不同家庭结构的青少年组间存在显著性差异($F=10.750$,$P=0.000$),经事后程序检定(LSD)发现,生活在三世同堂家庭的青少年,其文化观得分显著高于核心家庭、单亲家庭的青少年;生活在核心家庭、单亲家庭的青少年,得分显著高于其他家庭的青少年。

在民族观的两个因子上，民族问题认知因子在不同家庭结构的青少年组间存在显著性差异（F=4.648，P=0.003），经事后程序检定（LSD）发现，生活在三世同堂家庭的青少年，得分显著高于单亲家庭、其他家庭的青少年；生活在核心家庭、单亲家庭的青少年，得分显著高于其他家庭的青少年。在中华民族共同体意识因子上，不同家庭结构的青少年组间存在显著性差异（F=7.329，P=0.000），经事后程序检定（LSD）发现，生活在三世同堂家庭的青少年，得分显著高于核心家庭、其他家庭的青少年；生活在核心家庭、单亲家庭的青少年，得分显著高于其他家庭的青少年。

表 5.18　　青少年"思想与观念"的家庭结构差异比较

维度	家庭结构	N	M	SD	F	P	LSD
文化观	1 三世同堂	3584	4.284	0.557	7.782***	0.000	1>2, 1>4, 2>4, 3>4
	2 核心家庭	4632	4.240	0.561			
	3 单亲家庭	595	4.239	0.590			
	4 其他	419	4.167	0.611			
政治观	1 三世同堂	3584	4.399	0.581	7.850***	0.000	1>2, 1>4, 2>4, 3>4
	2 核心家庭	4632	4.357	0.592			
	3 单亲家庭	595	4.357	0.617			
	4 其他	419	4.267	0.677			
民族观	1 三世同堂	3584	4.236	0.573	6.472***	0.000	1>3, 1>4, 2>4
	2 核心家庭	4632	4.216	0.578			
	3 单亲家庭	595	4.179	0.590			
	4 其他	419	4.116	0.626			
文化认知	1 三世同堂	3584	4.199	0.688	3.466*	0.016	1>4, 2>4
	2 核心家庭	4632	4.172	0.676			
	3 单亲家庭	595	4.154	0.742			
	4 其他	419	4.096	0.725			
文化自觉	1 三世同堂	3584	4.368	0.576	10.750***	0.000	1>2, 1>4, 2>4, 3>4
	2 核心家庭	4632	4.307	0.594			
	3 单亲家庭	595	4.324	0.581			
	4 其他	419	4.237	0.650			

续表

维度	家庭结构	N	M	SD	F	P	LSD
民族问题认知	1 三世同堂	3584	3.993	0.787	4.648**	0.003	1>3, 1>4, 2>3, 3>4
	2 核心家庭	4632	3.991	0.780			
	3 单亲家庭	595	3.911	0.819			
	4 其他	419	3.874	0.801			
中华民族共同体意识	1 三世同堂	3584	4.479	0.555	7.329***	0.000	1>2, 1>4, 2>4, 3>4
	2 核心家庭	4632	4.441	0.565			
	3 单亲家庭	595	4.446	0.565			

以家庭结构和民族为自变量,将相同家庭结构的不同民族青少年进行对比,经方差分析发现:三世同堂家庭中,不同民族青少年在文化观(F=12.581,P=0.000)上差异显著,在政治观(F=0.462,P=0.630)、民族观(F=0.768,P=0.464)上差异不显著;经事后程序检定(LSD)发现,壮族青少年文化观得分显著高于汉族和其他民族青少年。核心家庭中,不同民族青少年在文化观(F=5.219,P=0.005)、政治观(F=4.580,P=0.010)、民族观(F=3.905,P=0.020)上差异显著;经事后程序检定(LSD)发现,壮族青少年文化观得分显著高于汉族和其他民族青少年,汉族青少年政治观、民族观得分显著高于壮族青少年。单亲家庭中,不同民族青少年在文化观(F=5.739,P=0.003)、政治观(F=2.426,P=0.089)上差异显著,在民族观(F=0.844,P=0.431)上差异不显著;经事后程序检定(LSD)发现,壮族青少年文化观得分显著高于汉族和其他民族青少年,政治观上壮族青少年得分显著高于其他民族青少年。其他家庭结构的不同民族青少年,在文化观(F=2.693,P=0.069)、政治观(F=1.683,P=0.187)、民族观(F=0.580,P=0.560)上差异均不显著。从上可知,家庭结构为三世同堂、核心家庭、单亲家庭的不同民族青少年"思想与观念"的显著差异在文化观上均有体现。

五 青少年"思想与观念"的学校背景分析

壮族优秀传统文化融入青少年思想政治教育,在不同类型学校、不同专业、是否担任学生干部、所在年级等学校背景下,可能产生的效果存在差异。本部分内容探讨不同学校背景下的青少年其"思想与观念"的差异特征;通过对相同学校背景下的不同民族青少年进行对比分析,凸显在相同学校背景下壮族、汉族和其他民族青少年思想与观念的差异特征。

(一)学校类型差异分析

以学校类型为自变量,将青少年"思想与观念"进行方差分析。分析数据发现:在文化观、政治观、民族观三个维度上,不同学校类型的青少年组间均存在显著性差异,经事后程序检定(LSD)发现,本科院校的青少年,在文化观、政治观、民族观三个维度上的得分,均显著高于专科院校、中职学校;专科院校的青少年在三个维度上的得分,显著高于中职学校。由此可知,不同类型学校的青少年"思想与观念"在文化观、政治观、民族观上均存在显著差异。

表5.19　　青少年"思想与观念"的学校类型差异比较

维度	学校类型	N	M	SD	F	P	LSD
文化观	1 本科院校	3711	4.320	0.533	62.079***	0.000	1>2,1>3,2>3
	2 专科院校	3400	4.245	0.556			
	3 中职学校	2119	4.151	0.611			
政治观	1 本科院校	3711	4.503	0.532	231.563***	0.000	1>2,1>3,2>3
	2 专科院校	3400	4.350	0.579			
	3 中职学校	2119	4.166	0.656			
民族观	1 本科院校	3711	4.278	0.548	64.928***	0.000	1>2,1>3,2>3
	2 专科院校	3400	4.222	0.560			
	3 中职学校	2119	4.100	0.643			
文化认知	1 本科院校	3711	4.200	0.692	4.959**	0.007	1>2,1>3,2>3
	2 专科院校	3400	4.176	0.674			
	3 中职学校	2119	4.142	0.701			
文化自觉	1 本科院校	3711	4.439	0.534	158.479***	0.000	1>2,1>3,2>3
	2 专科院校	3400	4.314	0.579			
	3 中职学校	2119	4.160	0.654			

续表

维度	学校类型	N	M	SD	F	P	LSD
民族问题认知	1 本科院校	3711	3.996	0.783	6.854***	0.001	1>3，2>3
	2 专科院校	3400	4.000	0.758			
	3 中职学校	2119	3.926	0.835			
中华民族共同体意识	1 本科院校	3711	4.560	0.515	178.209***	0.000	1>2，1>3，2>3
	2 专科院校	3400	4.445	0.549			
	3 中职学校	2119	4.274	0.636			

文化观的两个因子，文化认知和文化自觉在不同类型学校的青少年组间均存在显著性差异，经事后程序检定（LSD）发现，本科院校的青少年，两个因子的得分均显著高于专科院校、中职学校；专科院校的青少年在两个因子上的得分显著高于中职学校。民族观的两个因子，民族问题认知与中华民族共同体意识在不同学校类型的青少年组间均存在显著性差异，经事后程序检定（LSD）发现，本科院校、专科学校的青少年在民族问题认知因子上的得分均显著高于中职学校；中华民族共同体意识因子上，本科院校的青少年在这个因子上的得分均显著高于专科院校、中职学校；专科院校的青少年在这个因子上的得分显著高于中职学校。

以学校类型和民族为自变量，将相同学校类型的不同民族青少年进行对比，经方差分析发现：本科院校中，不同民族青少年的文化观（F = 13.179，P = 0.000）差异显著，政治观（F = 1.049，P = 0.350）、民族观（F = 0.015，P = 0.985）差异不显著；经事后程序检定（LSD）发现，壮族青少年文化观显著高于汉族和其他民族青少年。专科院校中，不同民族青少年的文化观（F = 16.947，P = 0.000）差异显著，政治观（F = 0.403，P = 0.668）、民族观（F = 0.170，P = 0.844）差异不显著；经事后程序检定（LSD）发现，壮族青少年文化观得分显著高于汉族和其他民族青少年。中职学校中，不同民族青少年在文化观（F = 10.980，P = 0.000）、政治观（F = 4.853，P = 0.008）、民族观（F = 5.696，P = 0.003）上均差异显著，经事后程序检定（LSD）发现，壮族青少年文化观得分显著高于其他民族；汉族青少年政治观、民族观得分显著高于壮族和其他民族青少年。从上可以,本科院校、专科院校不同民族青少年"思想与观念"的显著差异主要体现在文化观上,中职学校不同民族青少年"思想与观念"的显著差异在文化观、政治观、民族观上均有体现。

(二) 专业差异分析

以专业类型为自变量,对青少年"思想与观念"进行对比分析,经T检验发现:文化观、政治观、民族观三个维度的均值得分,人文社科类得分均高于自然科学类,但是以上三个维度在专业类型上,均不存在显著性差异。

文化观的两个因子中,自然科学类文化认知因子的得分高于人文社科类,但不存在统计学意义上的显著性差异;在文化自觉因子上,人文社科类青少年得分高于自然科学类,并且存在统计学意义上的显著性差异(T = -2.164,P = 0.030)。民族观的两个因子中,民族问题认知因子,自然科学类青少年的均值得分高于人文社科类,但不存在统计学意义上的显著性差异;中华民族共同体意识因子(T = -3.164,P = 0.002),在学科类型上,人文社科类青少年得分显著高于自然科学类,并且存在显著性差异。

表5.20　　　　青少年"思想与观念"的专业差异比较

维度	专业类型	N	M	SD	T	P
文化观	1 自然科学类	3246	4.248	0.569	-0.612	0.541
	2 人文社科类	5984	4.256	0.562		
政治观	1 自然科学类	3246	4.353	0.603	-1.946	0.052
	2 人文社科类	5984	4.378	0.589		
民族观	1 自然科学类	3246	4.210	0.589	-0.857	0.392
	2 人文社科类	5984	4.221	0.574		
文化认知	1 自然科学类	3246	4.186	0.674	0.852	0.394
	2 人文社科类	5984	4.173	0.695		
文化自觉	1 自然科学类	3246	4.311	0.604	-2.164*	0.030
	2 人文社科类	5984	4.339	0.582		
民族问题认知	1 自然科学类	3246	3.993	0.788	1.020	0.308
	2 人文社科类	5984	3.975	0.787		
中华民族共同体意识	1 自然科学类	3246	4.427	0.587	-3.164**	0.002
	2 人文社科类	5984	4.466	0.557		

以学科类型和民族为自变量,将相同学科不同民族青少年进行对比,经方差分析发现:自然科学类专业中,不同民族青少年在文化观(F = 9.316,P = 0.000)上差异显著,政治观(F = 2.782,P = 0.062)和民族观(F = 2.373,P = 0.093)上差异不显著;经事后程序检定(LSD)发现,壮族青少年文化观得分显著高于汉族和其他民族青少年,汉族青少年文化观得分显著高于其他民族青少年。人文社科类专业中,不同民族青少年在文化观(F = 13.792,P = 0.000)、政治观(F = 4.032,P = 0.018)上存在显著差异,在民族观(F = 1.065,P = 0.345)上差异不显著;经事后程序检定(LSD)发现,壮族青少年文化观得分显著高于汉族和其他民族青少年,汉族青少年政治观得分显著高于壮族青少年。从上可知,自然科学类专业的不同民族青少年"思想与观念"的显著差异体现在文化观上,人文社科类专业的不同民族青少年"思想与观念"的显著差异体现在文化观和政治观上。

(三)学生干部差异分析

以是否担任学生干部为自变量,将学生干部与非学生干部的青少年"思想与观念"进行对比,经T检验发现:在是否担任学生干部上,青少年"思想与观念"的三个维度均存在显著性差异,担任学生干部的文化观(T = 4.383,P = 0.000)、政治观(T = 4.496,P = 0.000)、民族观(T = 4.307,P = 0.000)得分均显著高于非学生干部。

在文化观的两个因子中,文化认知(T = 3.199,P = 0.001)、文化自觉(T = 4.625,P = 0.000)在是否担任学生干部上均差异显著,学生干部在文化认知、文化自觉上的得分显著高于非学生干部。在民族观的两个因子上,民族问题认知(T = 4.145,P = 0.000)、中华民族共同体意识(T = 3.041,P = 0.000)在是否担任学生干部因素上,也存在显著性差异,学生干部的民族问题认知和中华民族共同体意识得分均显著高于非学生干部。

表5.21　　　　青少年"思想与观念"的学生干部差异比较

维度	学生干部	N	M	SD	T	P
文化观	1 是	3472	4.286	0.564	4.383***	0.000
	2 否	5758	4.233	0.563		
政治观	1 是	3472	4.405	0.588	4.496***	0.000
	2 否	5758	4.347	0.596		
民族观	1 是	3472	4.250	0.575	4.307***	0.000
	2 否	5758	4.197	0.581		
文化认知	1 是	3472	4.207	0.693	3.199**	0.001
	2 否	5758	4.160	0.684		
文化自觉	1 是	3472	4.366	0.583	4.652***	0.000
	2 否	5758	4.307	0.593		
民族问题认知	1 是	3472	4.025	0.774	4.145***	0.000
	2 否	5758	3.955	0.794		
中华民族共同体意识	1 是	3472	4.475	0.563	3.041**	0.002
	2 否	5758	4.438	0.570		

以学生干部和民族为自变量，将是否是学生干部的不同民族青少年进行对比，经方差分析发现：学生干部中，不同民族青少年在文化观（F=3.446，P=0.032）上存在显著差异，在政治观（F=2.802，P=0.061）、民族观（F=1.354，P=0.258）上差异不显著；经事后程序检定（LSD）发现，壮族青少年文化观得分显著高于汉族青少年。非学生干部中，不同民族青少年在文化观（F=21.016，P=0.000）上存在显著差异，在政治观（F=5.323，P=0.005）、民族观（F=2.857，P=0.058）上差异不显著；经事后程序检定（LSD）发现，文化观上壮族青少年得分显著高于汉族和其他民族青少年，汉族青少年得分显著高于其他民族青少年；政治观上，壮族、汉族青少年得分显著高于其他民族青少年。从上可知，担任学生干部的不同民族青少年"思想与观念"的显著差异体现在文化观上，非学生干部的不同民族青少年"思想与观念"的显著差异体现在文化观和政治观上。

(四) 年级差异分析

以年级为自变量,将青少年"思想与观念"进行方差分析。在文化观维度上,来自不同年级的青少年组间不存在显著性差异(F=1.661,P=0.173)。在政治观维度上,来自不同年级的青少年组间存在显著性差异(F=10.448,P=0.000),经事后程序检定(LSD)发现,来自四年级及以上的青少年政治观得分显著高于来自一年级、二年级的青少年,来自三年级的青少年政治观得分显著高于来自一年级的青少年。在民族观维度上,来自不同年级的青少年组间存在显著性差异(F=10.448,P=0.000),经事后程序检定(LSD)发现,来自三年级的青少年民族观得分显著高于来自一年级、二年级的青少年,来自二年级的青少年政治观得分显著高于来自一年级的青少年。由此可知,不同年级青少年"思想与观念"的显著差异主要体现在政治观和民族观上。

在文化观的两个因子上,文化认知因子在不同年级的青少年组间不存在显著性差异(F=0.561,P=0.640);文化自觉因子在来自不同年级的青少年组间存在显著性差异(F=10.448,P=0.000),经事后程序检定(LSD)发现,来自三年级、四年级及以上的青少年文化自觉因子得分显著高于来自一年级、二年级的青少年。在民族观的两个因子上,民族问题认知因子在不同年级的青少年组间存在显著性差异(F=4.104,P=0.006),经事后程序检定(LSD)均发现,来自三年级的青少年民族问题认知因子得分显著高于来自一年级的青少年,来自四年级及以上的青少年文化认知因子得分显著高于来自一年级、二年级的青少年。中华民族共同体意识因子在不同年级的青少年组间存在显著性差异(F=5.564,P=0.001),经事后程序检定(LSD)发现,来自三年级、四年级及以上的青少年中华民族共同体意识因子得分显著高于来自一年级、二年级的青少年。

表 5.22　　青少年"思想与观念"的年级差异比较

维度	年级	N	M	SD	F	P	LSD
文化观	1 一年级	4996	4.246	0.557	1.661	0.173	
	2 二年级	2267	4.249	0.567			
	3 三年级	1354	4.267	0.589			
	4 四年级及以上	613	4.295	0.556			
政治观	1 一年级	4996	4.353	0.591	10.448***	0.000	3>1, 4>2, 4>1
	2 二年级	2267	4.348	0.594			
	3 三年级	1354	4.423	0.608			
	4 四年级及以上	613	4.458	0.574			
民族观	1 一年级	4996	4.204	0.572	5.686**	0.001	3>1, 3>2, 2>1
	2 二年级	2267	4.204	0.582			
	3 三年级	1354	4.254	0.591			
	4 四年级及以上	613	4.283	0.595			
文化认知	1 一年级	4996	4.177	0.684	0.561	0.640	
	2 二年级	2267	4.184	0.678			
	3 三年级	1354	4.162	0.713			
	4 四年级及以上	613	4.202	0.702			
文化自觉	1 一年级	4996	4.316	0.583	5.658**	0.001	3>1, 3>2, 4>1, 4>2
	2 二年级	2267	4.315	0.596			
	3 三年级	1354	4.373	0.607			
	4 四年级及以上	613	4.387	0.573			
民族问题认知	1 一年级	4996	3.962	0.783	4.104**	0.006	3>1, 4>1, 4>2
	2 二年级	2267	3.981	0.778			
	3 三年级	1354	4.014	0.803			
	4 四年级及以上	613	4.066	0.812			
中华民族共同体意识	1 一年级	4996	4.446	0.562	5.564**	0.001	3>1, 3>2, 4>1, 4>2
	2 二年级	2267	4.428	0.568			
	3 三年级	1354	4.494	0.584			
	4 四年级及以上	613	4.500	0.569			

以年级和民族为自变量,将相同年级不同民族青少年进行对比,经方差分析发现:一年级中,不同民族青少年在文化观(F = 10.448, P =

0.000)、民族观（F = 10.448，P = 0.000）上差异显著，在政治观（F = 10.448，P = 0.000）上差异不显著；经事后程序检定（LSD）发现：壮族青少年文化观得分显著高于汉族和其他民族青少年，汉族青少年民族观得分显著高于壮族青少年。二年级中，不同民族青少年在文化观（F = 3.535，P = 0.029）上差异显著，在政治观（F = 0.818，P = 0.441）、民族观（F = 0.137，P = 0.872）上差异不显著；经事后程序检定（LSD）发现，壮族青少年文化观显著高于汉族青少年。三年级中，不同民族青少年在文化观（F = 19.297，P = 0.000）、政治观（F = 14.608，P = 0.000）、民族观（F = 7.532，P = 0.001）上差异显著；经事后程序检定（LSD）发现，文化观上，壮族青少年得分显著高于汉族和其他民族青少年，汉族青少年得分显著高于其他民族青少年；政治观上，汉族青少年得分显著高于壮族和其他民族青少年；民族观上，壮族、汉族青少年得分显著高于其他民族青少年。四年级中，不同民族青少年在文化观（F = 2.398，P = 0.092）、政治观（F = 0.408，P = 0.665）、民族观（F = 1.120，P = 0.327）上差异均不显著。从上可知，三年级不同民族青少年"思想与观念"的显著差异在文化观、政治观和民族观上均有体现，四年级各民族青少年"思想与观念"在以上三个维度上均不存在显著差异。

六 青少年"思想与观念"的社会经济背景分析

人的思想与观念会受到空间和赖以生存的社会经济因素的影响。这部分内容主要探讨不同居住地、不同家庭类型、不同家庭经济状况等社会经济背景下，青少年"思想与观念"的差异特征，并通过对相同社会经济背景下的不同民族青少年进行对比分析，研究在相同社会经济背景下壮族、汉族和其他民族青少年思想与观念的差异特征。

（一）居住地差异分析

以家庭居住地为自变量，将青少年"思想与观念"进行方差分析。不同家庭居住地的青少年，在文化观（F = 11.081，P = 0.000）、政治观（F = 11.226，P = 0.000）、民族观（F = 12.739，P = 0.000）三个维度上均存在显著性差异，经事后程序检定（LSD）发现：在文化观上，居住地在广西的城市（含市区县）的青少年，其文化观得分显著高于居住地在广西的农村（镇、乡、村）、广西以外的城市（含市区县）、广西以外的农村（镇、乡、村）的青少年，居住地在广西的农村（镇、乡、村）的青少年在文化观得分上显著高于居住于广西以外的农村（镇、乡、村）的青少年；在政治观上，居住地在广西的城市（含市区县）、广西以外的城市（含市区县）的青少年得分显著高于居住地在广西的农村（镇、乡、村）的青少年；在民族观上，居住地在广西的城市（含市区、县）、广西以外的城市（含市区县）的青少年得分显著高于居住地在广西的农村（镇、乡、村）的青少年。在文化观的两个因子上，文化认知（F = 18.923，P = 0.000）、文化自觉（F = 10.214，P = 0.000）在不同家庭居住地的青少年组间也存在显著性差异，经事后程序检定（LSD）发现：在文化认知上，居住地在广西的城市（含市区县）的青少年，其文化认知因子得分显著高于居住地在广西的农村（镇、乡、村）、广西以外的城市（含市区县）、广西以外的农村（镇、乡、村）的青少年，居住地在广西的农村（镇、乡、村）的青少年在文化观得分上显著高于居住地在广西以外的城市（含市区县）、广西以外的农村（镇、乡、村）的青少年得分；在文化自觉因子上，居住地在广西的城市（含市区县）、广西以外的城市（含市区县）的青少年得分显著高于居住地在广西的农村（镇、乡、村）、广西以外的农村（镇、乡、村）的青少年得分。由此可知，不同居住地的青少年"思想与观念"在文化观、政治观和民族观上均存在显著性差异。

表5.23　青少年"思想与观念"的居住地差异比较

维度	居住地	N	M	SD	F	P	LSD
文化观	1 广西的城市（含市区县）	1950	4.311	0.561	11.081***	0.000	1>2, 1>3, 1>4, 2>4
	2 广西的农村（镇、乡、村）	5683	4.246	0.553			
	3 广西以外的城市（含市区县）	913	4.220	0.619			
	4 广西以外的农村（镇、乡、村）	684	4.190	0.577			

续表

维度	居住地	N	M	SD	F	P	LSD
政治观	1 广西的城市（含市区县）	1950	4.412	0.597	11.226***	0.000	1>2, 3>2
	2 广西的农村（镇、乡、村）	5683	4.344	0.591			
	3 广西以外的城市（含市区县）	913	4.440	0.594			
	4 广西以外的农村（镇、乡、村）	684	4.362	0.601			
民族观	1 广西的城市（含市区县）	1950	4.269	0.580	12.739***	0.000	1>2, 3>2
	2 广西的农村（镇、乡、村）	5683	4.189	0.572			
	3 广西以外的城市（含市区县）	913	4.275	0.609			
	4 广西以外的农村（镇、乡、村）	684	4.224	0.580			
文化认知	1 广西的城市（含市区县）	1950	4.240	0.670	18.923***	0.000	1>2, 1>3, 1>4, 2>3, 2>4
	2 广西的农村（镇、乡、村）	5683	4.187	0.665			
	3 广西以外的城市（含市区县）	913	4.068	0.812			
	4 广西以外的农村（镇、乡、村）	684	4.072	0.717			
文化自觉	1 广西的城市（含市区县）	1950	4.383	0.585	10.214***	0.000	1>2, 1>4, 3>2, 3>4
	2 广西的农村（镇、乡、村）	5683	4.306	0.589			
	3 广西以外的城市（含市区县）	913	4.372	0.597			
	4 广西以外的农村（镇、乡、村）	684	4.308	0.586			

续表

维度	居住地	N	M	SD	F	P	LSD
民族问题认知	1 广西的城市（含市区县）	1950	4.059	0.793	13.855***	0.000	1>2, 1>4, 3>2
	2 广西的农村（镇、乡、村）	5683	3.942	0.783			
	3 广西以外的城市（含市区县）	913	4.055	0.794			
	4 广西以外的农村（镇、乡、村）	684	3.989	0.768			
中华民族共同体意识	1 广西的城市（含市区县）	1950	4.478	0.571	4.655**	0.003	1>2, 3>2
	2 广西的农村（镇、乡、村）	5683	4.436	0.560			
	3 广西以外的城市（含市区县）	913	4.495	0.593			
	4 广西以外的农村（镇、乡、村）	684	4.458	0.585			

在民族观的两个因子上，民族问题认知（F=13.855，P=0.000）、中华民族共同体意识（F=4.655，P=0.000）在不同居住地青少年组间存在显著性差异，经事后程序检定（LSD）发现：在民族问题认知上，居住地在广西的城市（含市区县）的青少年，其民族问题认知因子得分显著高于居住地在广西的农村（镇、乡、村）、广西以外的农村（镇、乡、村）的青少年，居住地在广西以外的城市（含市区县）的青少年得分显著高于居住地在广西的农村（镇、乡、村）的青少年。在中华民族共同体意识因子上，居住地在广西的城市（含市区县）、广西以外的城市（含市区县）的青少年得分显著高于居住地在广西的农村（镇、乡、村）的青少年。

以家庭地在他和民族为自变量，将相同居住地的不同民族青少年进行对比，经方差分析发现：居住地为广西的城市（含市区县）的不同民族青少年在文化观（F=5.591，P=0.004）上差异显著，在政治观（F=1.432，P=0.239）和民族观（F=0.147，P=0.864）上差异不显著；经事后程序检定（LSD）发现，壮族青少年文化观得分显著高于汉族青少年。居住地为广西的农村（镇、乡、村）的不同民族青少年文化观（F=13.313，P=0.000）差异显著，政治观（F=1.212，P=0.298）和民族观（F=2.587，P=0.075）差异不显著；经事后程序检定（LSD）发现，壮族青少年文化观得分显著高于汉族和其他民族青少年，汉族青少年文化观得分显著高于其他民族青少年。居住地为广西以外的城市（含市区县）、广西以外的农村（镇、乡、村）的不同民族青少年，在文化观（F=0.173，P=0.841；F=0.643，P=0.526）上差异显著，在政治观（F=2.561，P=0.078；F=5.178，P=0.006）和民族观（F=0.879，P=0.416；F=0.071，P=0.931）上差异不显著。从上可知，居住地无论在广西城市还是农村，不同民族青少年"思想与观念"的显著差异主要体现在文化观上，而居住地在广西以外的，均不存在显著差异。

（二）家庭类型差异分析

以家庭类型为自变量，将青少年"思想与观念"进行方差分析，数据呈现的结果如表5.24所示。在文化观上，不同家庭类型的青少年组间存在显著性差异（F=3.373，P=0.009），经事后程序检定（LSD）发现，工人家庭、知识分子家庭的青少年，在文化观得分上显著高于来自农民家庭的青少年；来自工人家庭、知识分子家庭的青少年文化观得分显著高于来自其他家庭的青少年。在政治观上，不同家庭类型的青少年组间存在显著性差异（F=4.190，P=0.002），经事后程序检定（LSD）发现，来自工人家庭的青少年，在文化观得分上显著高于来自农民家庭和其他家庭的青少年；来自知识分子家庭的青少年文化观得分显著高于来自工人家庭、其他家庭的青少年。在民族观上，来自不同家庭类型的青少年组间存在显著性差异（F=6.804，P=0.000），经事后程序检定（LSD）发现，来自工人家庭的青少年，在民族观得分上显著高于来自农民家庭、其他家庭的青少年；来自知识分子家庭的青少年，民族观得分显著高于来自农民家庭、工人家庭和其他家庭的青少年。由此可知，不同家庭类型的青少年"思想与观念"在文化观、政治观和民族观上均存在显著性差异。

在文化观的两个因子上，文化认知因子在来自不同家庭类型青少年组间不存在显著性差异（F=2.048，P=0.085）；文化自觉因子在来自不同家庭类型青少年组间存在着显著性差异（F=5.679，P=0.000），经事后程序检定（LSD）发现，来自工人家庭、知识分子家庭的青少年文化自觉因子得分显著高于来自其他家庭的青少年。在民族观两个因子上，民族问题认知因子在来自不同家庭类型青少年组间存在显著性差异（F=10.692，P=0.000），经事后程序检定（LSD）发现，来自知识分子家庭的青少年在民族问题认知因子上得分显著高于来自农民家庭、工人家庭、商人家庭和其他家庭的青少年，来自工人家庭、商人家庭的青少年在民族问题认知因子上得分显著高于农民家庭的青少年。

表5.24　　青少年"思想与观念"的家庭类型差异比较

维度	家庭类型	N	M	SD	F	P	LSD
文化观	1 农民家庭	6205	4.245	0.552	3.373**	0.009	2>1，4>1，2>5，4>5
	2 工人家庭	1413	4.288	0.554			
	3 商人家庭	547	4.246	0.633			
	4 知识分子家庭	374	4.320	0.666			
	5 其他	691	4.228	0.573			
政治观	1 农民家庭	6205	4.355	0.587	4.190**	0.002	2>1，4>1，2>5，4>5
	2 工人家庭	1413	4.412	0.576			
	3 商人家庭	547	4.401	0.632			
	4 知识分子家庭	374	4.427	0.646			
	5 其他	691	4.351	0.624			
民族观	1 农民家庭	6205	4.200	0.567	6.804***	0.000	2>1，2>5，4>1，4>3，4>5
	2 工人家庭	1413	4.260	0.566			
	3 商人家庭	547	4.242	0.634			
	4 知识分子家庭	374	4.322	0.673			
	5 其他	691	4.205	0.601			

续表

维度	家庭类型	N	M	SD	F	P	LSD
文化认知	1 农民家庭	6205	4.178	0.671	2.048	0.085	
	2 工人家庭	1413	4.196	0.676			
	3 商人家庭	547	4.151	0.780			
	4 知识分子家庭	374	4.235	0.833			
	5 其他	691	4.127	0.695			
文化自觉	1 农民家庭	6205	4.311	0.585	5.679***	0.000	2>1, 4>1, 4>5
	2 工人家庭	1413	4.380	0.565			
	3 商人家庭	547	4.342	0.639			
	4 知识分子家庭	374	4.405	0.633			
	5 其他	691	4.329	0.605			
民族问题认知	1 农民家庭	6205	3.951	0.775	10.692***	0.000	4>1, 4>2, 4>3, 4>5, 2>1, 3>1
	2 工人家庭	1413	4.042	0.770			
	3 商人家庭	547	4.046	0.838			
	4 知识分子家庭	374	4.169	0.877			
	5 其他	691	3.973	0.811			
中华民族共同体意识	1 农民家庭	6205	4.448	0.558	1.198	0.309	
	2 工人家庭	1413	4.478	0.554			
	3 商人家庭	547	4.438	0.611			
	4 知识分子家庭	374	4.475	0.645			
	5 其他	691	4.437	0.601			

以家庭类型和民族为自变量，将相同家庭类型的不同民族青少年进行对比，经方差分析发现：农民家庭中，不同民族青少年在文化观（F=17.229，P=0.000）、政治观（F=1.393，P=0.018）上差异显著，在民族观（F=1.609，P=0.200）上差异不显著；经事后程序检定（LSD）发现，壮族青少年文化观得分显著高于汉族和其他民族青少年，汉族青少年文化观、政治观得分显著高于其他民族青少年。工人家庭中，不同民族青少年在民族观（F=3.217，P=0.040）上差异显著，在文化观（F=2.155，P=0.116）、政治观（F=1.393，P=0.249）上差异不显著；经事后程序检定（LSD）发现，汉族青少年民族观得分高于壮族青少

年。商人家庭中，不同民族青少年在文化观（F=6.999，P=0.001）、政治观（F=5.890，P=0.003）上差异显著，在民族观（F=2.705，P=0.068）上差异不显著。经事后程序检定（LSD）发现，壮族青少年文化观、政治观得分显著高于汉族和其他民族，汉族青少年政治观得分高于其他民族。知识分子和其他家庭中，不同民族青少年在文化观（F=2.285，P=0.103；F=1.236，P=0.291）上差异显著，在政治观（F=0.146，P=0.865；F=2.968，P=0.052）和民族观（F=0.125，P=0.882；F=1.149，P=0.318）上差异均不显著。从上所知，农民家庭、商人家庭的不同民族青少年"思想与观念"的显著差异主要体现在文化观和政治观上，来自知识分子家庭的不同民族青少年差异不显著。

（三）家庭经济状况差异分析

以家庭经济状况作为自变量，对青少年"思想与观念"进行方差分析。在文化观上，来自不同家庭经济状况的青少年组间不存在显著性差异（F=0.112，P=0.894）。在政治观上，来自不同家庭经济状况的青少年组间存在显著性差异（F=3.020，P=0.049），经事后程序检定（LSD）均发现，来自家庭经济状况一般的青少年在政治观上得分显著高于来自家庭经济困难和一般的青少年。在民族观上，来自不同家庭经济状况的青少年组间不存在显著性差异（F=0.331，P=0.718）。

文化观的两个因子，文化认知因子在来自不同家庭经济状况的青少年组间不存在显著性差异（F=1.601，P=0.202）；文化自觉因子在来自不同家庭经济状况的青少年组间存在显著性差异（F=2.997，P=0.050），经事后程序检定（LSD）发现，来自家庭经济状况一般的青少年在文化自觉因子上得分显著高于来自家庭经济困难的青少年。在民族观的两个因子上，民族问题认知因子在来自不同家庭经济状况的青少年组间存在显著性差异（F=5.472，P=0.004），经事后程序检定（LSD）发现，来自家庭经济状况较好的青少年在民族问题认知因子上得分显著高于来自家庭经济困难和一般的青少年；中华民族共同体意识因子在来自不同家庭经济状况的青少年组间存在显著性差异（F=6.392，P=0.002），经事后程序检定（LSD）发现，来自家庭经济状况困难和一般的青少年，在中华民族共同体意识因子上得分显著高于来自家庭经济较好的青少年。

表 5.25　青少年"思想与观念"的家庭经济状况差异比较

维度	家庭经济状况	N	M	SD	F	P	LSD
文化观	1 困难	3040	4.254	0.572	0.112	0.894	
	2 一般	5556	4.254	0.547			
	3 较好	634	4.243	0.663			
政治观	1 困难	3040	4.350	0.606	3.020*	0.049	2>1
	2 一般	5556	4.381	0.579			
	3 较好	634	4.353	0.665			
民族观	1 困难	3040	4.212	0.587	0.331	0.718	
	2 一般	5556	4.218	0.564			
	3 较好	634	4.232	0.664			
文化认知	1 困难	3040	4.195	0.687	1.601	0.202	
	2 一般	5556	4.168	0.677			
	3 较好	634	4.182	0.785			
文化自觉	1 困难	3040	4.312	0.600	2.997*	0.050	2>1
	2 一般	5556	4.341	0.573			
	3 较好	634	4.305	0.676			
民族问题认知	1 困难	3040	3.981	0.793	5.472**	0.004	3>1, 3>2
	2 一般	5556	3.970	0.774			
	3 较好	634	4.079	0.860			
中华民族共同体意识	1 困难	3040	4.443	0.580	6.392**	0.002	1>3, 2>3
	2 一般	5556	4.465	0.551			
	3 较好	634	4.384	0.643			

以家庭经济状况和民族为自变量，将相同家庭经济条件的不同民族学生进行对比，经方差分析发现：家庭经济困难的不同民族青少年在文化观（F=6.318，P=0.002）、政治观（F=3.665，P=0.026）上差异显著，在民族观（F=2.153，P=0.116）上差异不显著；经事后程序检定（LSD）发现，文化观上，壮族青少年得分显著高于汉族和其他民族青少年，汉族青少年得分显著高于其他民族青少年；政治观上，汉族青少

年得分显著高于壮族青少年。家庭经济一般的不同民族青少年在文化观（F = 14.392，P = 0.000）上差异显著，在政治观（F = 1.232，P = 0.292）、民族观（F = 1.335，P = 0.263）上差异不显著；经事后程序检定（LSD）发现，壮族青少年文化观得分显著高于壮族和其他民族青少年。家庭经济较好的不同民族青少年在文化观（F = 1.394，P = 0.249）、政治观（F = 2.794，P = 0.062）、民族观（F = 1.057，P = 0.348）上差异不显著。从上可知，家庭经济条件困难的不同民族青少年"思想与观念"存在显著差异，主要体现在文化观、政治观上，家庭经济条件较好的不存在显著性差异。

七 背景变量与青少年"思想与观念"的相关分析

目的是探寻青少年"思想与观念"的预测变量，用相关分析来检验各背景因素与"思想与观念"的关系。如表5.26所示，有11个背景因素与"思想与观念"具有显著相关，但所有相关的强度较弱，范围从-0.068—0.218不等。其中，青少年的政治面貌、学校类型、是否是学生干部、所在年级、父亲学历等5个背景因素，均与"文化观""政治观""民族观"呈显著正相关；家庭结构、家庭所在地2个背景因素与"文化观""政治观""民族观"呈显著负相关；民族背景与文化观呈显著负相关；性别与政治观呈正相关，而与民族观呈负相关；母亲学历与民族观呈正相关；家庭所在地与民族观呈显著负相关。青少年学生的学科类型和家庭经济状况，对青少年的"思想与观念"没有显著相关。

表5.26 各影响因素与青少年"思想与观念"的零次序相关分析

	民族	性别	政治面貌	学校类型	学生干部	学科类型	年级
文化观	-0.068**	0.019	0.078**	0.115**	0.046**	0.006	0.021*
政治观	0.004	0.039**	0.117**	0.218**	0.047**	0.020	0.050**
民族观	0.012	-0.025*	0.081**	0.115**	0.045**	0.009	0.039**
	父亲学历	母亲学历	家庭结构	家庭类型	家庭所在地	家庭经济状况	
文化观	0.029**	0.012	-0.048**	0.007	-0.057**	-0.002	
政治观	0.036**	-0.004	-0.048**	0.017	-0.007	0.015	
民族观	0.046**	0.036**	-0.044**	0.027*	-0.009	0.008	

总之，相关分析显示了以下背景变量与青少年"思想与观念"具有统计学上的显著相关：性别、民族、学生干部、所在年级、父亲学历、母亲学历、家庭结构、家庭类型、家庭所在地、政治面貌、学校类型。其中，在这些相关系数的绝对值中，学校类型与"文化观""民族观""政治观"相关系数的绝对值最大，说明不同类型的学校中，"壮族优秀传统文化融入青少年思想政治教育"所产生的效果，也就是对青少年"思想与观念"的影响相对其他背景因素来说比较重要。

第四节　优秀传统文化融入青少年思想政治教育成效"素养与行为"的现状分析

通过调查分析，研究壮族优秀传统文化融入青少年思想政治教育的效果如何，也就是通过壮族优秀传统文化的融入教育，研究青少年在文化素养与行为选择方面的现状与特点。同时，研究青少年个人、家庭、学校、社会等背景因素对其素养行为的影响状况，以便为理论与对策研究提供依据。研究工具采用自编的《壮族优秀传统文化融入青少年思想政治教育》正式问卷。研究对象为课题调研被试的9230份有效问卷。

一　青少年"素养与行为"的整体特征

壮族优秀传统文化融入青少年思想政治教育的成效，本部分内容主要从整体出发呈现青少年"素养与行为"的现状与特征；利用李克特（Likert）5点量表水平评定标准，对青少年素养与行为水平分布状况进行评定。同时，从文明素养、行为选择两个因子出发，对青少年素养与行为总体状况进行分析。

（一）青少年"素养与行为"的总体状况

数据统计如表5.27、5.28所示，青少年"素养与行为"两个维度的得分情况如下：文明素养均值得分$M=4.375$，行为选择维度均值得分$M=4.431$，行为选择维度的得分略高于文明素养得分。根据李克特5点计分办法，被试得分高于4.25为非常高水平，得分在3.75—4.25之间为较高水平，3—3.75之间为一般水平，3分以下为低水平。文明素养和行为选择两个维度的均值得分都高于 4.25 分,说明青少年的文明素养和行为选择处于非常高水平。具体而言,青少年的文明素养维度,处于非常高水平的达到 62.30%,处于较高水平的达到 23.20%,处于一般水平的占 12.50%,处于低水平的只占 2.00%。青少年的行为选择维度,处于非常高水平的达到 66.90%,处于较高水平的达 20.90%,处于一般水平的有 10.70%,处于低水平的仅有 1.50%。

表 5.27　　　　　　　青少年"素养与行为"的基本概况

	N	M	SD	Min	Max
文明素养	9230	4.375	0.605	1	5
行为选择	9230	4.431	0.584	1	5

表 5.28　　　　　　　青少年"素养与行为"等级分布状况

结构维度	低水平		一般水平		较高水平		非常高水平	
	N	P	N	P	N	P	N	P
文明素养	188	2.00%	1152	12.50%	2139	23.20%	5751	62.30%
行为选择	137	1.50%	986	10.70%	1932	20.90%	6175	66.90%

(二) 青少年"素养与行为"处于非常高水平的原因分析

就文明素养而言,经题项分析发现:青少年"很尊重各民族的风俗习惯"的占比达到 90.4%;"有明确的学习规划和理想,并着手付诸实施"的占比达到 83.6%;"参加支教、义务劳动、献血、救灾、捐赠等社会公益活动"的占比达到 82.0%;"能做到爱微信、不狂热;维护网络安全、传播社会文明"的占比达到 88.3%;"会发奋图强,成才报国,在深化改革开放的进程中贡献力量"的占比达到 88.6%;认为"人生梦是国家梦、民族梦和个人梦的有机统一"的占比达到 84.8%。由此可知,八成多甚至九成多的青少年在人文素养、学习意识、网络道德、奉献精神、责任意识等方面体现出较高的文明素养水平。

就行为选择而言,经题项分析发现:青少年明确选择"支持民族区域自治制度"的比例达 83.0%;"要做维护民族团结和社会稳定的倡导者与践行者"的比例达 89.7%;"会积极践行绿水青山就是金山银山的理念"的比例达 90.0%;"如果有机会,我会为'建设壮美广西、共圆复兴梦想'贡献自己的力量"的达 88.0%;"坚决拥护中国共产党,相信并坚定中国特色社会主义的道路自信、理论自信、制度自信和文化自信"的比例达 90.0%;"完全能做到'对祖国的认同,对中华民族的认同,对中华文化的认同,对中国共产党的认同,对中国特色社会主义道路的认同'"的比例达 86.6%。由此可知,青少年在民族政策、民族团结、民族生态行为、建设壮美广西、四个自信、五个认同等方面体现出较高的行为选择水平。

二 青少年"素养与行为"的民族差异分析

在壮族地区实施壮族优秀传统文化融入青少年思想政治教育,对于壮族、汉族和其他民族青少年的效果,存在着差异。这部分内容主要通过对调研数据进行分析,直观反映不同民族青少年"思想与观念"的差异特征。

（一）青少年"素养与行为"民族差异的总体状况

以民族为自变量,将壮族、汉族和其他少数民族的"素养与行为"进行方差分析。在文明素养维度上,不同民族的青少年组间存在显著性差异（F = 6.287,P = 0.002）,经事后程序检定（LSD）发现,汉族青少年文明素养水平显著高于壮族青少年,也显著高于其他少数民族的青少年。在行为选择维度上,不同民族的青少年组间存在显著性差异（F = 6.287,P = 0.002）,经事后程序检定（LSD）发现,壮族、汉族青少年行为选择水平均显著高于其他少数民族的青少年。

表 5.29　　　　　青少年"素养与行为"的民族差异分析

维度	民族	N	M	SD	F	P	LSD
文明素养	1 壮族	2825	4.353	0.596	6.287**	0.002	2>1, 2>3
	2 汉族	5560	4.393	0.603			
	3 其他民族	845	4.333	0.645			

续表

维度	民族	N	M	SD	F	P	LSD
行为选择	1 壮族	2825	4.422	0.569	5.706**	0.003	1>3，2>3
	2 汉族	5560	4.444	0.586			
	3 其他民族	845	4.374	0.613			

（二）青少年"素养与行为"民族差异总体状况的分析

就文明素养而言，经题项分析发现，不同民族的青少年："很尊重各民族的风俗习惯"的，壮族为91.0%，汉族为90.6%，其他民族为86.1%；"有明确的学习规划和理想，并着手付诸实施"的，壮族为83.0%，汉族为84.1%，其他民族为82.2%；"参加支教、义务劳动、献血、救灾、捐赠等社会公益活动"的，壮族为80.9%，汉族为82.7%，其他民族为82.3%；"能做到爱微信、不狂热；维护网络安全、传播社会文明"的，壮族为87.9%，汉族为88.7%，其他民族为87.0%；"会发奋图强，成才报国，在深化改革开放的进程中贡献力量"的，壮族为88.9%，汉族为88.9%，其他民族为85.9%；认为"人生梦是国家梦、民族梦和个人梦的有机统一"的，壮族为83.6%，汉族为85.4%，其他民族为84.4%。由此可知，总体上，汉族青少年在人文素养、学习意识、网络道德、奉献精神、责任意识等方面的文明素养水平上，要高于壮族和其他民族青少年。

就行为选择而言，经题项分析发现，不同民族的青少年：明确选择"支持民族区域自治制度"的，壮族有83.5%，汉族有83.3%，其他民族有78.4%；"要做维护民族团结和社会稳定的倡导者与践行者"的，壮族达90.2%，汉族达89.7%，其他民族达87.9%；"会积极践行绿水青山就是金山银山的理念"的，壮族有89.9%，汉族有90.4%，其他民族有86.7%；"如果有机会，我会为'建设壮美广西、共圆复兴梦想'贡献自己的力量"的，壮族占88.5%，汉族占88.0%，其他民族占85.3%；"坚决拥护中国共产党，相信并坚定中国特色社会主义的道路自信、理论自信、制度自信和文化自信"，壮族有90.2%，汉族有90.3%，其他民族有87.7%；"完全能做到'对祖国的认同，对中华民族的认同，对中华文化的认同,对中国共产党的认同,对中国特色社会主义道路的认同'"的,壮族占 86.7%,汉族占 86.7%,其他民族占 85.8%。由此可知,壮族和汉族青少年,在民族政策、民族团结、民族生态行为、践行建设壮美广西、"四个自信""五个认同"等方面,比其他民族青少年表现出较高的行为选择水平。

三 青少年"素养与行为"的个人背景分析

壮族优秀传统文化融入青少年思想政治教育,作用在不同性别和政治面貌青少年身上,存在个人背景下的差异特征。本部分内容在性别、政治面貌背景下对青少年素养与行为进行差异分析,并通过对相同个人背景下的不同民族青少年进行对比分析,研究在相同个人背景下壮族、汉族和其他民族青少年素养与行为的差异特征。

(一)性别差异分析

以性别为自变量,将文明素养与行为选择进行差异分析,经 T 检验发现:在文明素养维度上,男女青少年存在显著性差异(T = -4.171,P = 0.000),女生的文明素养水平明显高于男生;在行为选择维度上,男女存在显著性差异(T = -5.085,P = 0.000),女生的行为选择得分明显高于男生。由此可知,不同性别的青少年"素养与行为"在文明素养、行为选择上均存在显著性差异。

以性别和民族为自变量,将相同性别的不同民族青少年对比,经方差分析发现:男性不同民族青少年在文明素养(F = 2.013,P = 0.134)上差异不显著,在行为选择(F = 3.734,P = 0.024)上差异显著;经事后程序检定(LSD)发现,壮族青少年的行为选择得分显著高于其他民族青少年。女性不同民族青少年在文明素养(F = 6.406,P = 0.002)、行为选择(F = 3.251,P = 0.039)上差异显著;经事后程序检定(LSD)发现,汉族青少年的文明素养和行为选择得分显著高于壮族青少年。

表 5.30　青少年"素养与行为"的性别差异比较

	性别	N	M	SD	T	P
文明素养	1 男	3869	4.344	0.639	-4.171***	0.000
	2 女	5361	4.397	0.579		
行为选择	1 男	3869	4.394	0.611	-5.085***	0.000
	2 女	5361	4.457	0.562		

(二) 政治面貌差异分析

以政治面貌为自变量，对青少年的文明素养与行为选择进行方差分析。在文明素养维度上，不同政治面貌的青少年组间存在显著性差异（F=55.985，P=0.000），经事后程序检定（LSD）发现，政治面貌为中共党员的青少年文明素养水平显著高于政治面貌为群众的青少年，政治面貌为团员的青少年文明素养水平显著高于政治面貌为群众的青少年。在行为选择维度上，不同政治面貌的青少年组间存在显著性差异（F=57.293，P=0.000），经事后程序检定（LSD）发现，政治面貌为中共党员的青少年其行为选择水平显著高于政治面貌为群众的青少年，政治面貌为团员的青少年行为选择水平显著高于政治面貌为群众的青少年。

表 5.31　青少年"素养与行为"的政治面貌差异比较

维度	政治面貌	N	M	SD	F	P	LSD
文明素养	1 中共党员	582	4.4464	0.6092	55.985***	0.000	1>3, 2>3
	2 团员	6011	4.4139	0.5766			
	3 群众	2637	4.2711	0.6537			
行为选择	1 中共党员	582	4.4911	0.5562	57.293***	0.000	1>3, 2>3
	2 团员	6011	4.4696	0.5564			
	3 群众	2637	4.3288	0.6358			

以政治面貌和民族为自变量，将相同政治面貌的不同民族青少年进行对比，经方差分析发现：政治面貌为中共党员和群众的不同民族青少年，在文明素养（F=1.660，P=0.191；F=2.166，P=0.115）和行为

选择（F=1.501，P=0.224；F=1.958，P=0.141）上差异均不显著。政治面貌为团员的不同民族青少年，在文明素养（F=3.706，P=0.025）和行为选择（F=2.790，P=0.061）上均存在显著差异；经事后程序检定（LSD）发现，汉族青少年的文明素养显著高于壮族，在行为选择上得分显著高于其他民族。从上可知，相同政治面貌的不同民族青少年"素养与行为"的显著差异主要体现在团员青少年上。

四 青少年"素养与行为"的家庭文化背景分析

不同的家庭文化环境会对壮族优秀传统文化融入青少年思想政治教育的效果，产生不同的影响。本部分主要探讨父母的文化程度、家庭结构对青少年素养与行为差异的影响，并通过对相同家庭文化背景下的不同民族青少年进行对比分析，研究在相同家庭文化背景下壮族、汉族和其他民族青少年素养与行为的差异特征。

（一）父亲学历差异分析

以父亲学历为自变量，将青少年"素养与行为"进行方差分析。在文明素养维度，不同父亲学历背景的青少年组间存在显著性差异（F=5.550，P=0.001），经事后程序检定（LSD）发现，父亲学历为大专及以上的青少年，文明素养得分显著高于父亲学历为高中（中专、中师）、初中、小学及以下的青少年，父亲学历为高中（中专、中师）的青少年文明素养得分，显著高于父亲学历为小学及以下的青少年。在行为选择维度，不同父亲学历背景的青少年组间不存在显著性差异（F=2.086，P=0.100）。

表5.32　　青少年"素养与行为"的父亲学历差异比较

维度	父亲学历	N	M	SD	F	P	LSD
文明素养	1 小学及以下	2375	4.352	0.624	5.550**	0.001	4>1, 4>2, 4>3, 3>1
	2 初中	4216	4.367	0.584			
	3 高中、中专、中师	1812	4.392	0.609			
	4 大专及以上	827	4.445	0.646			

续表

维度	父亲学历	N	M	SD	F	P	LSD
行为选择	1 小学及以下	2375	4.416	0.593	2.086	0.100	
	2 初中	4216	4.426	0.571			
	3 高中、中专、中师	1812	4.444	0.585			
	4 大专及以上	827	4.468	0.616			

通过分析文明素养和行为选择的均值发现,不同父亲学历的青少年均值得分存在差异,但两个维度的最低均值也都在临界值 4.25 以上,说明不同父亲学历的青少年的文明素养、行为选择两个维度均处于非常高的水平。

以父亲学历和民族为自变量,将相同父亲学历的不同民族青少年进行对比,经方差分析发现:父亲学历为高中、中专、中师的不同民族青少年,在文明素养($F=9.548$,$P=0.000$)和行为选择($F=8.647$,$P=0.000$)上差异显著;经事后程序检定(LSD)发现,壮族、汉族青少年的文明素养和行为选择得分均显著高于其他民族青少年。父亲学历为小学及以下、初中、大专及以上的不同民族青少年,在文明素养($F=1.818$,$P=0.163$;$F=1.958$,$P=0.141$;$F=1.062$,$P=0.346$)和行为选择($F=1.530$,$P=0.217$;$F=1.655$,$P=0.191$;$F=2.304$,$P=0.101$)上均不存在显著性差异。从上可知,相同父亲学历的不同民族青少年"素养与行为"的显著差异,主要体现在父亲学历为高中、中专、中师上。

(二)母亲学历差异分析

以母亲学历为自变量,将青少年"素养与行为"进行方差分析。在文明素养维度上,不同父亲学历背景的青少年组间不存在显著性差异($F=1.431$,$P=0.231$),在行为选择维度上,不同父亲学历背景的青少年组间也不存在显著性差异($F=2.695$,$P=0.044$)。

表 5.33　　青少年"素养与行为"的母亲学历差异比较

维度	母亲学历	N	M	SD	F	P
文明素养	1 小学及以下	3469	4.374	0.597	1.431	0.231
	2 初中	3783	4.364	0.595		
	3 高中、中专、中师	1339	4.403	0.619		
	4 大专及以上	639	4.386	0.679		
行为选择	1 小学及以下	3469	4.446	0.570	2.695	0.044
	2 初中	3783	4.415	0.581		
	3 高中、中专、中师	1339	4.450	0.599		
	4 大专及以上	639	4.404	0.635		

通过分析文明素养和行为选择的均值发现，不同母亲学历的青少年均值得分存在差异，但两个维度的最低均值也都在临界值 4.25 以上，说明不同母亲学历的青少年的文明素养、行为选择两个维度均处于非常高的水平。

以母亲学历和民族为自变量，将相同母亲学历不同民族的青少年进行对比，经方差分析发现：母亲学历为小学及以下的不同民族青少年，在文明素养（$F = 4.369$，$P = 0.013$）和行为选择（$F = 2.653$，$P = 0.071$）上差异显著；经事后程序检定（LSD）发现，汉族青少年的文明素养和行为选择得分均显著高于壮族青少年。父亲学历为小学及以下、初中、大专及以上的不同民族青少年，在文明素养（$F = 5.825$，$P = 0.003$）和行为选择（$F = 3.893$，$P = 0.021$）上差异显著；经事后程序检定（LSD）发现，壮族青少年的文明素养和行为选择得分均显著高于其他民族青少年。父亲学历为初中、大专及以上的不同民族青少年，在文明素养（$F = 0.338$，$P = 0.713$；$F = 1.003$，$P = 0.367$）和行为选择（$F = 1.084$，$P = 0.367$；$F = 1.583$，$P = 0.206$）上均不存在显著性差异。从上可知，相同母亲学历不同民族青少年"素养与行为"显著差异，主要体现在母亲学历为小学及以下和高中、中专、中师上，在母亲学历为初中、大专及以上的不同民族青少年中差异不显著。

（三）家庭结构差异分析

以家庭结构为自变量，将青少年"素养与行为"进行方差分析。分析发现，在文明素养维度上，来自不同家庭结构的青少年组间存在显著性差异（F=6.953，P=0.00），经事后程序检定（LSD）发现，来自三世同堂家庭的青少年文明素养得分显著高于来自核心家庭和其他家庭的青少年，来自核心家庭、单亲家庭的青少年文明素养得分显著高于来自其他家庭的青少年。在行为选择维度上，来自不同家庭结构的青少年组间存在显著性差异（F=10.823，P=0.000），经事后程序检定（LSD）发现，来自三世同堂家庭的青少年文明素养得分显著高于来自核心家庭和其他家庭的青少年，来自核心家庭、单亲家庭的青少年文明素养得分显著高于来自其他家庭的青少年。

表 5.34　　青少年"素养与行为"的家庭结构差异比较

	家庭结构	N	M	SD	F	P	LSD
文明素养	1 三世同堂	3584	4.402	0.591	6.953***	0.000	1>2，1>4，2>4，3>4
	2 核心家庭	4632	4.366	0.606			
	3 单亲家庭	595	4.357	0.609			
	4 其他	419	4.273	0.694			
行为选择	1 三世同堂	3584	4.464	0.563	10.823***	0.000	1>2，1>4，2>4，3>4
	2 核心家庭	4632	4.415	0.590			
	3 单亲家庭	595	4.434	0.568			
	4 其他	419	4.313	0.685			

以家庭结构和民族为自变量，将家庭结构相同的不同民族青少年进行对比，经方差分析发现：核心家庭中，不同民族青少年在文明素养（F=6.555，P=0.001）和行为选择（F=2.712，P=0.067）上差异显著；经事后程序检定（LSD）发现，汉族青少年的文明素养和行为选择得分均显著高于壮族青少年。单亲家庭中，不同民族青少年在文明素养（F=1.429，P=0.240）上差异不显著，在行为选择（F=3.438，P=0.033）上差异显著；经事后程序检定（LSD）发现，壮族青少年行为选择得分显著高于其他民族青少年。在三世同堂和其他家庭结构中，不同民族青少年在文明素养（F=0.353，P=0.703；F=1.928，P=0.147）

和行为选择（F=1.530，P=0.217；F=1.895，P=0.152）上差异均不显著。从上可知，相同家庭结构的不同民族青少年"素养与行为"的显著差异主要体现在核心家庭上，三世同堂和其他家庭结构中差异不显著。

五 青少年"素养与行为"的学校背景分析

壮族优秀传统文化融入青少年思想政治教育的成效，因学校类型、专业类型、是否担任学生干部、所在年级等存在差异。本部分内容主要是通过对不同学校背景下的青少年素养与行为进行差异分析，并通过对相同学校背景下的不同民族青少年进行对比分析，研究在相同学校背景下壮族、汉族和其他民族青少年素养与行为的差异特征。

（一）学校类型差异分析

以学校类型为自变量，将青少年"素养与行为"进行方差分析。分析发现：在文明素养维度上，来自不同学校类型的青少年组间存在显著性差异（F=178.516，P=0.000），经事后程序检定（LSD）发现，来自本科院校的青少年文明素养得分显著高于来自专科院校和中职学校的青少年，来自专科院校的青少年文明素养得分显著高于来自中职学校的青少年。在行为选择维度上，来自不同学校类型的青少年组间存在显著性差异（F=153.284，P=0.000），经事后程序检定（LSD）发现，来自本科院校的青少年文明素养得分显著高于来自专科院校和中职学校的青少年，来自专科院校的青少年文明素养得分显著高于来自中职学校的青少年。

表5.35　青少年"素养与行为"的学校类型差异比较

维度	学校类型	N	M	SD	F	P	LSD
文明素养	1 本科院校	3711	4.498	0.541	178.516***	0.000	1>2, 1>3, 2>3
	2 专科院校	3400	4.352	0.589			
	3 中职学校	2119	4.196	0.684			
行为选择	1 本科院校	3711	4.538	0.519	153.284***	0.000	1>2, 1>3, 2>3
	2 专科院校	3400	4.416	0.575			
	3 中职学校	2119	4.266	0.658			

以学校类型和民族为自变量,将相同学校类型的不同民族青少年进行对比,经方差分析发现:本科院校、专科院校中的不同民族青少年在文明素养(F=0.747,P=0.625;F=0.750,P=0.473)和行为选择(F=0.470,P=0.625;F=1.957,P=0.141)上差异均不显著。中职学校中的不同民族青少年在文明素养(F=4.629,P=0.010)、行为选择(F=3.334,P=0.035)上差异显著;经事后程序检定(LSD)发现,汉族青少年文明素养得分显著高于壮族青少年,汉族青少年行为选择得分显著高于其他民族青少年。从上可知,相同学校类型的不同民族青少年"素养与行为"显著差异主要体现在中职学校上,本科院校和专科院校间差异不显著。

(二)专业差异分析

以学科类型为自变量,将青少年"素养与行为"的两个维度进行对比,进行T检验。分析发现:在文明素养维度上,不同学科类型的青少年组间不存在显著性差异(T=-1.904,P=0.057);在行为选择维度上,不同学科类型的青少年组间存在显著性差异(T=-2.652,P=0.008),人文社科类专业的青少年在行为选择维度上得分显著高于自然科学类专业的青少年。

表5.36　　　青少年"素养与行为"的学科类型差异比较

维度	学科类型	N	M	SD	T	P
文明素养	1 自然科学类	3246	4.359	0.623	-1.904	0.057
	2 人文社科类	5984	4.384	0.595		
行为选择	1 自然科学类	3246	4.409	0.608	-2.652**	0.008
	2 人文社科类	5984	4.443	0.570		

以专业类型和民族为自变量,将相同专业的不同民族青少年进行对比,经方差分析发现:自然科学类中,不同民族青少年在文明素养(F=2.081,P=0.125)、行为选择(F=2.561,P=0.077)上差异不显著。人文社科类中,不同民族青少年在文明素养(F=4.081,P=0.017)、行为选择(F=3.469,P=0.031)上差异显著;经事后程序检定(LSD)

发现，汉族青少年文明素养得分显著高于壮族青少年，汉族青少年行为选择得分显著高于其他民族青少年。从上可知，相同专业类型的不同民族青少年"素养与行为"的显著差异主要体现在人文社科类专业上。

（三）学生干部差异分析

以是否担任学生干部为自变量，将青少年"素养与行为"的两个维度进行对比，经 T 检验发现：在文明素养维度上，青少年是否担任学生干部存在统计学意义上的显著性差异（T = 5.911，P = 0.000），担任学生干部的青少年在文明素养维度上得分显著高于不担任学生干部的青少年。在行为选择维度上，青少年是否担任学生干部存在统计学意义上的显著性差异（T = 4.736，P = 0.000），担任学生干部的青少年在行为选择维度上得分显著高于不担任学生干部的青少年。

表 5.37　　　　青少年"素养与行为"的学生干部差异比较

维度	学生干部	N	M	SD	F	P
文明素养	1 是	3472	4.423	0.594	5.911***	0.000
	2 否	5758	4.346	0.610		
行为选择	1 是	3472	4.468	0.570	4.736***	0.000
	2 否	5758	4.408	0.591		

以学生干部和民族为自变量，将是否担任学生干部的不同民族青少年进行对比，经方差分析发现：担任学生干部的不同民族青少年在文明素养（F = 1.409，P = 0.245）、行为选择（F = 1.071，P = 0.343）上差异不显著。不担任学生干部的不同民族青少年文明素养（F = 5.472，P = 0.004）、行为选择（F = 6.982，P = 0.001）差异显著；经事后程序检定（LSD）发现，汉族青少年文明素养、行为选择得分显著高于壮族青少年和其他民族青少年。从上可知，不同民族青少年"素养与行为"的显著差异主要体现在没有担任学生干部的青少年中。

（四）年级差异分析

以年级为自变量，将青少年"素养与行为"进行方差分析。在文明素养维度，来自不同年级的青少年组间存在显著性差异（F = 14.719，

P=0.000），经事后程序检定（LSD）发现，来自三年级、四年级及以上的青少年在文明素养维度上的得分显著高于来自一年级、二年级的青少年。在行为选择维度上，来自不同年级的青少年组间存在显著性差异（F=9.027，P=0.000），经事后程序检定（LSD）发现，来自三年级、四年级及以上的青少年在文明素养维度上的得分显著高于来自一年级、二年级的青少年。

表5.38　　　　青少年"素养与行为"的年级差异比较

维度	年级	N	M	SD	F	P	LSD
文明素养	1 一年级	4996	4.356	0.603	14.719***	0.000	3>1, 3>2, 4>1, 4>2
	2 二年级	2267	4.350	0.607			
	3 三年级	1354	4.439	0.610			
	4 四年级及以上	613	4.484	0.585			
行为选择	1 一年级	4996	4.429	0.578	9.027***	0.000	3>1, 3>2, 4>1, 4>2
	2 二年级	2267	4.390	0.595			
	3 三年级	1354	4.478	0.587			
	4 四年级及以上	613	4.493	0.568			

以年级和民族为自变量，将相同年级的不同民族青少年进行对比，经方差分析发现：三年级中，不同民族青少年在文明素养（F=8.912，P=0.000）、行为选择（F=11.810，P=0.000）上差异显著；经事后程序检定（LSD）发现，壮族、汉族青少年文明素养、行为选择得分显著高于其他民族青少年。一年级、二年级、四年级中，不同民族青少年在文明素养（F=1.366，P=0.255；F=2.698，P=0.068；F=0.560，P=0.572）、行为选择（F=1.397，P=0.248；F=1.169，P=0.311；F=0.657，P=0.519）上差异不显著。从上可知，相同年级不同民族青少年"素养与行为"显著性差异主要体现在三年级中。

六　青少年"素养与行为"的社会经济背景分析

青少年家庭居住地、家庭类型、家庭经济状况等社会经济背景的不同,壮族优秀传统文化融入青少年思想政治教育的成效也会造成青少年素养与行为的差异。本部分内容对不同社会经济背景下的青少年素养与行为差异进行分析,并通过对相同社会经济背景下的不同民族青少年进行对比分析,研究在相同社会经济背景下壮族、汉族和其他民族青少年素养与行为的差异特征。

(一)居住地差异分析

以青少年居住地为自变量,将青少年的"素养与行为"两个维度进行方差分析。经分析发现,在文明素养维度上,居住在不同地域的青少年组间存在显著性差异(F=14.709,P=0.000),经事后程序检定(LSD)发现,来自广西的城市(含市区县)的青少年文明素养得分显著高于来自广西的农村(镇、乡、村)的青少年,来自广西以外的城市(含市区县)的青少年文明素养得分显著高于来自广西的农村(镇、乡、村)、广西以外的农村(镇、乡、村)的青少年。在行为选择维度上,居住在不同地域的青少年组间存在显著性差异(F=4.187,P=0.006),经事后程序检定(LSD)发现,来自广西的城市(含市区县)的青少年文明素养得分显著高于来自广西的农村(镇、乡、村)的青少年。

表 5.39　　青少年"素养与行为"的学科类型差异比较

	居住地	N	M	SD	F	P	LSD
文明素养	1 广西的城市(含市区县)	1950	4.431	0.596	14.709***	0.000	1>2, 3>2, 3>4
	2 广西的农村(镇、乡、村)	5683	4.344	0.603			
	3 广西以外的城市(含市区县)	913	4.445	0.617			
	4 广西以外的农村(镇、乡、村)	684	4.384	0.618			
行为选择	1 广西的城市(含市区县)	1950	4.465	0.579	4.187***	0.006	1>2
	2 广西的农村(镇、乡、村)	5683	4.416	0.583			
	3 广西以外的城市(含市区县)	913	4.457	0.589			
	4 广西以外的农村(镇、乡、村)	684	4.419	0.590			

以家庭所在地和民族为自变量,将相同家庭居住地不同民族的青少

年进行对比,经方差分析发现:居住地为广西的城市(含市区县)、广西的农村(镇、乡、村)、广西以外的农村(镇、乡、村)的不同民族青少年在文明素养($F=1.047$,$P=0.351$;$F=2.235$,$P=0.107$;$F=0.561$,$P=0.571$)、行为选择($F=1.990$,$P=0.137$;$F=2.089$,$P=0.124$;$F=2.317$,$P=0.099$)上差异不显著。居住地为广西以外的城市(含市区县)的不同民族青少年在文明素养($F=4.525$,$P=0.011$)上差异显著,在行为选择($F=2.928$,$P=0.054$)上差异不显著;经事后程序检定(LSD)发现,汉族青少年文明素养得分显著高于壮族和其他民族青少年。从上可知,相同家庭所在地的不同民族青少年文明素养显著差异主要体现在广西以外的城市。

(二)家庭类型差异分析

以家庭类型为自变量,将青少年"素养与行为"两个维度进行方差分析。经分析发现,在文明素养维度上,来自不同家庭类型的青少年组间存在显著性差异($F=6.106$,$P=0.000$),经事后程序检定(LSD)发现,来自工人家庭的青少年文明素养得分显著高于来自农民家庭和其他家庭的青少年,来自知识分子家庭的青少年文明素养得分显著高于来自农民家庭和其他家庭的青少年。

表5.40 青少年"素养与行为"的家庭类型差异比较

维度	家庭类型	N	M	SD	F	P	LSD
文明素养	1 农民家庭	6205	4.357	0.601	6.106***	0.000	2>1, 2>5, 4>1, 4>5
	2 工人家庭	1413	4.430	0.567			
	3 商人家庭	547	4.383	0.672			
	4 知识分子家庭	374	4.460	0.676			
	5 其他	691	4.374	0.610			
行为选择	1 农民家庭	6205	4.422	0.577	3.751**	0.005	2>1, 2>3, 2>5, 4>1, 4>3, 4>5
	2 工人家庭	1413	4.473	0.553			
	3 商人家庭	547	4.396	0.649			
	4 知识分子家庭	374	4.490	0.641			
	5 其他	691	4.414	0.611			

以家庭类型和民族为自变量,将相同家庭类型的不同民族青少年进行对比,经方差分析发现:农民家庭中,不同民族青少年在文明素养(F=3.786,P=0.023)、行为选择(F=3.546,P=0.029)上差异显著;经事后程序检定(LSD)发现,壮族青少年文明素养、行为选择得分显著高于壮族和其他民族青少年。商人家庭中,不同民族青少年在文明素养(F=2.627,P=0.073)、行为选择(F=2.736,P=0.066)上差异显著;经事后程序检定(LSD)发现,壮族青少年文明素养、行为选择得分显著高于其他民族青少年。工人家庭、知识分子家庭和其他家庭类型中,不同民族青少年在文明素养(F=2.394,P=0.092;F=2.627,P=0.073;F=1.217,P=0.297)、行为选择(F=1.987,P=0.138;F=0.137,P=0.872;F=1.060,P=0.347)上差异不显著。

(三)家庭经济状况差异分析

以家庭经济状况为自变量,将青少年"素养与行为"进行方差分析。经分析发现,在文明素养维度上,来自不同家庭经济状况的青少年组间存在显著性差异(F=3.590,P=0.028),经事后程序检定(LSD)发现,来自家庭经济状况一般的青少年文明素养得分显著高于来自家庭经济条件较好的青少年。在行为选择维度上,来自不同家庭经济状况的青少年组间存在显著性差异(F=8.248,P=0.000),经事后程序检定(LSD)发现,来自家庭经济困难的青少年行为选择得分显著高于来自家庭经济条件较好的青少年,来自家庭经济条件一般的青少年行为选择得分显著高于来自家庭经济条件困难和家庭经济条件较好的青少年。

表5.41 青少年"素养与行为"的家庭经济状况差异比较

维度	家庭经济状况	N	M	SD	F	P	LSD
文明素养	1 困难	3040	4.365	0.618	3.590*	0.028	2>3
	2 一般	5556	4.386	0.582			
	3 较好	634	4.325	0.724			
行为选择	1 困难	3040	4.419	0.599	8.248***	0.000	1>3, 2>1, 2>3
	2 一般	5556	4.446	0.562			
	3 较好	634	4.353	0.680			

以家庭经济状况和民族为自变量，将相同家庭经济状况的不同民族青少年进行对比，经方差分析发现：家庭经济困难和一般的不同民族青少年文明素养（F=1.931，P=0.145；F=2.746，P=0.064）、行为选择（F=2.648，P=0.071；F=0.958，P=0.384）差异不显著。家庭经济较好的不同民族青少年在文明素养（F=2.942，P=0.053）、行为选择（F=3.294，P=0.038）上差异显著；经事后程序检定（LSD）发现，壮族、汉族青少年行为选择得分显著高于其他民族青少年。从上可知，家庭经济困难和一般的不同民族青少年"素养与行为"均不存在显著性差异。

七 背景变量与青少年"素养与行为"的相关分析

主要是探寻青少年"素养与行为"的预测变量，用相关分析来检验各背景因素与文明素养和行为选择的关系。如表5.42所示，有9个背景因素与青少年的"素养与行为"具有显著相关，但所有相关的强度较弱，范围从-0.046—0.193不等。其中，青少年的性别、学校类型、是否为学生干部、父亲学历、年级、政治面貌等6个背景因素均与"文明素养""行为选择"呈显著正相关；家庭结构1个背景因素与"文明素养""行为选择"呈显著负相关；家庭类型与文明素养呈显著正相关；学科类型与行为选择呈显著正相关。民族、家庭经济状况、母亲学历、家庭所在地4个背景因素与青少年"素养与行为"没有显著相关。

表5.42 各影响因素与青少年"素养与行为"的零次序相关分析

	学校类型	性别	民族	学科类型	学生干部	家庭类型	家庭经济状况
文明素养	0.193**	0.043**	0.008	0.020	0.061**	0.026*	0.000
（P）	0.000	0.000	0.426	0.057	0.000	0.012	0.982
行为选择	0.179**	0.053**	-0.007	0.028**	0.049**	0.007	-0.004
（P）	0.000	0.000	0.509	0.008	0.000	0.531	0.702
	父亲学历	母亲学历	家庭结构	年级	政治面貌	家庭所在地	
文明素养	0.040**	0.011	-0.046**	0.060**	0.103**	-0.008	
（P）	0.000	0.295	0.000	0.000	0.000	0.468	

续表

	学校类型	性别	民族	学科类型	学生干部	家庭类型	家庭经济状况
行为选择	0.025*	-0.013	-0.053**	0.030**	0.103**	-0.014	
(P)	0.015	0.210	0.000	0.004	0.000	0.173	

总之，相关分析显示了以下背景变量与青少年"思想与观念"具有统计学上的显著相关：性别、政治面貌、学校类型、学科类型、学生干部、所在年级、父亲学历、家庭结构。其中，在这些相关系数的绝对值中，学校类型与文明素养相关系数的绝对值最大，说明不同类型的学校中，"壮族优秀传统文化融入青少年思想政治教育"所产生的效果，对青少年文明素养的影响相对其他背景因素来说比较重要。

第五节 优秀传统文化融入青少年思想政治教育成效的结论与讨论

一 青少年"思想与观念"状况的主要结论

主要通过量化的方式，对壮族优秀传统文化融入青少年思想政治教育的成效展开研究。具体内容包括对青少年"思想与观念"整体状况的分析，民族差异分析，青少年背景对壮族优秀传统文化融入成效的"文化观、政治观、民族观"差异性分析，青少年背景与壮族优秀传统文化融入成效的相关分析，得到的主要结论如下：

第一，青少年"思想与观念"的文化观、政治观、民族观三个维度在总体上，青少年政治观水平最高，与文化观都处于非常高水平；青少年民族观处于较高偏上水平。具体来说，有60.7%的青少年政治观处于非常高水平，有54.6%的青少年文化观处于非常高水平，有52.5%的青少年民族观处于非常高水平。在青少年文化观的两个因子中，文化自觉因子处于非常高水平，文化认知因子处于较高水平偏上区间；在青少年民族观的两个因子中，青少年中华民族共同体意识处于非常高水平，民族问题认知因子处于较高水平中间位置。

第二，青少年"思想与观念"的三个维度文化观、政治观、民族观，在不同民族青少年组间存在显著性差异。壮族青少年的文化观水平显著高于汉族和其他少数民族，汉族青少年的文化观水平显著高于其他少数民族；汉族青少年政治观水平显著高于壮族和其他少数民族；汉族青少年的民族观水平显著高于壮族。文化观的两个因子中，壮族青少年的文化认知水平显著高于汉族和其他少数民族，汉族青少年的文化认知水平显著高于其他少数民族；壮族、汉族青少年文化自觉因子水平显著高于其他少数民族青少年。民族观两个因子中，不同民族青少年在民族问题认知上不存在显著性差异；汉族青少年中华民族共同体意识因子水平显著高于壮族和其他少数民族；壮族青少年中华民族共同体意识因子水平显著高于其他少数民族。

第三，青少年"思想与观念"在个人背景上，文化观不存在性别的显著性差异，但女生的政治观水平显著高于男生，相反男生的民族观水平则显著高于女生；政治面貌为中共党员、团员的青少年的文化观水平、政治观水平和民族观水平显著高于群众。青少年"思想与观念"在家庭文化背景上，文化观不受父母学历的影响，而政治观、民族观则受父母学历影响，父母学历越高，则政治观、民族观水平相对越高；在家庭结构上均存在显著性差异，综合分析发现来自三世同堂、核心家庭、单亲家庭、其他家庭的青少年，其文化观、政治观、民族观的水平依次呈现显著性递减。青少年"思想与观念"在学校背景上，文化观、政治观、民族观在学校类型上存在显著性差异，综合来说，来自本科院校的青少年三者水平最高，而来自专科院校的青少年三者水平居中，来自中职学校的青少年三者水平最低。担任学生干部的青少年其文化观、政治观、民族观水平显著高于非学生干部；文化观不存在年级的差异，而政治观、民族观年级差异显著，综合来说年级越高，其政治观、民族观水平越高；青少年的文化观、政治观、民族观水平在专业上不存在显著性差异。青少年"思想与观念"的社会经济背景分析，青少年的文化观、政治观、民族观水平在居住地、家庭类型上差异显著，综合来说，居住地是广西的城市（含市区县）的青少年文化观、政治观、民族观水平最高；来自知识分子家庭、工人家庭的青少年文化观、政治观、民族观水平相对较高。来自家庭经济一般的青少年政治观水平显著高于家庭困难的青少年。

第四,青少年背景变量与其"思想与观念"的相关分析发现,青少年的政治面貌、学校类型、是否为学生干部、年级、父亲学历、家庭结构、家庭所在地等7个背景因素与青少年的"文化观""政治观""民族观"呈显著性相关,但所有相关的强度较弱。

二 青少年"素养与行为"状况的主要结论

主要通过量化的方式,对壮族优秀传统文化融入青少年思想政治教育的成效展开研究。具体内容包括对青少年"素养与行为"整体状况的分析、民族差异分析,青少年背景对壮族优秀传统文化融入成效的"文明素养、行为选择"差异性分析,青少年背景与壮族优秀传统文化融入成效的相关分析,得到的主要结论如下:

第一,青少年"素养与行为"总体上处于非常高水平,两个维度中青少年行为选择水平略高于文明素养水平。其中青少年的文明素养处于非常高水平和较高水平的达到85.5%,处于低水平的只占2%;青少年的行为选择维度,处于非常高水平、较高水平的达到87.8%,处于低水平的仅有1.5%。

第二,青少年的"素养与行为"在不同民族的青少年组间存在显著性差异。在文明素养维度上,汉族青少年文明素养水平显著高于壮族和其他少数民族的青少年。在行为选择维度上,壮族、汉族青少年行为选择水平均显著高于其他少数民族的青少年。

第三,青少年"素养与行为"的个人背景分析发现,女生的文明素养、行为选择水平显著高于男生;政治面貌为中共党员、团员的青少年的文明素养、行为选择水平显著高于政治面貌为群众的青少年。青少年"素养与行为"的家庭文化背景分析发现,父亲学历对青少年的文明素养产生显著性差异,父亲学历越高,青少年文明素养越高;母亲学历对青少年文明素养和行为选择不产生显著性差异。家庭结构对青少年的文明素养、行为选择水平产生显著性差异,综合来说,来自三世同堂家庭青少年的文明素养、行为选择水平最高,其次是核心家庭。

青少年"素养与行为"的学校背景分析发现,文明素养、行为选择水平不存在专业类型差异,但受学校类型、是否是学生干部、年级影响差异显著，来自本科院校的青少年文明素养、行为选择水平最高，其次是来自专科院校的青少年，再次是中职学校的青少年。再就是担任学生干部青少年的文明素养、行为选择水平显著高于非学生干部青少年；高年级青少年的文明素养、行为选择水平显著高于低年级青少年。青少年"素养与行为"的社会经济背景分析发现，文明素养、行为选择水平存在居住地显著性差异，来自广西的城市（含市区县）的青少年文明素养、行为选择水平显著高于来自广西的农村（镇、乡、村）的青少年。家庭类型差异也显著，来自知识分子家庭、工人家庭的青少年文明素养、行为选择水平显著高于其他家庭的青少年。青少年素养与行为也在来自不同家庭经济状况的青少年组间差异显著。

第四，青少年背景变量与"素养与行为"的相关分析发现，青少年的性别、学校类型、是否是学生干部、父亲学历、年级、政治面貌、家庭结构等7个背景变量与青少年文明素养和行为选择具有显著相关，但所有相关的强度较弱。

三 青少年"思想与观念""素养与行为"的讨论

主要对壮族优秀传统文化融入青少年思想政治教育的成效展开讨论。具体内容包括对青少年"思想与观念""素养与行为"现状、特点的讨论，主要是通过对这两个维度、五个因子调查结果的分析，发现"融入"成效的总体特征和差异性特点，发现潜在的问题和规律，为进一步增强"融入"教育成效提供参考。

（一）"融入"教育成效的总体状况讨论

壮族优秀传统文化融入青少年思想政治教育的成效总体良好，主要体现在壮族地区青少年的"思想与观念""素养与行为"两个维度上，组成它们的五个因子中，有四个因子处于非常高水平，一个因子处于较高偏上水平。这说明壮族优秀传统文化的"融入"成效是显著的，壮族地区民族思想政治教育的效果良好，实现了提升壮族地区青少年思想道德素质的教育目的。这是将壮族优秀传统文化融入青少年思想政治教育，广西壮族自治区出台了相应的法规政策予以支持的结果，是广西大力推进民族团结进步事业，也是广西加强民族公共文化机构建设，发展壮族文化产业等的结果。这也说明壮族优秀传统文化中蕴含着丰富的思想政治教育资源，并且其思想政治教育价值得到了有效发挥；从自治区到市县乡村镇社区等各个层面，都举办"壮族三月三"等丰富多彩的岁时节日活动，以及推进壮族传统文化进校园，开展民族文化传承示范校建设，实施民族文化创新职业教育工程，支持民族特色学科建设。同时，这也是学校教育、家庭教育、社会教育等各教育因素共同作用的结果。

（二）"融入"教育成效的民族差异状况讨论

壮族优秀传统文化融入青少年思想政治教育的成效，存在显著的民族差异性。壮族青少年的文化观水平显著高于汉族和其他少数民族，这是因为壮族青少年长期浸润在壮族传统文化中，对壮族传统文化更为了解，已将壮族传统文化所蕴含的思想政治价值在潜移默化中内化为自己的信念与行动。汉族青少年的政治观水平、文明素养水平显著高于壮族及其他少数民族青少年，这是因为少数民族青少年会受到民族心理和文化差异等因素的影响；当然调查数据也显示，虽然不同民族的青少年在政治观水平、文明素养水平上存在显著性差异，但是各民族青少年的政治观水平、文明素养水平仍处于非常高水平上。不同民族青少年在行为选择、民族观因子上虽然存在显著性差异，但是调查数据也显示，各民族青少年的行为选择水平均处于非常高水平，民族观水平也处于较高偏上水平且接近于非常高水平。

（三）"融入"教育成效的个人背景差异状况讨论

在性别上，女生的民族观水平显著高于男生，但在其他四个因子上显著高于男生，这说明壮族优秀传统文化融入青少年思想政治教育，受性别差异影响明显。在政治面貌上，因为中国共产党党员、共青团员是青少年群体中的先进分子，他们在"思想与观念""素养与行为"两个维度及五个因子上，均处于领先水平，且显著高于政治面貌为群众的青少年。

（四）"融入"教育成效的家庭文化状况讨论

在父母学历上，青少年的文化观不存在显著性差异，说明文化观不受父母学历的影响。由于父母的学历越高，对子女产生的影响作用会越大，所以表现在青少年的政治观、民族观上，水平也会越高。父亲学历对青少年文明素养水平影响显著，父亲学历越高，青少年文明素养水平越高。同样，调研数据也表明，青少年的行为选择不受父亲学历影响，青少年的素养与行为也不受母亲学历的影响。在家庭结构上，因为三世同堂、核心家庭对青少年的影响明显好于单亲家庭和其他家庭的子女，故"融入"成效也依次显著递减。

（五）"融入"教育成效的学校背景状况讨论

在学校类型上，因为学校的办学层次、办学定位不同，以及不同类型的学校在办学传统、文化积淀等方面存在着差异，所以本科院校、专科院校、中职学校对壮族地区青少年"融入"的成效，便存在着由高到低的显著性差异。因为专业差异，"融入"的成效显示出人文社科类专业青少年要高于自然科学类，并且行为选择呈现出差异性显著。因为学生干部是青少年学生中的骨干和积极分子，所以"融入"教育的成效显著高于非学生干部。随着年级的增长，青少年接受"融入"教育的成效会越来越明显，故高年级的青少年在"思想与观念""素养与行为"的五个因子水平上，要高于低年级，除文化观外，其余四个因子水平差异显著。

（六）"融入"教育成效的社会经济背景状况讨论

在居住地上，因为壮族优秀传统文化融入青少年思想政治教育实践活动依赖于很强的地域性文化，所以青少年的文化观水平从总体上看，居住地在广西的显著高于在外地的，居住地在广西城市的显著高于在其他居住地的。因为城市拥有更多的现代化文化教育资源，所以在文化观和政治观水平上，居住地在城市的青少年显著高于居住地在农村的青少年。数据显示，居住地无论在哪里，青少年的文明素养和行为选择水平都处于非常高水平，这说明壮族优秀传统文化融入青少年思想政治教育的成效，无论青少年居于城市还是乡村，都取得了很好的效果。当然，因为城乡文化教育资源的不同，城市汇聚有更多的优质资源，所以居住地在广西城市的青少年，其文明素养和行为选择水平显著高于居于农村的青少年。

第 六 章

优秀传统文化融入青少年思想政治教育的影响因素分析

人总是生活在一定的环境中,教育也属于环境的一部分,属于教育的环境对受教育者的影响是巨大的。① 壮族优秀传统文化融入青少年思想政治教育活动,往往受到社会经济、政治、文化,以及学校、家庭、社区等各种因素的影响与制约。深化认识和科学分析壮族优秀传统文化融入青少年思想政治教育的影响因素及其特点,有助于实现青少年思想政治教育活动与各种影响因素之间的良性互动,从而提高民族思想政治教育的水平和实际成效。

第一节 优秀传统文化融入青少年思想政治教育的影响因素

人是一切社会关系的总和。人们所从事的任何社会实践活动,包括文化教育活动,与特定的社会关系和社会环境分不开。因而,壮族优秀传统文化融入青少年思想政治教育活动,离不开社会环境的教育和影响。因而,其影响因素,从层次上来说,社会教育属于宏观层面,学校、家庭、社区教育属于中观层面,而自我教育则属于微观层面。

---

① 李祖超:《教育激励论》,中国社会科学出版社2008年版,第207页。

一 学校教育

教育强则国强。① 教育最主要的实施者和承载实体是学校。学校教育是实施壮族优秀传统文化融入青少年思想政治教育的重要途径。因学校教育具有目的性、组织性和计划性，这决定了学校教育的独特地位与作用。② 学校教育具有文化的选择、保护、传递和创新功能，是保护壮族传统文化资源、促进民族文化转型的重要因素，是壮族传统文化走进公众、传承创新的重要场所，是多元文化教育的场所，有利于各民族文化之间碰撞融合，增进民族间的交流交融，实现民族团结和文化自觉。因此，学校教育是实施壮族优秀传统文化融入青少年思想政治教育的重要影响因素之一。③

二 家庭教育、社区教育

家庭是社会的最基本组织。任何家庭及其教育，都有其民族归属性。家庭教育能将传统文化寓于日常生活中，且具有启蒙性和终生性，④ 个体自从出生便在家庭接受民族文化的熏陶与浸染。⑤ 民族文化是家庭教育的基础，家庭教育是民族文化的有机组成部分。个人的思想、道德、行为习惯等都不同程度有着家庭的烙印。⑥ 所以，家庭教育是壮族优秀传统文化融入青少年思想政治教育的重要影响因素之一。

村镇、社区是个体生活成长的重要场域。当然也是民族文化赓续的重要场域。村镇、社区是生活与人生礼仪、节日与禁忌、信仰与生态等

---

① 《习近平在全国高校思想政治工作会议上强调：把思想政治工作贯穿教育教学全过程开创我国高等教育事业发展新局面》，《人民日报》2016年12月9日第1版。
② 谢红雨、肖荷：《文化教育人类学视野下民族文化传承的教育路径研究》，《民族高等教育研究》2017年第1期。
③ 曹能秀等：《民族文化传承与教育——以云南省寻甸回族彝族自治县六哨乡为个案》，人民出版社出版2012年版，第98—104页。
④ 郗春媛：《社会变迁与文化传承——云南散杂居地区布朗族研究》，社会科学文献出版社2013年版，第157页。
⑤ 白乙拉、李素梅：《我国蒙古族传统家庭结构与家庭教育观及其关系的文化学分析》，《民族教育研究》2007年第4期。
⑥ 范婷婷：《家庭教育中的少数民族文化传承》，《黑龙江教育学院学报》2009年第11期。

民族文化的重要载体,是民族群众精神信仰、民族审美与道德人伦关系重要的展示与传承场域,这使得村镇、社区教育具有确定的区域性、教育对象的广泛性、教育资源的整合性、教育目标的多重性、教育内容和教育形式多样化等特点。①

基于家庭和村镇社区是一对共存的区域和空间,是青少年从出生就开始接受教育的重要场所,具有学校教育难以替代的作用;而且民族地区的社区教育不同于我们一般所说的社区教育,更不是普通意义上的社会教育,因而家庭教育、社区教育,是实施壮族优秀传统文化融入青少年思想政治教育的重要因素。

三 社会教育

人的社会化过程,依赖社会环境的影响。社会教育不受时空制约,影响力更为长久和深远。② 社会环境中蕴含着大量的思想政治教育资源,社会也就承担着潜移默化的教育功能。社会教育宏观上包含经济、政治、文化、大众传播等环境因素,都对人的思想道德素质起着影响作用。壮族地区的经济社会发展状况,会影响到教育的实施效果。壮族社会在长期的社会交往和文化变迁过程中,形成了壮族地区独具民族特色的文化气质、信仰崇尚、道德与行为规范、节日与生活习俗等,③ 涵盖了壮族公共生活道德、婚姻家庭道德、经济伦理、政治伦理、生态伦理,以及思想道德教育和修养的观念与实践等,贮藏着鲜活的思想政治教育资源,因而社会教育成为影响壮族优秀传统文化融入青少年思想政治教育的重要影响因素之一。

四 自我教育

"没有自我教育,就没有真正的教育","教育是由他人教育和自我教

---

① 谢红雨、肖荷:《文化教育人类学视野下民族文化传承的教育路径研究》,《民族高等教育研究》2017年第1期。

② 丁燕:《当代中国公民核心价值观教育研究》,人民出版社2017年版,第202—206页。

③ 丁燕、巩克菊:《公民核心价值观教育的"四维空间"与"四维合力"探析》,《理论学刊》2016年第4期。

育构成的统一体"。① 唯物辩证法认为,事物的发展是内因与外因共同作用的结果,外因是通过内因起作用的。因而,壮族优秀传统文化融入青少年思想政治教育,学校教育、家庭教育、社区教育、社会教育都属于外部教育,这些外部教育不能代替青少年的内部教育,也就是自我教育发挥着其自身所独具的积极作用。因而,影响壮族优秀传统文化融入青少年思想政治教育的重要因素,当然也包括自我教育。

第二节 优秀传统文化融入青少年思想政治教育的影响因素现状分析

壮族优秀传统文化融入青少年思想政治教育,是个体因素与学校、家庭、社区、社会等内外部因素共同交互作用的结果。实证研究发现,学校教育、家庭教育、社区教育、社会教育等外部教育因素,对"壮族优秀传统文化融入青少年思想政治教育"均产生显著的影响作用,学生的自我教育也不可或缺,对促进青少年思想观念、文明素养和行为选择都发挥着正向显著的影响。这部分内容,目的就是深化对壮族优秀传统文化融入青少年思想政治教育影响因素的认识,通过实证分析,深入了解各影响因素的现状、特点,揭示各影响因素对教育成效的影响规律,把握各教育因素对青少年的影响程度,构建模型,并提出有针对性的对策与建议。研究工具采用自编的《壮族优秀传统文化融入青少年思想政治教育》正式问卷。研究对象是调研被试的 9230 份有效问卷。

一 影响因素的整体特征

以整体的视角呈现出学校教育、家庭—社区教育、社会教育和自我教育的现状与特征,并且利用李克特(Likert)5 点量表水平评定标准,对各影响因素的水平分布状况进行评定,并通过题项分析,对各影响因素现状进行分析。

---

① [苏]苏霍姆林斯基:《少年的教育和自我教育》,姜励群等译,北京出版社 1984 年版,第 235 页。

(一) 影响因素的总体状况

根据统计数据发现,壮族优秀传统文化融入青少年思想政治教育的影响因素中,社会教育因素得分最高(M=4.159),其余依次为自我教育(M=3.987)、学校教育(M=3.982)和家庭—社区教育(M=3.975)。

根据李克特5点计分办法,以上所有影响因素的均值得分在临界点3.75—4.25区间,且处于这个区间的偏上半区域,说明社会教育、家庭—社区教育、学校教育和自我教育均处于较高水平。

表6.1 各影响因素的基本概况

	学校教育	家庭—社区教育	社会教育	自我教育
N	9230	9230	9230	9230
M	3.982	3.975	4.159	3.987
SD	0.734	0.759	0.685	0.637
Min	1	1	1	1
Max	5	5	5	5

表6.2 影响因素的等级分布状况

影响因素	低水平 N	低水平 P	一般水平 N	一般水平 P	较高水平 N	较高水平 P	非常高水平 N	非常高水平 P
学校教育	649	7.0%	2194	23.8%	2262	24.5%	4125	44.7%
家庭—社区教育	752	8.1%	2092	22.7%	2154	23.3%	4232	45.9%
社会教育	372	4.0%	1782	19.3%	2795	30.3%	4281	46.4%
自我教育	416	4.5%	2080	22.5%	2760	29.9%	3974	43.1%

就影响壮族优秀传统文化融入青少年思想政治教育的因素而言,各因素的水平分布如图6.1和表6.1、6.2所示。就社会教育而言,有46.4%的青少年认为社会教育处于非常高水平,有30.3%的青少年认为其处于较高水平,19.3%的青少年认为社会教育处于一般水平,只有4.0%的青少年认为社会教育处于低水平。就家庭—社区教育而言,有45.9%的青少年认为其处于非常高水平,23.3%的青少年认为其处于较

第六章 优秀传统文化融入青少年思想政治教育的影响因素分析

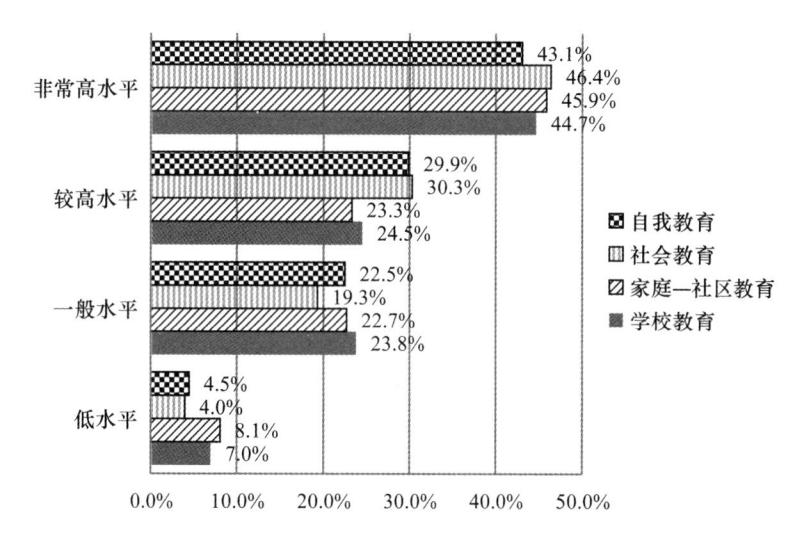

```
非常高水平:
  自我教育 43.1%
  社会教育 46.4%
  家庭—社区教育 45.9%
  学校教育 44.7%

较高水平:
  自我教育 29.9%
  社会教育 30.3%
  家庭—社区教育 23.3%
  学校教育 24.5%

一般水平:
  自我教育 22.5%
  社会教育 19.3%
  家庭—社区教育 22.7%
  学校教育 23.8%

低水平:
  自我教育 4.5%
  社会教育 4.0%
  家庭—社区教育 8.1%
  学校教育 7.0%
```

图 6.1 影响因素的水平分布状况

高水平，22.7%的青少年认为其处于一般水平，有8.1%的青少年认为其处于低水平。就学校教育而言，44.7%的青少年认为其处于非常高水平，24.5%的青少年认为其处于较高水平，23.8%的青少年认为其处于一般水平，有7.0%的青少年认为其处于低水平。就自我教育而言，43.1%的青少年认为其处于非常高水平，29.9%的青少年认为其处于较高水平，22.5%的青少年认为其处于一般水平，4.5%的青少年认为其处于较低水平。从上可知，壮族优秀传统文化融入青少年思想政治教育的影响因素中，就处于非常高水平的因素而言，排在第一的是社会教育，其次是家庭—社区教育，学校教育处于第三位置，自我教育居于最后；就处于较高水平的因素而言，社会教育仍然居于第一位，自我教育则居于第二位，排在第三的是学校教育，家庭—社区教育居于第四。就总体而言，社会教育因素对青少年的影响是最重要的。

（二）影响因素整体处于较高水平的原因分析

就学校教育因素而言，经题项分析发现：青少年"所在学校有传承民族文化的场馆设施"，选择完全符合、比较符合的分别占到31.8%、30.1%，合计达到61.9%；"所在学校开设了传承民族文化的课程或专业",选择完全符合、比较符合的分别占到34.2%、31.8%,合计达到66.0%;"学校中壮族传统文化内容的设计与现实生活联系紧密",选择完全符合、比较符合的分别占到37.8%、37.5%,合计达到75.3%;"对学校开展壮族传统文化传承效果",选择完全满意、比较满意分别为25.8%、37.4%,合计达到63.2%。由此可知,学校教育对超过六成甚至七成以上的青少年的影响是他们所满意和认可的。

就家庭—社区教育而言,经题项分析发现:青少年选择"父母、长辈经常向我讲授壮族传统文化知识"的占到62.3%,"对家庭开展壮族传统文化传承的效果很满意"的达到64.7%;认为"所在村落或社区经常举办民族传统文化活动"的占到63.5%,"对村屯、社区开展壮族传统文化传承的效果很满意"的达到62.4%。由此可知,家庭—社区教育对超过六成以上的青少年的影响是他们所满意和认可的。

就社会教育而言,经题项分析发现:青少年认为"政府和社会加强保护传承壮族文化遗产"的占到82.1%;认为"文化机构不断推出壮族传统文化字样的文艺作品"的占到79.1%;认为"报纸、书刊、电视、互联网站等各类媒体大力宣传壮族传统文化"的占到78.0%;认为"壮族传统文化融入美丽乡村建设"的达到76.9%;"对社会开展壮族传统文化传承的效果很满意"的达到69.1%。由此可知,社会教育对八成左右的青少年的影响是明显的,而且满意度也接近七成。

就自我教育而言,经题项分析发现:青少年"觉得壮族传统文化里所蕴含的民族精神能提升我的思想道德素质"的占到69.3%;认为"壮族传统文化能激发我热爱家乡和祖国的情感与责任感"的有77.8%;落实到行动上,"会主动去了解壮族传统文化知识"的占到51.1%;并且,"觉得壮族地区的学生应该学习和传承壮族传统文化"的青少年达到82.6%。由此可知,自我教育对青少年的影响,是至关重要的。

二 影响因素的民族差异分析

壮族优秀传统文化融入青少年思想政治教育,学校教育、家庭—社区教育、社会教育和自我教育等影响因素对壮族、汉族和其他民族青少年产生的影响存在着差异。本部分内容,探究各教育影响因素对壮族、汉族、其他少数民族青少年影响的差异状况与特征,透析各教育影响因素对不同民族青少年的影响差异和特点。

(一) 影响因素的民族差异总体状况

以民族为自变量,将影响因素进行方差分析。在学校教育因素上,不同民族的青少年组间存在显著性差异(F=11.061,P=0.000),经事后程序检定(LSD)发现:学校教育对壮族青少年的影响显著大于汉族、其他少数民族的青少年。在家庭—社区教育因素上,不同民族的青少年组间存在显著性差异,(F=100.473,P=0.000),经事后程序检定(LSD)发现:家庭—社区教育对壮族青少年的影响显著大于汉族和其他少数民族的青少年;家庭—社区教育对其他少数民族青少年的影响显著大于汉族青少年。

表6.3　　　　　　　　　影响因素的民族差异比较

影响因素	民族	N	M	SD	F	P	LSD
学校教育	1 壮族	2825	4.031	0.718	11.061***	0.000	1>2
	2 汉族	5560	3.953	0.738			
	3 其他民族	845	4.006	0.749			
家庭—社区教育	1 壮族	2825	4.135	0.663	100.473***	0.000	1>2,1>3,3>2
	2 汉族	5560	3.890	0.794			
	3 其他民族	845	3.999	0.739			
社会教育	1 壮族	2825	4.210	0.656	11.899***	0.000	1>2,1>3
	2 汉族	5560	4.140	0.696			
	3 其他民族	845	4.112	0.703			
自我教育	1 壮族	2825	4.110	0.571	78.061***	0.000	1>2,1>3
	2 汉族	5560	3.929	0.655			
	3 其他民族	845	3.959	0.671			

(二) 影响因素民族差异总体状况的分析

经过分析发现:就学校教育而言,不同民族青少年"所在学校有传承民族文化的场馆设施"的,壮族占到62.9%,汉族占到60.7%,其他民族占到67.3%;"学校开设了传承民族文化的课程或专业"的,壮族达到67.1%，汉族达到65.2%，其他民族达到67.4%；认为"学校中壮族传统文化内容的设计与现实生活联系紧密"的，壮族有79.1%，汉族有73.6%，其他民族有74.0%；"对学校开展壮族传统文化传承的效果很满意"的，壮族达到63.5%，汉族达到62.7%，其他民族达到65.3%。由上可知，学校教育对壮族青少年的影响，均大于汉族青少年。

就家庭—社区教育而言，不同民族青少年的"父母、长辈经常向我讲授壮族传统文化知识"的，壮族占71.9%，汉族占57.2%，其他民族占65.7%；"对家庭开展壮族传统文化传承的效果很满意"的，壮族占72.0%，汉族占60.2%，其他民族占70.0%。认为"所在村落或社区经常举办民族传统文化活动"的，壮族占69.2%，汉族占59.7%，其他民族占70.3%；"对村屯、社区开展壮族传统文化传承的效果很满意"的，壮族占70.5%，汉族占57.7%，其他民族占65.5%。由上可知，家庭—社区教育对壮族青少年的影响要大于汉族和其他民族的青少年，同样家庭—社区教育对于其他民族青少年的影响也大于汉族青少年。

就社会教育而言，不同民族青少年认为"政府和社会加强保护传承壮族文化遗产"的，壮族有83.7%，汉族有81.6%，其他民族有79.3%；认为"文化机构不断推出壮族传统文化字样的文艺作品"的，壮族占79.9%，汉族占79.1%，其他民族占76.9%；认为"报纸、书刊、电视、互联网站等各类媒体大力宣传壮族传统文化"的，壮族有79.5%，汉族有78.0%，其他民族有73.6%；认为"壮族传统文化融入美丽乡村建设"的，壮族达到81.4%，汉族达到74.8%，其他民族达到75.8%；认为"对社会开展壮族传统文化传承的效果很满意"的，壮族为75.4%，汉族为65.8%，其他民族为69.6%。由上可知，社会教育对壮族青少年的影响，要大于汉族和其他民族青少年。

就自我教育而言，不同民族青少年"觉得壮族传统文化里所蕴含的民族精神能提升我的思想道德素质"的，壮族占79.1%，汉族占64.5%，其他民族占68.3%；认为"壮族传统文化能激发我热爱家乡和祖国的情感与责任感"的，壮族有83.5%，汉族有74.9%，其他民族有78.0%；"会主动去了解壮族传统文化知识"的，壮族占到53.9%，汉族占到50.1%，其他民族占到48.3%；"觉得壮族地区的学生应该学习和传承壮族传统文化"的,壮族达到86.7%,汉族达到80.7%,其他民族达到81.1%。由此可知,自我教育对壮族青少年的影响,要大于汉族和其他民族青少年。

三 影响因素的个人背景分析

不同的个人背景,如学校教育、家庭—社区教育、社会教育和自我教育对其教育成效的影响存在着差异,这里主要从性别、政治面貌个人背景出发,研究不同教育影响因素的差异特征;并以相同的个人背景为变量,探讨教育影响因素对壮族、汉族和其他少数民族青少年影响的差异特征。

(一)性别差异分析

以性别为自变量,对影响因素进行差异分析,经 T 检验发现:在学校教育因素上,男女青少年存在显著性差异(T=5.984,P=0.000),学校教育对男生的影响显著大于女生;在家庭—社区教育因素上,男女青少年存在显著性差异(T=9.720,P=0.000),家庭—社区教育对男生的影响显著大于女生;在社会教育因素上,男女青少年存在显著性差异(T=3.859,P=0.000),学校教育对男生的影响显著大于女生;在自我教育因素上,男女青少年存在显著性差异(T=4.798,P=0.000),自我教育对男生的影响显著大于女生。由此可知,学校教育、家庭—社区教育、社会教育、自我教育对男生的影响显著大于女生。

表6.4 影响因素的性别差异比较

影响因素	性别	N	M	SD	T	P
学校教育	1 男	3869	4.036	0.751	5.984***	0.000
	2 女	5361	3.943	0.719		
家庭—社区教育	1 男	3869	4.065	0.752	9.720***	0.000
	2 女	5361	3.910	0.758		
社会教育	1 男	3869	4.191	0.703	3.859***	0.000
	2 女	5361	4.136	0.671		
自我教育	1 男	3869	4.024	0.655	4.798***	0.000
	2 女	5361	3.960	0.622		

以性别和民族为自变量,将相同性别的不同民族青少年进行对比,经方差分析发现:男生中,学校教育对不同民族青少年的影响存在显著性差异(F=3.660,P=0.026),经事后程序检定(LSD)发现,学校教育对壮族青少年的影响显著大于汉族青少年;家庭—社区教育、社会教育和自我教育对不同民族青少年的影响存在显著性差异(F=28.414,P=0.000;F=4.507,P=0.011;F=29.908,P=0.000),经事后程序检定(LSD)发现,家庭—社区教育、社会教育和自我教育对壮族青少年的影响显著大于汉族青少年和其他民族青少年。女生中,学校教育对不同民族青少年的影响存在显著性差异(F=6.361,P=0.002),经事后程序检定(LSD)发现,学校教育对壮族青少年的影响显著大于汉族青少年;家庭—社区教育、社会教育和自我教育对不同民族青少年的影响存在显著性差异(F=69.256,P=0.000;F=6.625,P=0.001;F=45.856,P=0.000),经事后程序检定(LSD)发现,家庭—社区教育、社会教育和自我教育对壮族青少年的影响显著大于汉族和其他民族青少年。从上可知,同性别中,无论男生还是女生,学校教育、家庭—社区教育、社会教育和自我教育对壮族、汉族和其他民族青少年的影响均存在显著性差异。

(二)政治面貌差异分析

以政治面貌为自变量,对影响因素进行方差分析。在学校教育因素上,不同政治面貌的青少年组间存在显著性差异(F=8.142,P=0.000),经事后程序检定(LSD)发现:学校教育对政治面貌为中共党员的青少年影响显著高于政治面貌为团员、群众的青少年。在家庭—社区教育因素上,不同政治面貌的青少年组间存在显著性差异(F=9.189,P=0.000),经事后程序检定(LSD)发现:家庭—社区教育对政治面貌为党员、群众的青少年的影响显著大于团员青少年。在社会教育因素上,不同政治面貌的青少年组间存在显著性差异(F=3.383,P=0.034),经事后程序检定(LSD)发现:社会教育对政治面貌为党员、团员青少年的影响显著大于政治面貌为群众的青少年。在自我教育因素上,不同政治面貌的青少年组间存在显著性差异(F=6.393,P=0.002),经事后程序检定(LSD)发现:自我教育对政治面貌为党员青少年的影响显著大于政治面貌为团员、群众的青少年。由此可知，学校教育、家庭—社区教育、社会教育、自我教育对不同政治面貌的青少年影响均存在显著差异。

表6.5　　　　　　　　　影响因素的政治面貌差异比较

影响因素	政治面貌	N	M	SD	F	P	LSD
学校教育	1 中共党员	582	4.101	0.730	8.142***	0.000	1>2，1>3
	2 团员	6011	3.975	0.725			
	3 群众	2637	3.972	0.754			
家庭—社区教育	1 中共党员	582	4.029	0.780	9.189***	0.000	1>2，3>2
	2 团员	6011	3.950	0.760			
	3 群众	2637	4.019	0.749			
社会教育	1 中共党员	582	4.196	0.720	3.383*	0.034	1>3，2>3
	2 团员	6011	4.168	0.669			
	3 群众	2637	4.132	0.714			
自我教育	1 中共党员	582	4.076	0.648	6.393**	0.002	1>2，1>3
	2 团员	6011	3.978	0.632			
	3 群众	2637	3.989	0.644			

以政治面貌和民族为自变量，将相同政治面貌的不同民族青少年进行对比，经方差分析发现：政治面貌为中共党员的，学校教育、家庭—社区教育对不同民族青少年的影响存在显著性差异（F=8.093，P=0.000；F=16.074，P=0.000），经事后程序检定（LSD）发现，学校教育、家庭—社区教育对壮族和其他民族青少年的影响显著大于汉族青少年；社会教育和自我教育对不同民族青少年的影响存在显著性差异（F=3.186，P=0.042；F=12.130，P=0.042），经事后程序检定（LSD）发现，社会教育和自我教育对壮族青少年的影响显著高于汉族青少年。政治面貌为团员的，学校教育对不同民族青少年的影响存在显著性差异（F=9.358，P=0.000），经事后程序检定（LSD）发现，学校教育对壮族青少年的影响显著高于汉族青少年；家庭—社区教育、社会教育和自我教育对不同民族青少年的影响存在显著性差异（F=84.793，P=0.000；F=12.725，P=0.000；F=60.139，P=0.000），经事后程序检

定（LSD）发现，家庭—社区教育、社会教育和自我教育对壮族青少年的影响显著大于汉族和其他民族青少年。政治面貌为团员的，学校教育和社会教育对不同民族青少年的影响差异不显著（F=0.131，P=0.877；F=0.770，P=0.463）；家庭—社区教育、自我教育对不同民族青少年的影响显著（F=7.550，P=0.001；F=10.705，P=0.000），经事后程序检定（LSD）发现，家庭—社区教育对壮族青少年的影响显著大于汉族青少年，自我教育对壮族青少年的影响显著大于汉族和其他民族青少年。从上可知，学校教育、家庭—社区教育、社会教育和自我教育对政治面貌为中共党员和团员的不同民族青少年的影响均差异显著；政治面貌为群众的，家庭—社区教育和自我教育对不同民族青少年的影响显著，而学校教育和社会教育对不同民族青少年的影响差异不显著。

四 影响因素的家庭文化背景分析

家庭文化背景的差异，使得青少年在接受学校教育、家庭—社区教育、社会教育和自我教育的时候，有着不一样的影响和效果。这部分内容探讨在父母的文化程度、家庭结构等家庭文化背景下各影响因素对青少年施加教育的差异特征；并将相同家庭文化背景下的壮族、汉族、其他少数民族青少年进行对比，探讨各影响因素对不同民族青少年教育的差异状况。

（一）父亲学历差异分析

以父亲学历为自变量，对影响因素进行方差分析。在学校教育因素上，不同父亲学历的青少年组间存在显著性差异（F=10.556，P=0.000），经事后程序检定（LSD）发现：学校教育对父亲学历为大专及以上的青少年影响显著大于父亲学历为高中（中专、中师）、初中、小学及以下的青少年，学校教育对父亲学历为高中（中专、中师）的青少年影响显著高于父亲学历为初中、小学及以下的青少年。在家庭—社区教育因素上，不同父亲学历的青少年组间不存在显著性差异（F=2.521，P=0.056）。在社会教育因素上，不同父亲学历的青少年组间存在显著性差异（F=4.964，P=0.002），经事后程序检定（LSD）发现：社会教育对父亲学历为大专及以上的青少年影响显著大于父亲学历为初中、小学及以下的青少年，学校教育对父亲学历为高中（中专、中师）的青少年影响显著高于父亲学历为小学及以下的青少年。在自我教育因素上，不同父亲学历的青少年组间不存在显著性差异（F = 0.935，P = 0.423）。由此可知，学校教育、社会教育对不同父亲学历青少年的影响差异显著，而家庭—社区教育、自我教育对不同父亲学历青少年的影响差异不显著。

表6.6　　　　　　　　　影响因素的父亲学历差异比较

影响因素	父亲学历	N	M	SD	F	P	LSD
学校教育	1 小学及以下	2375	3.951	0.728	10.556***	0.000	4>1, 4>2, 4>3, 3>1
	2 初中	4216	3.966	0.729			
	3 高中、中专、中师	1812	4.004	0.730			
	4 大专及以上	827	4.106	0.772			
家庭—社区教育	1 小学及以下	2375	3.963	0.751	2.521	0.056	
	2 初中	4216	3.967	0.742			
	3 高中、中专、中师	1812	3.979	0.764			
	4 大专及以上	827	4.042	0.851			
社会教育	1 小学及以下	2375	4.137	0.689	4.964**	0.002	4>1, 4>2, 3>1
	2 初中	4216	4.146	0.681			
	3 高中、中专、中师	1812	4.191	0.658			
	4 大专及以上	827	4.222	0.749			
自我教育	1 小学及以下	2375	3.991	0.639	0.935	0.423	
	2 初中	4216	3.981	0.629			
	3 高中、中专、中师	1812	3.982	0.629			
	4 大专及以上	827	4.020	0.687			

以父亲学历和民族为自变量，对相同父亲学历的不同民族青少年进行对比，经方差分析发现：父亲学历为小学及以下的，学校教育、家庭—社区教育、自我教育对不同民族青少年的影响均存在显著性差异（F = 3.876，P = 0.021；F = 27.900，P = 0.000；F = 21.921，P = 0.000），经事后程序检定（LSD）发现，学校教育对壮族青少年的影响显著大于汉族青少年，家庭—社区教育、自我教育对壮族青少年的影响显著大于汉

族和其他民族青少年；社会教育对不同民族青少年的影响不存在显著差异（F=1.300，P=0.273）。父亲学历为初中的，学校教育、家庭—社区教育、社会教育、自我教育对不同民族青少年的影响均存在显著性差异（F=3.630，P=0.027；F=47.330，P=0.000；F=9.110，P=0.000；F=32.073，P=0.000），经事后程序检定（LSD）发现，学校教育对壮族青少年的影响显著大于汉族青少年，家庭—社区教育、社会教育和自我教育对壮族青少年的影响显著大于汉族和其他民族青少年。父亲学历为高中、中专、中师的，学校教育、家庭—社区教育、社会教育、自我教育对不同民族青少年的影响均存在显著性差异（F=6.150，P=0.002；F=23.788，P=0.000；F=4.931，P=0.007；F=24.031，P=0.000），经事后程序检定（LSD）发现，学校教育对壮族青少年的影响显著大于汉族青少年，家庭—社区教育、社会教育和自我教育对壮族青少年的影响显著大于汉族和其他民族青少年。父亲学历为大专及以上的，学校教育、家庭—社区教育、自我教育对不同民族青少年的影响均存在显著性差异（F=2.247，P=0.106；F=6.733，P=0.001；F=6.031，P=0.003），经事后程序检定（LSD）发现，学校教育对其他少数民族青少年的影响显著大于汉族青少年，家庭—社区教育、自我教育对壮族和其他少数民族青少年的影响显著高于汉族青少年；社会教育对不同民族青少年的影响不存在显著差异（F=2.400，P=0.091）。从上可知，相同父亲学历背景下，学校教育、家庭—社区教育和自我教育对不同民族青少年的影响差异显著，而社会教育对父亲学历为初中和高中的不同民族青少年影响差异显著，对父亲学历为小学及以下、大专及以上的不同民族青少年影响差异不显著。

（二）母亲学历差异分析

以母亲学历为自变量，将影响因素的四个维度进行方差分析。在学校教育上，不同母亲学历的青少年组间存在显著性差异（F=9.143，P=0.000），经事后程序检定（LSD）发现：学校教育对母亲学历为大专及以上的青少年影响显著大于母亲学历为初中、小学及以下的青少年，学校教育对母亲学历为高中（中专、中师）、初中的青少年影响显著大于母亲学历为小学及以下的青少年。在家庭—社区教育因素上，不同母亲学历的青少年组间存在显著性差异（F=4.49，P=0.004），经事后程序检定（LSD）发现：学校教育对母亲学历为大专及以上、高中（中专、中师）、初中的青少年影响显著大于母亲学历为小学及以下的青少年。在社会教育上，不同母亲学历的青少年组间存在显著性差异（F=5.772，P=0.001），经事后程序检定（LSD）发现：社会教育对母亲学历为大专及以上、高中（中专、中师）、初中的青少年影响显著大于母亲学历为小学及以下的青少年；社会教育对母亲学历为高中（中专、中师）的青少年影响显著大于母亲学历为初中的青少年。在自我教育因素上，不同母亲学历的青少年组间不存在显著性差异（F=0.418，P=0.740）。由此可知，学校教育、家庭—社区教育、社会教育对不同母亲学历的青少年的影响存在显著性差异，自我教育对不同母亲学历青少年的影响差异不显著。

以母亲学历和民族为自变量，将相同母亲学历的不同民族青少年进行对比，经方差分析发现：母亲学历为小学及以下的，学校教育、家庭—社区教育、社会教育、自我教育对不同民族青少年的影响均存在显著性差异（F=4.671，P=0.009；F=43.378，P=0.000；F=2.607，P=0.074；F=33.082，P=0.000），经事后程序检定（LSD）发现，学校教育对壮族青少年的影响显著大于汉族青少年，家庭—社区教育和自我教育对壮族青少年的影响显著大于汉族和其他民族青少年，社会教育对壮族青少年的影响显著大于其他少数民族青少年。母亲学历为初中的，学校教育、家庭—社区教育、社会教育、自我教育对不同民族青少年的影响均存在显著性差异（F=5.456，P=0.004；F=48.767，P=0.000；F=8.882，P=0.000；F=34.281，P=0.000），经事后程序检定（LSD）发现，学校教育对壮族青少年的影响显著大于汉族青少年，家庭—社区教育、社会教育和自我教育对壮族青少年的影响显著大于汉族和其他民族青少年。母亲学历为高中、中专、中师的，学校教育、家庭—社区教育、社会教育、自我教育对不同民族青少年的影响均存在显著性差异（F=3.298，P=0.037；F=12.014，P=0.000；F=2.788，P=0.062；F=11.890，P=0.000），经事后程序检定（LSD）发现，学校教育、家庭—社区教育、社会教育对壮族青少年的影响显著高于汉族青少年，自我教育对壮族和其他少数民族青少年的影响显著高于汉族青少年。母亲学历为大专及以上的，学校教育、社会教育对不同民族青少年的影响不存在显著差异（F=0.287，P=0.751；F=0.540，P=0.583）；家庭—社区教育和自我教育对不同民族青少年的影响均存在显著性差异（F=2.111，P=0.122；F=2.691，P=0.069），经事后程序检定（LSD）发现，家庭—社区教育、自我教育对壮族青少年的影响显著高于汉族青少年。由上可知，相同母亲学历中，家庭—社区教育、自我教育对不同民族青少年的影响差异显著；学校教育和社会教育对母亲学历为小学及以下、初中和高中的不同民族青少年影响显著，而对母亲学历为大专及以上的不同民族青少年影响差异不显著。

表6.7　　　　　　影响因素的母亲学历差异比较

影响因素	母亲学历	N	M	SD	F	P	LSD
学校教育	1 小学及以下	3469	3.942	0.730	9.143***	0.000	4>1, 4>2, 3>1, 2>1
	2 初中	3783	3.985	0.721			
	3 高中、中专、中师	1339	4.027	0.749			
	4 大专及以上	639	4.083	0.789			
家庭—社区教育	1 小学及以下	3469	3.939	0.762	4.496**	0.004	4>1, 3>1, 2>1
	2 初中	3783	3.994	0.730			
	3 高中、中专、中师	1339	3.991	0.790			
	4 大专及以上	639	4.024	0.834			
社会教育	1 小学及以下	3469	4.129	0.694	5.772**	0.001	4>1, 3>1, 3>2, 2>1
	2 初中	3783	4.161	0.662			
	3 高中、中专、中师	1339	4.210	0.699			
	4 大专及以上	639	4.206	0.736			
自我教育	1 小学及以下	3469	3.984	0.632	0.418	0.740	
	2 初中	3783	3.983	0.623			
	3 高中、中专、中师	1339	4.001	0.659			
	4 大专及以上	639	4.002	0.696			

(三) 家庭结构差异分析

以家庭结构为自变量，将影响因素的四个维度进行方差分析。自我教育因素（F=0.817，P=0.484）、家庭—社区教育因素（F=0.625，P=0.599）、社会教育因素（F=2.520，P=0.056）、自我教育因素（F=1.442，P=0.228）在不同家庭结构的青少年组间，均不存在显著性差异。由此可见，学校教育、家庭—社区教育、社会教育、自我教育对来自不同家庭结构的青少年影响差异不显著。

表6.8　　　　　　影响因素的家庭结构差异比较

影响因素	家庭结构	N	M	SD	F	P
学校教育	1 三世同堂	3584	3.990	0.730	0.817	0.484
	2 核心家庭	4632	3.981	0.734		
	3 单亲家庭	595	3.977	0.756		
	4 其他	419	3.931	0.734		
家庭—社区教育	1 三世同堂	3584	3.986	0.759	0.625	0.599
	2 核心家庭	4632	3.971	0.760		
	3 单亲家庭	595	3.946	0.760		
	4 其他	419	3.961	0.742		
社会教育	1 三世同堂	3584	4.171	0.681	2.520	0.056
	2 核心家庭	4632	4.159	0.682		
	3 单亲家庭	595	4.143	0.709		
	4 其他	419	4.076	0.726		
自我教育	1 三世同堂	3584	4.002	0.631	1.442	0.228
	2 核心家庭	4632	3.981	0.638		
	3 单亲家庭	595	3.965	0.670		
	4 其他	419	3.953	0.625		

以家庭结构和民族为自变量，将相同家庭结构的不同民族青少年进行对比，经方差分析发现：三世同堂家庭中，学校教育、家庭—社区教育、社会教育、自我教育对不同民族青少年的影响均存在显著性差异（F=12.864，P=0.000；F=57.037，P=0.000；F=8.633，P=0.000；F=46.573，P=0.000），经事后程序检定（LSD）发现，学校教育对壮

族青少年的影响显著大于汉族青少年,家庭—社区教育、社会教育和自我教育对壮族青少年的影响显著大于汉族和其他少数民族青少年。核心家庭中,学校教育、社会教育对不同民族青少年的影响不存在显著差异(F=1.515,P=0.220;F=1.828,P=0.161);家庭—社区教育和自我教育对不同民族青少年的影响均存在显著性差异(F=37.089,P=0.000;F=25.529,P=0.000),经事后程序检定(LSD)发现,家庭—社区教育、自我教育对壮族青少年的影响显著大于汉族和其他民族青少年。单亲家庭中,学校教育、家庭—社区教育、社会教育、自我教育对不同民族青少年的影响均存在显著性差异(F=3.266,P=0.039;F=12.372,P=0.000;F=5.672,P=0.004;F=8.090,P=0.000),经事后程序检定(LSD)发现,学校教育、家庭—社区教育对壮族青少年的影响显著大于汉族青少年,社会教育、自我教育对壮族青少年的影响显著大于汉族和其他少数民族青少年。其他家庭中,学校教育、家庭—社区教育、社会教育对不同民族青少年的影响不存在显著差异(F=0313,P=0.732;F=1.790,P=0.168;F=1.172,P=0.311);自我教育对不同民族青少年的影响均存在显著性差异(F=4.390,P=0.013),经事后程序检定(LSD)发现,自我教育对壮族青少年的影响显著高于汉族和其他民族青少年。由上可知,三世同堂和单亲家庭中,学校教育、家庭—社区教育、社会教育和自我教育对不同民族青少年的影响差异均显著;核心家庭中,学校教育、社会教育对不同民族青少年的影响差异不显著,而家庭—社区教育和自我教育对不同民族青少年的影响差异显著;其他家庭中,只有自我教育对不同民族青少年的影响差异显著。

五 影响因素的学校背景分析

学校教育、家庭—社区教育、社会教育和自我教育对不同学校背景下的青少年影响存在着差异,本部分内容主要探讨在不同学校类型、不同专业类型、是否担任学生干部、不同年级等学校背景下青少年的差异特征;并就相同学校背景下,各影响因素对不同民族青少年施加教育所存在的差异特征进行分析,探究教育因素对壮族、汉族、其他少数民族青少年的影响差异。

（一）学校类型差异分析

以学校类型为自变量，将影响因素进行方差分析。在学校教育上，来自不同学校类型的青少年组间存在显著性差异（F = 14.669，P = 0.000），经事后程序检定（LSD）发现：学校教育对来自本科院校、中职学校的青少年影响显著高于来自专科院校的青少年。在家庭—社区教育因素上，来自不同学校类型的青少年组间存在显著性差异（F = 17.084，P = 0.000），经事后程序检定（LSD）发现：家庭—社区教育对来自中职学校的青少年影响显著大于本科院校、专科院校的青少年；家庭—社区教育对来自专科院校的青少年影响，显著大于来自本科院校的青少年。由此可见，学校教育、家庭—社区教育、社会教育、自我教育对不同学校类型青少年的影响均存在显著性差异。

表6.9　　　　　　　　　影响因素的学校类型差异比较

影响因素	学校类型	N	M	SD	F	P	LSD
学校教育	1 本科院校	3711	4.023	0.724	14.669***	0.000	1>2, 3>2
	2 专科院校	3400	3.930	0.745			
	3 中职学校	2119	3.993	0.728			
家庭—社区教育	1 本科院校	3711	3.928	0.796	17.084***	0.000	3>1, 3>2, 2>1
	2 专科院校	3400	3.982	0.739			
	3 中职学校	2119	4.048	0.717			
社会教育	1 本科院校	3711	4.192	0.671	8.901***	0.000	1>2, 1>3
	2 专科院校	3400	4.151	0.686			
	3 中职学校	2119	4.115	0.707			
自我教育	1 本科院校	3711	3.969	0.651	3.925*	0.020	3>1
	2 专科院校	3400	3.988	0.626			
	3 中职学校	2119	4.018	0.629			

以学校类型和民族为自变量，将相同学校类型的不同民族青少年进行对比，经方差分析发现：本科院校中，学校教育、家庭—社区教育、社会教育、自我教育对不同民族青少年的影响均存在显著性差异（F = 11.824，P = 0.000；F = 63.045，P = 0.000；F = 8.696，P = 0.000；F =

38.145，P=0.000），经事后程序检定（LSD）发现，学校教育对壮族青少年的影响显著大于汉族和其他民族青少年，家庭—社区教育、社会教育、自我教育对壮族青少年的影响显著大于汉族和其他少数民族青少年。专科院校中，学校教育、家庭—社区教育、社会教育、自我教育对不同民族青少年的影响均存在显著性差异（F=9.513，P=0.000；F=63.804，P=0.000；F=12.284，P=0.000；F=39.926，P=0.000），经事后程序检定（LSD）发现，学校教育对壮族和其他民族青少年的影响显著大于汉族青少年，家庭—社区教育、社会教育、自我教育对壮族青少年的影响显著大于汉族和其他少数民族青少年。中职学校中，学校教育、家庭—社区教育对不同民族青少年的影响不存在显著差异（F=1.737，P=0.176；F=1.385，P=0.251）；社会教育和自我教育对不同民族青少年的影响均存在显著性差异（F=3.431，P=0.033；F=6.823，P=0.001），经事后程序检定（LSD）发现，家庭—社区教育对壮族青少年的影响显著大于其他少数民族青少年，自我教育对壮族青少年的影响显著大于汉族和其他民族青少年。由上可知，相同学校类型中，学校教育、家庭—社区教育、社会教育和自我教育对本科院校、专科院校中不同民族青少年的影响差异均显著；在中职学校中，学校教育、家庭—社区教育对不同民族青少年的影响不存在显著性差异，而社会教育、自我教育对不同民族青少年的影响存在显著性差异。

（二）专业差异分析

以专业类型为自变量，对影响因素进行差异分析，经过 T 检验发现：学校教育在学科类型上不存在显著性差异（T=1.821，P=0.069）；家庭—社区教育在学科类型上存在显著性差异（T=4.030，P=0.000），家庭—社区教育对自然科学类专业青少年的影响显著大于人文社科类专业的青少年；社会教育因素（T=0.521，P=0.602）、自我教育因素（T=2.197，P=0.028）在学科类型上不存在显著性差异。由此可知，家庭—社区教育对不同学科类型的青少年影响存在显著性差异，学校教育、社会教育、自我教育对不同学科类型青少年的影响差异不显著。从均数上来看，影响因素的4个维度在自然科学类专业上的得分稍高于人文社科类专业。

以专业类型和民族为自变量，对相同专业类型的不同民族青少年进行对比，经方差分析发现：专业属于自然科学类的，学校教育、社会教育对不同民族青少年的影响不存在显著差异（F=1.634，P=0.195；F=1.222，P=0.295）；家庭—社区教育和自我教育对不同民族青少年的影响均存在显著性差异（F=18.802，P=0.000；F=17.148，P=0.000），经事后程序检定（LSD）发现，家庭—社区教育和自我教育对壮族青少年的影响显著高于汉族和其他民族青少年。专业属于人文社科类的，学校教育、家庭—社区教育、社会教育、自我教育对不同民族青少年的影响均存在显著性差异（F=10.547，P=0.000；F=83.643，P=0.000；F=12.958，P=0.000；F=62.499，P=0.000），经事后程序检定（LSD）发现，学校教育对壮族青少年的影响显著大于汉族青少年，家庭—社区教育、社会教育和自我教育对壮族青少年的影响显著大于汉族和其他民族青少年。由上可知，自然科学类专业中，学校教育、社会教育对不同民族青少年的影响差异不显著，家庭—社区教育和自我教育对不同民族青少年的影响差异显著；人文社科类专业中，学校教育、家庭—社区教育、社会教育、自我教育对不同民族青少年的影响差异显著。

表6.10　　　　　　　　影响因素的学科类型差异比较

影响因素	学科类型	N	M	SD	T	P
学校教育	1 自然科学类	3246	4.001	0.732	1.821	0.069
	2 人文社科类	5984	3.972	0.735		
家庭—社区教育	1 自然科学类	3246	4.018	0.732	4.030***	0.000
	2 人文社科类	5984	3.952	0.772		
社会教育	1 自然科学类	3246	4.164	0.682	0.521	0.602
	2 人文社科类	5984	4.156	0.687		
自我教育	1 自然科学类	3246	4.007	0.632	2.197	0.028
	2 人文社科类	5984	3.976	0.640		

（三）学生干部差异分析

以是否担任学生干部为自变量，对影响因素进行方差分析，结果如表6.11所示。学校教育因素在青少年是否担任学生干部上差异显著（T=

3.827，P=0.000），学校教育对担任学生干部的青少年影响显著大于没有担任学生干部的青少年。家庭—社区教育因素（T=2.778，P=0.005）、社会教育因素（T=4.325，P=0.000）、自我教育因素（T=4.240，P=0.000）在青少年是否担任学生干部上差异显著，对担任学生干部的青少年影响显著高于非学生干部的青少年。由此可知，学校教育、家庭—社区教育、社会教育、自我教育对青少年是否担任学生干部的影响上，均存在显著性差异。

表6.11　　　　　　　影响因素的学生干部差异比较

影响因素	学生干部	N	M	SD	T	P
学校教育	1 是	3472	4.020	0.728	3.827***	0.000
	2 否	5758	3.959	0.737		
家庭—社区教育	1 是	3472	4.003	0.765	2.778**	0.005
	2 否	5758	3.958	0.755		
社会教育	1 是	3472	4.199	0.681	4.325***	0.000
	2 否	5758	4.135	0.687		
自我教育	1 是	3472	4.023	0.635	4.240***	0.000
	2 否	5758	3.965	0.637		

以是否担任学生干部和民族为自变量，将担任学生干部与否的不同民族青少年进行对比，经方差分析发现：担任学生干部中，学校教育、家庭—社区教育、社会教育、自我教育对不同民族青少年的影响均存在显著性差异（F=10.292，P=0.000；F=46.624，P=0.000；F=4.294，P=0.014；F=31.287，P=0.000），经事后程序检定（LSD）发现，学校教育对壮族和其他民族青少年的影响显著大于汉族青少年，家庭—社区教育、社会教育和自我教育对壮族青少年的影响显著大于汉族和其他民族青少年。非学生干部中，学校教育、家庭—社区教育、社会教育、自我教育对不同民族青少年的影响均存在显著性差异（F=3.523，P=0.030；F=55.787，P=0.000；F=8.275，P=0.000；F=48.676，P=0.000），经事后程序检定（LSD）发现，学校教育对壮族青少年的影响显著大于汉族青少年，家庭—社区教育、社会教育和自我教育对壮族青

少年的影响显著高于汉族和其他民族青少年。由上可知，无论担任学生干部与否，学校教育、家庭—社区教育、社会教育、自我教育对不同民族青少年的影响差异均显著。

（四）年级差异分析

以年级为自变量，将影响因素的四个维度进行方差分析，结果如表6.12所示。学校教育因素在来自不同年级的青少年组间存在显著性差异（F=3.398，P=0.017），经事后程序检定（LSD）发现，学校教育对三年级青少年的影响显著大于一年级的青少年。家庭—社区教育（F=1.771，P=0.150）、社会教育（F=1.981，P=0.115）、自我教育（F=1.770，P=0.151）等三个影响因素，在年级变量上均不存在显著性差异。由此可知，学校教育对来自不同年级青少年的影响存在显著性差异；家庭—社区教育、社会教育、自我教育对不同年级青少年的影响差异不显著。

表6.12　　　　　　　　　影响因素的年级差异比较

影响因素	年级	N	M	SD	F	P	LSD
学校教育	1 一年级	4996	3.960	0.729	3.398*	0.017	3>1
	2 二年级	2267	3.997	0.730			
	3 三年级	1354	4.019	0.739			
	4 四年级及以上	613	4.018	0.774			
家庭—社区教育	1 一年级	4996	3.985	0.743	1.771	0.150	
	2 二年级	2267	3.982	0.758			
	3 三年级	1354	3.934	0.789			
	4 四年级及以上	613	3.959	0.820			
社会教育	1 一年级	4996	4.155	0.680	1.981	0.115	
	2 二年级	2267	4.161	0.685			
	3 三年级	1354	4.143	0.712			
	4 四年级及以上	613	4.221	0.669			
自我教育	1 一年级	4996	3.982	0.620	1.770	0.151	
	2 二年级	2267	4.006	0.634			
	3 三年级	1354	3.995	0.675			
	4 四年级及以上	613	3.944	0.694			

以年级和民族为自变量,将相同年级不同民族的青少年进行对比,经方差分析发现:一年级中,学校教育、家庭—社区教育、社会教育、自我教育对不同民族青少年的影响均存在显著性差异($F=4.901$,$P=0.007$;$F=52.112$,$P=0.000$;$F=5.346$,$P=0.005$;$F=42.275$,$P=0.000$),经事后程序检定(LSD)发现,学校教育对壮族青少年的影响显著大于汉族青少年,家庭—社区教育、社会教育和自我教育对壮族青少年的影响显著大于汉族和其他民族青少年。二年级中,学校教育、家庭—社区教育、社会教育、自我教育对不同民族青少年的影响均存在显著性差异($F=4.568$,$P=0.010$;$F=20.601$,$P=0.000$;$F=4.073$,$P=0.017$;$F=17.555$,$P=0.000$),经事后程序检定(LSD)发现,学校教育、家庭—社区教育对壮族和其他少数民族青少年的影响显著大于汉族青少年,社会教育和自我教育对壮族青少年的影响显著大于汉族青少年。三年级中,学校教育、家庭—社区教育、社会教育、自我教育对不同民族青少年的影响均存在显著性差异($F=3.104$,$P=0.045$;$F=25.102$,$P=0.000$;$F=5.707$,$P=0.003$;$F=16.294$,$P=0.000$),经事后程序检定(LSD)发现,学校教育对壮族青少年的影响显著高于汉族青少年,家庭—社区教育、社会教育和自我教育对壮族青少年的影响显著大于汉族和其他民族青少年。四年级及以上的,学校教育、社会教育对不同民族青少年的影响不存在显著差异($F=2.616$,$P=0.074$;$F=0.996$,$P=0.370$);家庭—社区教育和自我教育对不同民族青少年的影响均存在显著性差异($F=7.183$,$P=0.001$;$F=10.305$,$P=0.000$),经事后程序检定(LSD)发现,家庭—社区教育和自我教育对壮族和其他少数民族青少年的影响显著大于汉族青少年。由上可知,一年级、二年级、三年级中,学校教育、家庭—社区教育、社会教育、自我教育对不同民族青少年的影响差异均显著;四年级及以上的,学校教育和社会教育对不同民族青少年的影响差异不显著,而家庭—社区教育和自我教育对不同民族青少年的影响差异显著。

六 影响因素的社会经济背景分析

人不可能脱离现实的社会经济背景,教育对青少年的影响也不可能脱离社会经济背景为其成长提供的基础和发展空间。本部分内容探究在不同生源地、不同家庭类型和不同家庭经济状况下，各影响因素对青少年施加教育所存在的差异特征；同时，从相同社会经济背景出发，探究各影响因素对不同民族青少年施加教育所存在的差异，分析各影响因素对壮族、汉族和其他少数民族青少年的差异性特征。

（一）居住地差异分析

以居住地为自变量，对影响因素进行方差分析，结果如表6.13所示。学校教育因素上，不同居住地青少年组间存在显著性差异（F=13.262，P=0.000），经事后程序检定（LSD）发现：学校教育对居住地在广西的城市（含市区县）青少年的影响显著大于居住地在广西的农村（镇、乡、村）、广西以外的城市（含市区县）、广西以外的农村（镇、乡、村）的青少年。家庭—社区教育因素上，不同居住地青少年组间存在显著性差异（F=56.752，P=0.000），经事后程序检定（LSD）发现：家庭—社区教育对居住地在广西的城市（含市区县）青少年的影响显著大于居住地在广西的农村（镇、乡、村）、广西以外的城市（含市区县）、广西以外的农村（镇、乡、村）青少年；家庭—社区教育对居住地在广西的农村（镇、乡、村）青少年的影响显著大于居住地在广西以外的城市（含市区、县城）、广西以外的农村（镇、乡、村）青少年。

表6.13　　　　　　　　影响因素的居住地差异比较

影响因素	居住地	N	M	SD	F	P	LSD
学校教育	1 广西的城市（含市区县）	1950	4.074	0.741	13.262***	0.000	1>2, 1>3, 1>4
	2 广西的农村（镇、乡、村）	5683	3.958	0.721			
	3 广西以外的城市（含市区县）	913	3.966	0.791			
	4 广西以外的农村（镇、乡、村）	684	3.938	0.722			

续表

影响因素	居住地	N	M	SD	F	P	LSD
家庭—社区教育	1 广西的城市（含市区县）	1950	4.090	0.715	56.752***	0.000	1>2, 1>3, 1>4, 2>3, 2>4
	2 广西的农村（镇、乡、村）	5683	3.994	0.725			
	3 广西以外的城市（含市区县）	913	3.787	0.908			
	4 广西以外的农村（镇、乡、村）	684	3.744	0.843			
社会教育	1 广西的城市（含市区县）	1950	4.234	0.667	12.377***	0.000	1>2, 1>3, 1>4, 2>3, 2>4
	2 广西的农村（镇、乡、村）	5683	4.150	0.674			
	3 广西以外的城市（含市区县）	913	4.101	0.768			
	4 广西以外的农村（镇、乡、村）	684	4.094	0.695			
自我教育	1 广西的城市（含市区县）	1950	4.054	0.641	26.255***	0.000	1>2, 1>3, 1>4, 2>3, 2>4
	2 广西的农村（镇、乡、村）	5683	3.997	0.620			
	3 广西以外的城市（含市区县）	913	3.868	0.696			
	4 广西以外的农村（镇、乡、村）	684	3.870	0.649			

在社会教育因素上，不同居住地的青少年组间存在显著性差异（F=12.377，P=0.000），经事后程序检定（LSD）发现：社会教育对居住地在广西的城市（含市区县）青少年的影响显著高于居住地在广西的农村（镇、乡、村）、广西以外的城市（含市区县）、广西以外的农村（镇、乡、村）青少年；社会教育对居住地在广西的农村（镇、乡、村）青少

年的影响显著大于居住地在广西以外的城市（含市区县）、广西以外的农村（镇、乡、村）青少年。在自我教育因素上，不同居住地的青少年组间存在显著性差异（F = 26.255，P = 0.000），经事后程序检定（LSD）发现：自我教育对居住地在广西的城市（含市区县）青少年的影响显著大于居住地在广西的农村（镇、乡、村）、广西以外的城市（含市区县）、广西以外的农村（镇、乡、村）青少年；自我教育对居住地在广西的农村（镇、乡、村）青少年的影响显著大于居住地在广西以外的城市（含市区县）、广西以外的农村（镇、乡、村）青少年。由此可见，学校教育、家庭—社区教育、社会教育、自我教育对不同居住地青少年的影响均存在显著性差异。

以居住地和民族为自变量，将相同居住地的不同民族青少年进行对比，经方差分析发现：居住地在广西城市（含市区县）的，学校教育、家庭—社区教育、社会教育、自我教育对不同民族青少年的影响均存在显著性差异（F = 3.233，P = 0.040；F = 12.084，P = 0.000；F = 2.586，P = 0.076；F = 14.865，P = 0.000），经事后程序检定（LSD）发现，学校教育、社会教育和自我教育对壮族青少年的影响显著大于汉族青少年，家庭—社区教育对壮族和其他少数民族青少年的影响显著大于汉族青少年。居住地在广西农村（镇、乡、村）的，学校教育、家庭—社区教育、社会教育、自我教育对不同民族青少年的影响均存在显著性差异（F = 5.586，P = 0.004；F = 48.261，P = 0.000；F = 5.643，P = 0.004；F = 41.833，P = 0.000），经事后程序检定（LSD）发现，学校教育对壮族青少年的影响显著大于汉族青少年，家庭—社区教育、社会教育和自我教育对壮族青少年的影响显著大于汉族和其他民族青少年。居住地在广西以外的城市（含市区县）的，学校教育、社会教育、自我教育对不同民族青少年的影响不存在显著差异（F = 0.776，P = 0.460；F = 0.016，P = 0.984；F = 1.611，P = 0.200）；家庭—社区教育和自我教育对不同民族青少年的影响均存在显著性差异（F = 7.092，P = 0.001），经事后程序检定（LSD）发现，家庭—社区教育对壮族青少年的影响显著大于汉族青少年。居住地在广西以外的农村（镇、乡、村）的，学校教育、家庭—社区教育、社会教育、自我教育对不同民族青少年的影响均存在显著性差异（F = 2.633，P = 0.073；F = 11.802，P = 0.000；F = 1.952，P = 0.143；F = 3.899，P = 0.021），经事后程序检定（LSD）发现，学校教育、社会教育对壮族青少年的影响显著大于汉族青少年，家庭—社区教育、自我教育对壮族青少年的影响显著大于汉族和其他民族青少年。由上可知，学校教育、家庭—社区教育、社会教育、自我教育，居住地为广西城市、农村，以及广西以外农村的，不同民族青少年的影响均存在显著性差异；居住地为广西以外城市的，学校教育、社会教育和自我教育对不同民族青少年的影响差异不显著，家庭—社区教育对不同民族青少年的影响差异显著。

（二）家庭类型差异分析

以家庭类型为自变量，将影响因素进行方差分析，结果如表6.14所示。在学校教育因素上，来自不同家庭类型的青少年组间存在显著性差异（F = 8.982，P = 0.000），经事后程序检定（LSD）发现：学校教育对来自知识分子家庭青少年的影响显著大于来自农民家庭、商人家庭以及其他家庭的青少年，学校教育对来自工人家庭青少年的影响显著大于来自农民家庭的青少年。在家庭—社区教育因素上，来自不同家庭类型的青少年组间存在显著性差异（F = 4.756，P = 0.001），经事后程序检定（LSD）发现：家庭—社区教育对来自知识分子家庭青少年的影响显著大于来自农民家庭、商人家庭以及其他家庭的青少年，学校教育对工人家庭青少年的影响显著大于来自农民家庭以及其他家庭的青少年。在社会教育因素上，来自不同家庭类型的青少年组间存在显著性差异（F = 3.986，P = 0.003），经事后程序检定（LSD）发现：社会教育对来自知识分子家庭、工人家庭、商人家庭青少年的影响，显著大于来自农民家庭的青少年。在自我教育因素上，来自不同家庭类型的青少年组间存在显著性差异（F = 3.522，P = 0.007），经事后程序检定（LSD）发现：自我教育对来自知识分子家庭、农民家庭、工人家庭青少年的影响显著大于来自其他家庭的青少年。由此可知，学校教育、家庭—社区教育、社会教育、自我教育对来自不同家庭类型青少年的影响均存在显著性差异。

表 6.14　　　　　　　　影响因素的家庭类型差异比较

影响因素	家庭类型	N	M	SD	F	P	LSD
学校教育	1 农民家庭	6205	3.957	0.723	8.982***	0.000	4>1, 4>2, 4>3, 4>5, 2>1
	2 工人家庭	1413	4.029	0.721			
	3 商人家庭	547	4.032	0.778			
	4 知识分子家庭	374	4.153	0.805			
	5 其他	691	3.975	0.764			
家庭—社区教育	1 农民家庭	6205	3.962	0.749	4.756**	0.001	4>1, 4>2, 4>3, 4>5, 2>1, 2>5
	2 工人家庭	1413	4.017	0.742			
	3 商人家庭	547	3.984	0.842			
	4 知识分子家庭	374	4.104	0.858			
	5 其他	691	3.934	0.754			
社会教育	1 农民家庭	6205	4.141	0.682	3.986**	0.003	4>1, 3>1, 2>1
	2 工人家庭	1413	4.196	0.670			
	3 商人家庭	547	4.201	0.727			
	4 知识分子家庭	374	4.238	0.766			
	5 其他	691	4.172	0.662			
自我教育	1 农民家庭	6205	3.989	0.625	3.522**	0.007	1>5, 2>5, 4>5
	2 工人家庭	1413	4.014	0.621			
	3 商人家庭	547	3.975	0.687			
	4 知识分子家庭	374	4.020	0.758			
	5 其他	691	3.909	0.659			

以家庭类型和民族为自变量，将相同家庭类型的不同民族青少年进行对比，经方差分析发现：农民家庭中，学校教育、家庭—社区教育、社会教育、自我教育对不同民族青少年的影响均存在显著性差异（F=10.718，P=0.000；F=85.676，P=0.000；F=12.790，P=0.000；F=64.104，P=0.000），经事后程序检定（LSD）发现，学校教育、家庭—社区教育、社会教育和自我教育，对壮族青少年的影响显著高于汉族和其他民族青少年。工人家庭中，学校教育、社会教育对不同民族青少年的影响不存在显著差异（F=0.794，P=0.452；F=1.843，P=0.159）；家庭—社区教育和自我教育对不同民族青少年的影响均存在显著性差异

（F=9.938，P=0.000；F=5.660，P=0.004），经事后程序检定（LSD）发现，家庭—社区教育和自我教育对壮族青少年的影响显著高于汉族青少年。商人家庭中，学校教育、家庭—社区教育、社会教育、自我教育对不同民族青少年的影响均存在显著性差异（F=3.764，P=0.024；F=8.616，P=0.000；F=4.330，P=0.014；F=8.046，P=0.000），经事后程序检定（LSD）发现，学校教育对其他少数民族青少年的影响显著高于汉族青少年，家庭—社区教育、社会教育对壮族青少年的影响显著高于汉族青少年，自我教育对壮族和其他少数民族青少年的影响显著高于汉族青少年。知识分子家庭中，学校教育、社会教育和自我教育对不同民族青少年的影响不存在显著差异（F=1.187，P=0.306；F=0.822，P=0.441；F=2.493，P=0.084）；家庭—社区教育对不同民族青少年的影响均存在显著性差异（F=3.102，P=0.046），经事后程序检定（LSD）发现，家庭—社区教育对其他少数民族青少年的影响显著大于汉族青少年。其他家庭中，学校教育、社会教育对不同民族青少年的影响不存在显著差异（F=0.446，P=0.641；F=0.122，P=0.885）；家庭—社区教育和自我教育对不同民族青少年的影响均存在显著性差异（F=7.092，P=0.001；F=6.024，P=0.003），经事后程序检定（LSD）发现，家庭—社区教育、自我教育对壮族青少年的影响显著大于汉族青少年。由上可知，农民家庭、商人家庭中，学校教育、家庭—社区教育、社会教育、自我教育对不同民族青少年的影响差异显著；工人家庭中，学校教育、社会教育对不同民族青少年的影响差异不显著，家庭—社区教育和自我教育对不同民族青少年的影响差异显著；知识分子家庭中，学校教育、社会教育和自我教育对不同民族青少年的影响差异不显著，家庭—社区教育对不同民族青少年的影响差异显著。

（三）家庭经济状况差异分析

以家庭经济状况为自变量，将影响因素进行方差分析，结果如表6.16所示。学校教育因素上，不同家庭经济状况青少年组间存在显著性差异（F=5.765，P=0.001），经事后程序检定（LSD）发现，学校教育对来自家庭经济状况较好青少年的影响显著大于来自家庭困难和一般的青少年。在家庭—社区教育因素上，不同家庭经济状况的青少年组间存在显著性差异（F=5.698，P=0.003），经事后程序检定（LSD）发现，家庭—社区教育对来自家庭经济状况较好青少年的影响显著大于来自家庭困难和一般的青少年。社会教育因素上，不同家庭经济状况的青少年组间不存在显著性差异（F=0.845，P=0.430）。在自我教育因素上，不同家庭经济状况的青少年组间存在显著性差异（F=4.303，P=0.014），经事后程序检定（LSD）发现，自我教育对来自家庭经济状况较好的青少年影响，显著大于来自家庭困难的青少年。由此可见，学校教育、家庭—社区教育、自我教育对不同家庭经济条件青少年的影响均存在显著性差异；社会教育对不同家庭经济条件青少年的影响差异不显著。

表6.15　　　　　　　　影响因素的家庭经济差异比较

影响因素	家庭经济	N	M	SD	F	P	LSD
学校教育	1 困难	3040	3.973	0.742	5.765**	0.003	3>1，3>2
	2 一般	5556	3.976	0.724			
	3 较好	634	4.077	0.773			
家庭—社区教育	1 困难	3040	3.990	0.754	5.698**	0.003	3>1，3>2
	2 一般	5556	3.958	0.754			
	3 较好	634	4.056	0.815			
社会教育	1 困难	3040	4.154	0.701	0.845	0.430	
	2 一般	5556	4.158	0.673			
	3 较好	634	4.193	0.714			
自我教育	1 困难	3040	4.000	0.644	4.303*	0.014	3>1
	2 一般	5556	3.973	0.629			
	3 较好	634	4.042	0.673			

以家庭经济和民族为自变量，对相同家庭经济状况的不同民族青少年进行对比，经方差分析发现：家庭经济困难的，学校教育、家庭—社区教育、社会教育、自我教育对不同民族青少年的影响均存在显著性差异（F=3.376，P=0.034；F=33.036，P=0.000；F=3.067，P=0.047；F=28.024，P=0.000），经事后程序检定（LSD）发现，学校教育、社会教育对壮族青少年的影响显著大于汉族青少年，家庭—社区教

育、自我教育对壮族青少年的影响显著大于汉族和其他少数民族青少年。家庭经济一般的,学校教育、家庭—社区教育、社会教育、自我教育对不同民族青少年的影响均存在显著性差异（$F=7.864$，$P=0.000$；$F=67.986$，$P=0.000$；$F=8.812$，$P=0.000$；$F=52.696$，$P=0.000$），经事后程序检定（LSD）发现,学校教育对壮族青少年的影响显著大于汉族青少年,家庭—社区教育、社会教育和自我教育对壮族青少年的影响显著高于汉族和其他少数民族青少年。家庭经济较好的,学校教育、家庭—社区教育、社会教育、自我教育对不同民族青少年的影响均不存在显著性差异（$F=0.524$，$P=0.593$；$F=1.549$，$P=0.213$；$F=0.796$，$P=0.452$；$F=0.573$，$P=0.564$）。由上可知,学校教育、家庭—社区教育、社会教育、自我教育对家庭经济状况困难和一般的不同民族青少年的影响差异显著,而对家庭经济较好的不同民族青少年的影响差异不显著。

七 青少年背景变量与各影响因素之间的相关分析

本部分主要是探讨青少年背景变量与各教育因素之间的相关关系。如表6.16所示,青少年的所有背景变量与学校教育、社会教育、家庭—社区教育、自我教育等各影响因素之间均具有显著相关,但所有相关均较弱,范围在 -0.107—0.054 之间。其中,民族、性别、学科类型、家庭所在地等4个背景变量与学校教育、社会教育、家庭—社区教育、自我教育等影响因素均呈显著负相关；学生干部这一背景变量与各教育变量呈显著负相关。从各影响因素来分析,学校教育因素与民族、性别、政治面貌、父亲学历、母亲学历、学校类型、学生干部、年级、家庭所在地、家庭类型、家庭经济状况等11个变量存在显著相关,与家庭结构、学科类型2个背景变量相关不显著；家庭—社区教育影响因素与民族、性别、政治面貌、父亲学历、母亲学历、学校类型、学生干部、年级、学科类型、家庭所在地等10个青少年背景变量显著相关,与家庭类型、家庭结构、家庭经济状况等3个背景变量相关不显著；社会教育因素与民族、性别、政治面貌、父亲学历、母亲学历、家庭结构、学校类型、学生干部、家庭所在地、家庭类型等10个背景变量相关显著,与年级、学科类型、家庭经济状况等背景变量相关不显著；自我教育因素与民族、性别、家庭结构、学校类型、学生干部、家庭所在地、家庭类型等7个背景变量显著相关，与家庭经济状况、年级、学科类型、政治面貌、父亲学历、母亲学历相关不显著。

表6.16　　　各影响因素与青少年背景变量的相关分析

维度	民族	性别	政治面貌	父亲学历	母亲学历	家庭结构	学校类型
学校教育	-0.030**	-0.062**	0.026*	0.053**	0.054**	-0.014	0.025*
家庭—社区教育	-0.104**	-0.101**	-0.022*	0.023*	0.034**	-0.013	-0.061**
社会教育	-0.049**	-0.040**	0.027**	0.038**	0.042**	-0.025*	0.044**
自我教育	-0.107**	-0.050**	0.015	0.007	0.009	-0.021*	-0.029**
维度	学生干部	年级	学科类型	家庭所在地	家庭类型	家庭经济状况	
学校教育	0.040**	0.030**	-0.019	-0.048**	0.036**	0.022*	
家庭—社区教育	0.029**	-0.021*	-0.042**	-0.130**	0.012	0.002	
社会教育	0.045**	0.013	-0.005	-0.058**	0.029**	0.010	
自我教育	0.044**	-0.003	-0.023*	-0.087**	-0.021*	-0.002	

八　影响因素的研究小结

通过针对壮族优秀传统文化融入青少年思想政治教育的社会教育、家庭教育、社区教育、学校教育和自我教育等各影响因素整体状况的分析，青少年背景对壮族优秀传统文化融入影响因素的差异性分析，青少年背景与壮族优秀传统文化融入影响因素的相关分析，得到的主要结论如下：

（一）壮族优秀传统文化融入的影响因素（学校教育、家庭—社区教育、社会教育、自我教育）均处于较高水平，其中社会教育因素水平得分最高，其余依次是自我教育、学校教育和家庭—社区教育因素。说明壮族优秀传统文化融入青少年思想政治教育，有了一个相对很好的内、外部教育环境。

（二）壮族优秀传统文化融入的四个影响因素在民族变量上差异显著，社会教育、家庭—社区教育、学校教育和自我教育因素对壮族青少年的影响显著大于汉族青少年；社会教育、家庭—社区教育和自我教育对其他少数民族青少年的影响显著大于汉族青少年，学校教育对其他少数民族的影响略大于汉族青少年，但差异不显著。

（三）社会教育、家庭—社区教育、学校教育和自我教育因素对不同政治面貌、性别、学校类型、是否为学生干部、居住地、家庭类型等6个背景的青少年都产生显著影响，对来自不同"家庭经济结构"的青少年都没有显著影响，对父亲学历、母亲学历、专业、年级、家庭经济状况等5个不同背景青少年的影响部分存在显著性差异。

（四）相关分析发现，青少年的民族、性别、是否为学生干部、学科类型、家庭所在地等5个背景变量与学校教育、社会教育、家庭—社区教育、自我教育等影响因素，均呈显著相关性。

（五）壮族优秀传统文化融入青少年思想政治教育是一种地域性较强的教育活动。总结发现，学校教育、社会教育、家庭—社区教育、自我教育等因素，对来自广西的城市（含市区县）青少年的影响显著强于来自广西的农村（镇、乡、村）的青少年；而对来自广西的农村（镇、乡、村）青少年的影响又显著强于来自广西以外的城市（含市区县）、广西以外的农村（镇、乡、村）的青少年。

第三节　优秀传统文化融入青少年思想政治教育影响因素的整合模型

运用相关分析来检验各影响因素与"融入"成效之间的相关关系，运用回归分析来检验各影响因素对"融入"成效的影响，以此为基础，构建壮族优秀传统文化融入青少年思想政治教育的结构方程模型。

一　相关分析

对壮族优秀传统文化融入的影响因素——学校教育、家庭—社区教育、社会教育、自我教育，青少年"思想与观念"的文化观、政治观、民族观，以及青少年"素养与行为"的文明素养、行为选择，进行皮尔森相关分析。通过相关分析发现，学校教育、家庭—社区教育、社会教育、自我教育等教育因素，与文化观、政治观、民族观等"思想与观念",以及文明素养、行为选择等"素养与行为"各因素之间均呈显著正相关,可以用来作进一步的数据分析。

表6.17 相关分析表

	学校教育	家庭—社区教育	社会教育	自我教育	文化观	政治观	民族观	文明素养	行为选择
学校教育	1								
家庭—社区教育	0.722**	1							
社会教育	0.689**	0.694**	1						
自我教育	0.700**	0.684**	0.629**	1					
文化观	0.591**	0.669**	0.713**	0.658**	1				
政治观	0.444**	0.388**	0.554**	0.446**	0.723**	1			
民族观	0.534**	0.524**	0.605**	0.543**	0.763**	0.718**	1		
文明素养	0.504**	0.435**	0.585**	0.471**	0.705**	0.743**	0.688**	1	
行为选择	0.441**	0.397**	0.554**	0.454**	0.720**	0.763**	0.677**	0.808**	1

二 优秀传统文化融入青少年思想政治教育影响因素的回归分析

进行回归分析的目的就是在上述相关分析的基础上,进一步考察壮族优秀传统文化融入青少年思想政治教育的"教育与引导",即影响因素与"思想与观念""素养与行为"之间是否存在更精确的函数关系,以此构建一个比较理想的模型。

(一) 影响因素对文化观的回归分析

以文化观为因变量,影响因素为自变量,进行回归分析,结果如表6.18所示,学校教育、家庭—社区教育、社会教育、自我教育的标准化回归系数分别是0.057、0.230、0.417、0.278,显著性检验T值都达到了显著性水平。

表 6.18　　　　　　　影响因素对文化观的回归分析

	非标准化系数		标准化系数	T	P
	B	标准误	Beta		
学校教育	0.044	0.008	0.057	5.231	0.000
家庭—社区教育	0.171	0.008	0.230	21.355	0.000
社会教育	0.343	0.008	0.417	41.724	0.000
自我教育	0.246	0.009	0.278	27.793	0.000
F	3472.579 ***				
R^2	0.601				
调整 R^2	0.601				
N	9230				

（二）影响因素对政治观的回归分析

以政治观为因变量，影响因素为自变量，进行回归分析，结果如表 6.19 所示，学校教育、家庭—社区教育、社会教育、自我教育的标准化回归系数分别是 0.086、0.116、0.468、0.170，显著性检验 T 值都达到了显著性水平。

表 6.19　　　　　　　影响因素对政治观的回归分析

	非标准化系数		标准化系数	T	P
	B	标准误	Beta		
学校教育	0.070	0.011	0.086	6.099	0.000
家庭—社区教育	0.090	0.011	0.116	8.266	0.000
社会教育	0.405	0.011	0.468	36.056	0.000
自我教育	0.159	0.012	0.170	13.123	0.000
F	1128.365 ***				
R^2	0.329				
调整 R^2	0.328				
N	9230				

（三）影响因素对民族观的回归分析

以民族观为因变量，影响因素为自变量，进行回归分析，结果如表

6.20 所示，学校教育、家庭—社区教育、社会教育、自我教育的标准化回归系数分别是 0.091、0.059、0.373、0.204，显著性检验 T 值都达到了显著性水平。

表 6.20　　　　　　　　影响因素对民族观的回归分析

	非标准化系数		标准化系数	T	P
	B	标准误	Beta		
学校教育	0.072	0.010	0.091	6.917	0.000
家庭—社区教育	0.045	0.010	0.059	4.563	0.000
社会教育	0.316	0.010	0.373	30.872	0.000
自我教育	0.185	0.011	0.204	16.806	0.000
F	1644.807***				
R^2	0.416				
调整 R^2	0.416				
N	9230				

（四）思想观念对文明素养的回归分析

以文明素养为因变量，思想观念为自变量，进行回归分析，结果如表 6.21 所示，思想观念中的文化观、政治观、民族观的标准化回归系数，分别为 0.254、0.423、0.190，显著性检验 T 值都达到了显著性水平。

表 6.21　　　　　　　　思想观念对文明素养的回归分析

	非标准化系数		标准化系数	T	P
	B	标准误	Beta		
文化观	0.273	0.012	0.254	23.735	0.000
政治观	0.431	0.010	0.423	42.518	0.000
民族观	0.198	0.011	0.190	17.810	0.000
F	5105.039***				
R^2	0.624				
调整 R^2	0.624				
N	9230				

(五) 思想观念对行为选择的回归分析

以行为选择为因变量，思想观念为自变量，进行回归分析，结果如表6.22所示，思想观念中的文化观、政治观、民族观的标准化回归系数，分别为0.293、0.467、0.118，显著性检验T值都达到了显著性水平。

表6.22　　　　　　　思想观念对行为选择的回归分析

	非标准化系数		标准化系数	T	P
	B	标准误	Beta		
文化观	0.304	0.011	0.293	28.246	0.000
政治观	0.459	0.009	0.467	48.417	0.000
民族观	0.118	0.010	0.118	11.403	0.000
F	5639.918***				
R^2	0.647				
调整 R^2	0.647				
N	9230				

三　优秀传统文化融入青少年思想政治教育影响因素的整合模型构建

根据以上回归分析，笔者构建了壮族优秀传统文化融入青少年思想政治教育影响因素的整合模型。

根据模型，笔者得到以下发现：

从"教育与引导"维度出发，我们发现学校教育、社会教育、家庭—社区教育、自我教育均正向影响青少年的文化观、政治观、民族观；也就是说，对青少年施加的内、外教育因素成效越显著，青少年群体的文化观、政治观和民族观方面的状况就会越好。就学校教育来说，民族观受其影响最大；就社会教育来说，青少年的政治观受其影响较大；就家庭—社区教育来说，青少年的文化观受其影响较大；就自我教育来说，青少年的文化观受其影响较大。

从"思想与观念"维度出发，我们发现青少年的文化观、政治观和民族观均正向影响青少年的文明素养和行为选择；也就是说，青少年的文化观、政治观和民族观发展的态势越好，其文明素养就越高，其行为选择也会越积极。其中，青少年的政治观对青少年的文明素养和行为选择影响的程度，在整体上明显大于文化观和民族观。同时发现，对文化观影响最大的是社会教育，其次是自我教育、家庭—社区教育；对政治观影响最大的是社会教育，其次是自我教育、家庭—社区教育、学校教育；对民族观影响最大的是社会教育，接下来是自我教育、学校教育、家庭—社区教育。

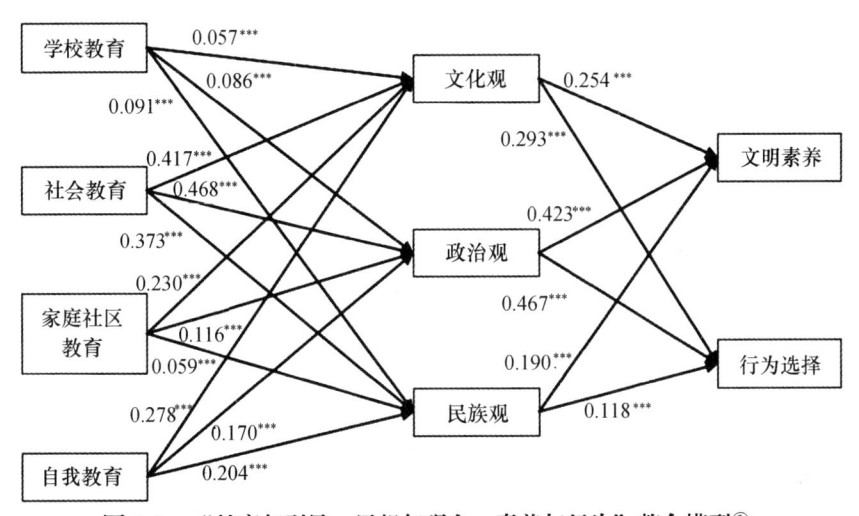

图 6.2 "教育与引导—思想与观念—素养与行为"整合模型①

从"素养与行为"维度出发，文明素养受政治观影响最大，其次是文化观和民族观；对行为选择影响最大的也是政治观，其次是文化观和民族观。

---

① 壮族优秀传统文化融入青少年思想政治教育影响因素的整合模型名称，参考如下：沈壮海、王晓霞、王丹等：《中国大学生思想政治教育发展报告2017》，北京师范大学出版社2018年版，第22—24页。

第四节　存在的问题及原因分析

研究发现，壮族优秀传统文化融入青少年思想政治教育，取得了一定的成效。同时，我们也发现在"融入"实践中，学校教育等各影响因素也存在一些不容忽视的问题。客观剖析存在的问题，反思存在问题的原因，可以为推进"融入"的科学性、有效性，以及对策的提出，夯实基础。

一　影响因素存在的主要问题分析

在实地调研和实证分析过程中，笔者发现影响壮族优秀传统文化融入青少年思想政治教育的诸多因素存在如下主要问题：

（一）学校教育方面

一是学校普遍重视对于现代文化的培养，弱化对于传统文化的传承。受知识经济、信息社会和全球化浪潮的影响，学校教育主要传授主流文化、现代文化，对传统文化的重视程度不够。"民族非遗文化传承学校，原来有十几所。我们有方案，下两个月准备做的事情就是评估这些（传承学校）。（但）有的（学校）是为了挂个牌子不干活的。"（MXH）有9.3%的青少年明确表示所在学校没有开设民族文化的课程或专业，两成多（24.7%）的青少年不确定有没有开设；有11.9%的青少年确定学校没有传承民族文化的场馆设施。二是学生个人发展与生存竞争压力挤占壮族优秀传统文化融入的教育空间。广西地处边疆，壮族地区青少年学习的主要目的就是通过知识改变命运，因此如壮民族语言、壮族传统文化等内容在学校教育体系中，相较于主流知识的传授而言，处于边缘化的地位。"（少数民族传统文化有些是）学校不教的，都是我们民间自己教。民间艺人一代传一代。"（LJC）有4.7%的青少年认为学校中对于壮族传统文化内容的设计与现实生活联系不紧密，有两成（20%）的青少年不能确定是否紧密；有6.7%的青少年对学校开展壮族传统文化传承的效果不满意，三成多（30.1%）的青少年对传承效果没法评价。三是双语师资匮乏，学校教师参与积极性不高。师资力量，是壮族优秀传统文化融入青少年思想政治教育的重要资源。调研发现壮族地区的学校,特别是中小学校,壮汉双语师资严重缺乏,新补充到教育系统的、接受过主流教育的年轻教师,多数不懂民族语言。① 四是民族文化传承在考核内容中处于边缘化地位。现代学校教育的主要任务是对主流知识的传授和技能训练,即使将壮族优秀传统文化融入青少年思想政治教育纳入学校教育评价系统进行考核,也处于弱化的地位。② "少数民族多的地方推双语,也就是上两节课他能认识一下,就是几个基本(的知识或内容)。就是说小孩子他也不想去学,哪里记得这么多,他也不会用。"(CYF)

(二) 家庭—社区教育方面

一是家庭、社区在壮族优秀传统文化融入青少年思想政治教育中的基础作用,没有得到充分发挥。传统民族文化传承的内容和方式,随着现代社会发展和生活的发展,逐渐受到冲击,甚至被"扬弃",特别是后发展地区,首先为生存着想是一个不争的现实问题。③ 河池市宜州区非物质文化遗产彩调龙队,"队员都是业余的,就是各行各业都聚在一起,有搬运工、打鱼的,也有做装修的……都有。平常有事,我就去干点小生意啊!搞一点生活费,……平时一般的话,彩调龙练习(排练)的话都要十圈、八圈吧!这样子练习,也有(人)平常是不做(不参加排练)的,去找生活费去了。还是生存第一。还是要生存嘛!这个都顾不了,又不是带薪培训,带薪培训就不同了"(PKM)。二是部分家庭、社区对本民族的文化缺乏足够的认识,传承积极性不高。"以前通过唱山歌来教育小孩。现在,正好小孩父母亲得有90%不在家,留守儿童,对,留守儿童,这些小孩子又不学山歌,就天天搞那些游戏网吧。爷爷奶奶在家管不了,他也不听你的话,(这样)野蛮的人不懂礼貌的人,确实有蛮多的。"(QHB)现代社会发展和竞争的加剧,使得民族地区的家庭和社区教育存在功利化,家庭中普遍关注子女知识技能的教育,在社区环境中

---

① 杨丽萍:《壮族教育与文化传承》,广西民族出版社2013年版,第28、33页。
② 韦祖庆:《瑶族文化之教育传承》,中国文史出版社2015年版,第171—181页。
③ 曹能秀等:《民族文化传承与教育——以云南省寻甸回族彝族自治县六哨乡为个案》,人民出版社2012年版,第135—140页。

也形成了这样的氛围。① 有16.9%的青少年对"父母、长辈经常向我讲授壮族传统文化知识"是持否定态度的;"对家庭开展壮族传统文化传承的效果很满意",有9.3%的青少年直接否定,26%的青少年不置态度。青少年"所在村屯或社区经常举办民族传统文化活动",有14.9%的青少年是否定的;"对村屯、社区开展壮族传统文化传承的效果",有10.1%的青少年是不满意的,27.6%的青少年不置态度。三是家庭—社区教育中民族文化选择的狭隘性。特别是社区举办活动,往往围绕外在的、显性的,如歌舞、器乐、服饰、饮食等开展活动,而对壮族内在的、有关民族心理方面的、深层次的文化表现与活动,如民族的价值取向、道德礼仪、民族情感、兴趣爱好、审美标准等民族文化最稳固的部分,挖掘不够。② 四是家庭—社区教育中文化传承人日趋匮乏。"到我这一代,已经很少有人打(六也壮鼓)了。如果我不传授给他们(青少年)这代可能就灭绝了,没人了,我们这代也就是我做,其他人都不会。"(ZGY)

(三)社会教育方面

一是对壮族文化发展的意识与认识还存在偏差。存在认识上的不足,缺乏自主意识,思想观念与文化软实力建设还存在不相适应的现象。二是民族文化发展能力还有所不足。广西知名的文化产业品牌不多,除了南宁国际民歌艺术节、印象·刘三姐较有影响外,大多还没形成品牌效应。优秀的壮族文化产品还不够多,文化产业市场还不够成熟。有3.9%的青少年对"文化机构不断推出壮族传统文化滋养的文艺作品"持否定态度,17.8%的青少年不置态度。三是公共文化服务体系还有待进一步完善,壮族地区的文化硬件建设得到了发展,但还是滞后于经济发展。四是社会对弘扬壮族优秀传统文化氛围的建设力度还不够,传统媒体的现代转型不够,文化宣传力尚显不足。五是文化宣传教育的功能整合力度不够。党政宣传、教育、文化、旅游、民族、宗教、新闻出版等党政机关,往往在各条线上各自开展工作,不能形成很好的合力。有3.9%的

---

① 韦祖庆:《瑶族文化之教育传承》,中国文史出版社2015年版,第201—207页。
② 谢红雨、肖荷:《文化教育人类学视野下民族文化传承的教育路径研究》,《民族高等教育研究》2017年第1期。

青少年对"报纸、书刊、电视、互联网站等各类媒体大力宣传壮族传统文化"持否定态度，18.1%的青少年不置态度。六是广西区域经济和社会文化发展水平相较于全国，处于后发展位置，经济社会发展的相对滞后性，在精神上或物质上，都会对教育效果产生一定的制约作用。① "要不给（让）这个民族文化失传，这个政府要重视（一点）啊，参加的人数，还有一些人爱好这一方面的（都）参加了吗？这就不失传了嘛。（还要）有这方面的鼓励，你要有一点奖金给他，或者有点车费啊，有点伙食费呀，务工费给他，让他有一点温暖感。要不然嘛，我的车费都没有，伙食费都没有，有什么心情去（参加）唱歌啊比赛啊，肚子饿都没有解决。"（大化，QHB，70岁）以上原因，致使青少年"对社会开展壮族传统文化传承的效果"有6.5%是不满意的，有24.4%青少年不置态度。

（四）自我教育方面

一是后喻文化时代②，青少年对传统文化的学习通过手机、网络等新媒体，相对缺乏的是现场参与和实践体验的重要过程。二是对壮族传统文化的认识存在误区，认为传统的就是落后的，与自身实际、与时代发展不相符，便要扬弃。有6.2%的青少年对"壮族传统文化里所蕴含的民族精神能提升我的思想道德素质"持否定态度，24.5%的青少年对此不置态度。3.3%的青少年对"壮族地区的学生应该学习和传承壮族传统文化"持否定态度，14.1%的青少年不置态度。三是认为文化是软的东西，专业学习、职业发展、自身升学等，才是最主要的内容。"我那个孙子五岁了，在家也经常叫爷爷你看（教）我打鼓；我孙子孙女说，爸爸你为什么不跟爷爷（学）打鼓啊？他说，我不喜欢。他不喜欢，你也没办法（教）给他，他（儿子）就是上学、读书，读书完了之后，工作，都是（为了）谋生，三十来岁。"（ZGY）认为自身的发展与传统文化学习之间，存在着一定的矛盾冲突。四是受多元文化的影响，都倾向于选择主流文化，缺乏对少数民族传统文化学习的动力。3.8%的青少年明确不会

---

① 孙杰远、徐莉：《人类学视野下的教育自觉》，广西师范大学出版社2007年版，第21—30页。

② [美]玛格丽特·米德：《文化与承诺——一项关于代沟问题的研究》，周晓红、周怡译，河北人民出版社1987年版，第76页。

"主动去了解壮族传统文化知识",且有41.1%的青少年对此不置态度。以上诸现象,都对青少年的自我激励、自我提高、自我完善、自我反思和自我发展产生影响。①

(五)影响壮族优秀传统文化融入思想政治教育的主要因素分析

通过数据统计发现,影响壮族传统文化融入青少年思想政治教育的最主要因素的情况如下:排在第一位的是"社会上没有形成弘扬壮族优秀传统文化的氛围",占被试的18.4%,这说明壮族地区对壮族传统文化虽然重视,但在落实方面仍然不够。排在第二位的是"民族旅游项目造成对传统文化价值传承的失真,出现商品化、庸俗化等现象",占被试的16.2%,这说明文化产业发展的过程中,对壮族传统文化精髓的挖掘不够,存在偏差而导致失真。排在第三位的是"学生自身不积极,认为不重要、影响学习",占被试的13.0%,这是自我教育的关键,说明青少年对壮族传统文化的学习从根本上存在误区,因而成为影响学习效果的最主要的个人因素。排在第四位的是"父母及长辈民族知识的有限性",占被试的9.5%,这也是家庭教育存在局限性的原因之一。排在第五位的是"校园文化活动、社会实践活动流于形式",占被试的9.3%,这是青少年比较喜欢的学习方式,但在他们自身看来这又疏于形式。排在第六位的是"村落、社区等举办的民族文化活动文化底蕴不够深厚",占被试的8.6%,说明社区教育在特定的场域中,既有传承民族文化的重要功能,但是也因形式化等原因而导致文化底蕴不足。接下来是"传统文化本身不太符合当前学生的思维、生活方式",占被试的8.4%;"课堂理论教学枯燥,教育教学方式陈旧、枯燥",占被试的7.1%;"学校相应的教材、课程体系不健全,教育内容不丰富",占被试的6.6%,这些都说明在传统文化融入的教学中,缺乏创造性转化和创新性发展,导致教育效果不佳。排在最后的是"教师民族传统文化知识和素养积累不够",仅占被试的2.9%,说明青少年对民族地区教师的传统文化知识素养还是认可的,学校要进一步做好壮族优秀传统文化融入思想政治教育的师资队伍建设工作。

---

① 孙杰远、徐莉:《人类学视野下的教育自觉》,广西师范大学出版社2007年版,第150—155页。

表 6.23　影响壮族传统文化融入思想政治教育的主要因素统计表

选项	N	百分比	观察值百分比
社会上没有形成弘扬壮族优秀传统文化的氛围	4132	18.4%	46.1%
传统文化本身不太符合当前学生的思维、生活方式	1897	8.4%	21.2%
民族旅游项目造成对传统文化价值传承的失真,出现商品化、庸俗化等现象	3633	16.2%	40.5%
父母及长辈民族知识的有限性	2131	9.5%	23.8%
学生自身不积极,认为不重要、影响学习	2917	13.0%	32.5%
村落、社区等举办的民族文化活动文化底蕴不够深厚	1941	8.6%	21.6%
课堂理论教学枯燥,教育教学方式陈旧、枯燥	1598	7.1%	17.8%
校园文化活动、社会实践活动流于形式	2084	9.3%	23.2%
学校相应的教材、课程体系不健全,教育内容不丰富	1484	6.6%	16.5%
教师民族传统文化知识和素养积累不够	650	2.9%	7.2%
合计	22467	100.0%	250.5%

二　影响因素存在问题的原因分析

"融入"实践活动之所以出现以上诸方面的问题,原因是多方面的,主要如下:

(一) 社会转型的时代背景影响

随着经济全球化浪潮的到来,改革开放的进一步深化,社会主义市场经济的大发展,壮族地区经济社会也取得了巨大进步,壮族地区人们在物质生活、社会生活、政治生活和精神生活等方面的现代化程度不断提高。社会转型主要体现在从农耕社会到工业社会、从自然经济到商品经济、从传统生活方式到现代生活方式的转型。[1] "年轻人都出去打工啊,现在只有那些老人在家……小孩子,学生,都住校了……"(来自在全国

---

[1] 安静:《彝族民俗的思想政治教育功能研究》,博士学位论文,中国矿业大学(北京),2018年,第119—126页。

少数民族特色村寨宁明县攀龙屯的访谈),这是调研中发现的非常突出的问题,壮族地区随着社会经济转型,社会单向流动加剧,农村劳动力转移到城市,青壮年外出谋生,年长者在以经济利益为中心的乡村社会中逐步被边缘化,致使壮族文化传承主体缺失,传承主体出现断层,传承链难以衔接。[1] 尤其是城镇化的发展,使得越来越多的乡村瓦解,更多的青少年离开自己生长的家庭、村屯,到城市读书或在寄宿制学校生活学习,"学前班啊,(孩子)在(学校)里面住,不得了啊,一年级学生在(学校)里面,自己独立生活,不行的,太小,但就是被动留守,被动留校"(访谈于大化高中),使得壮族文化传承发展的文化场域,发生了重要的变换。[2]

(二)教育主体文化传承观念和价值取向的转变

教育主体受到"多元文化的砥砺与冲突","因而不可避免地导致人们价值观念、思想意识、道德规范上的分歧和冲突"。[3] 现代社会,壮族地区各民族内部、壮族与外部主流文化等的交往交流交融不断增强,文化传播的速度也不断增速,壮族地区的人们也在交流中进行学习互动,逐渐向主流文化靠拢,也就导致壮族文化传承的价值取向发生了改变。这主要表现在观念的改变上,壮族地区出现了一种矛盾或者说是两难心理,那就是既不想让青少年忘记本民族文化,又担心本民族文化影响子女融入主流社会。"实际上不是说小孩不喜欢传统文化,他们也感兴趣,他喜欢,(但)就像今年学校他不喜欢我们进(校园)去教孩子,他(学校)说影响孩子。呃,影响学习。"(来自都安县非物质文化遗产传承人 ZHC 的访谈)这样就出现了实用性的价值取向,也就出现了学校教育、家庭—社区教育、社会教育、自我教育等各影响因素,都倾向于向主流文化倾斜的现象。社会教育方面,特别是民族文化产业发展能力还不够,在对传统文化资源挖掘时功利化心理自然而然存在,因而导致人们对壮

---

[1] 郗春媛:《社会变迁与文化传承——云南散杂居地区布朗族研究》,社会科学文献出版社 2013 年版,第 164—166 页。

[2] 曹能秀等:《民族文化传承与教育——以云南省寻甸回族彝族自治县六哨乡为个案》,人民出版社 2012 年版,第 177—183 页。

[3] 戚万学:《多元文化背景中道德教育的文化自觉》,《人民教育》2011 年第 22 期。

族传统文化精神的挖掘不够，转化失真。[1]

（三）壮族文化习得模式的转换

随着现代化、信息化、城镇化的发展，民族传统与现实境况日渐疏离，壮族文化得以栖居的社会空间和文化空间都发生了变迁，传统的文化传承模式已经逐渐瓦解。[2]特别是随着广播、电视、网络的发展，融媒体等现代传播方式得到充分发展，这些现代媒体强力介入到壮族社会中，不仅改变了人民的闲暇生活，也让人们可以更快更便捷地接受外部信息，思想观念、行为习惯都与外界进行了接触，严重受到外来文化的冲击。"手机还没有推广的时候，壮族三月三歌节时，大街小巷都有过节的气氛，但在当今早已经没有了那种气氛，而只有几个老人，几个爱好山歌的人像以前那样过节，现在的新青年都在玩手机打游戏，基本忽视了节日的存在，忽视了节日的意义。"（大二学生 PAN）再加上大量的青少年从小学开始便寄宿在学校中，与其所在的家庭、社区等传统文化场域，出现了隔离，[3]传统壮族文化传承的家庭、社区教育模式不得不改变，但新的教育场域，如学校传承、社会公共文化场馆等传承场域，还没有完善，自我教育因素也受到影响和冲击。[4]

（四）各教育因素没有完全形成合力

在开展壮族优秀传统文化融入青少年思想政治教育过程中，学校教育、家庭—社区教育、社会教育、自我教育各有各的特点和作用，可以实现功能互补。在调研中我们也发现，社会上有非常多的民族传统文化传承艺人，他们有"教育"的积极性，以下是对民族文化传承人 ZHC 的访谈："笔者：当（民族文化传承兼职）老师就是出于个人爱好？ZHC：不是，不是爱好，就是为我们的民族，带动我们的民族，有这份心，对

---

[1] 杨丽萍：《壮族教育与文化传承》，广西民族出版社 2013 版，第 39—41、62—67 页。
[2] 曹能秀等：《民族文化传承与教育——以云南省寻甸回族彝族自治县六哨乡为个案》，人民出版社 2012 年版，第 184—193 页。
[3] 郗春媛：《社会变迁与文化传承——云南散杂居地区布朗族研究》，社会科学文献出版社 2013 年版，第 160 页。
[4] 孙杰远、徐莉：《人类学视野下的教育自觉》，广西师范大学出版社 2007 年版，第 99—102 页。

民族有自豪感。喜爱自己的民族,发扬(传承)我们的传统文化。笔者:这就是相当于学校聘你们? ZHC:没有! 就是,额…为我们民族的文化无偿贡献,都没有什么,连我们小孩喝水的钱有时候都困难。实际上(民族传统文化)进学校应该不影响(学生的学习)。第二课堂,民族传统文化的东西就都出来了(传承下来了)。实际上贵州、湖南各个(好多)学校都有这个(民族文化进校园)"。可见,在具体的教育实践中,以上各方面相互之间缺乏足够的联系,互动不够,各自的长处发挥不够,因而在对青少年的思想政治教育实践中,存在相互脱节的现象,也就是缺乏相应的沟通协调机制来促进各教育因素形成教育合力,难以实现教育实践效果的最大化。①

(五)对传统文化的重视不够,观念有误区

民族文化发展意识不强,文化认识还不到位。多元文化的介入,使得强势文化凭借经济优势而携带现代时尚元素和多元的价值观进入壮族地区,传统的壮族价值观念和行为方式等都潜移默化地发生着变化,改变着壮族地区人民的生活方式。"文化一直在发展,一直在扬弃,它最精华的(就是)跟我们现在的结合,我觉得这样它就能存下去。(习近平)总书记对于传统文化提出要进行创造性转化、创新性发展,广西相对来说在这方面(壮族传统文化),挖掘传统文化,感觉在创造创新方面比较使不上劲,就是不上去。就像我们的花山,它确实那么的神秘也那么古老,对不对?可是感觉她现在就是那一幅画。"(LB)这导致民族文化自信不够,传承积极性不足,这在各教育因素中都有所体现。壮族传统文化的衣食住行等物质文化载体遭到破坏,精神文化如民族意识、价值观念、审美情趣、文字典籍、民间信仰的发展,也遇到一定的阻力。当然,还存在着一定的重经济发展、轻文化建设的思想。

---

① 杨丽萍:《壮族教育与文化传承》,广西民族出版社2013版,第40页。

第七章

完善优秀传统文化融入
青少年思想政治教育的对策

实现壮族优秀传统文化有效融入青少年思想政治教育,不仅要探讨相关的理论问题,更重要的是要在实证研究的基础上,提出可能的、合理的、有针对性的对策、建议,这既是理论研究观照现实的必然需要,也是壮族优秀传统文化融入青少年思想政治教育有效实现的根本保障。

第一节 坚持优秀传统文化融入青少年思想政治教育的基本原则

原则在实践中凝练、抽象而来,反映一定的规律,并对实践具有指导意义。壮族优秀传统文化融入青少年思想政治教育,也应遵循相应的原则,以提升教育效果的最大化,达到相应的教育目标。

一 坚持巩固和发展中华民族共同体的原则

"铸牢中华民族共同体意识"是习近平关于新时代民族工作的重大理论创新。"铸牢中华民族共同体意识"深刻阐明了中华民族多元一体格局的内涵,是实现中华民族伟大复兴中国梦的必然要求,是新时代维护国家统一、民族团结、社会和谐的内在需要,是全面小康和现代化的动力保证。① 铸牢中华民族共同体意识为实践工作提供了理论支撑和实践指引，应把其作为主线和衡量标准，贯彻到各个领域各个环节。壮族优秀传统文化融入青少年思想政治教育，应该围绕"铸牢中华民族共同体意识"来开展，要体现对"多元一体格局"的尊重与遵循，要着眼于强化中华民族整体性的功能定位。在开展壮族优秀传统文化融入青少年思想政治教育的实践中，要始终坚持民族平等，要体现"两个共同""三个离不开""五个认同"等重要内容，以是否有利于铸牢中华民族共同体意识作为评判准绳，确保精准助力铸牢中华民族共同体意识。②

二 坚持"以文化人、文化育人"的原则

习近平高度重视文化问题，强调要以文化人、以文育人。文化的根本价值和意义在于育人。对待传统文化，习近平指出："要坚持马克思主义的方法，采取马克思主义的态度，……用中华民族创造的一切精神财富以文化人、以文育人。"③ 壮族优秀传统文化融入青少年思想政治教育，根本目的在于以壮族优秀传统文化为基础，提升青少年思想政治素质，实现育人的目的，当然，也就是为中国特色社会主义培养和造就合格的建设者和接班人，因此必须树立"以文化人、以文育人"的理念，围绕"立德树人"中心工作培养人才。文化育人的前提是文化自信，只有坚定文化自信，才能"以文化人、以文育人"。壮族优秀传统文化融入青少年思想政治教育，要立足于壮族地区独特的民族文化，首先要正确科学地认识壮族传统文化的价值，建立文化自信，然后从精神育人、环境育人、实践育人等多个方面开展教育实践活动。壮族优秀传统文化富有充足的精神资源，深化"以文化人、以文育人"工作，首先要深化壮族文化精神育人，挖掘和阐释壮族优秀传统文化所蕴含的宝贵精神，特别是其所

---

① 巴特尔：《铸牢中华民族共同体意识奋力实现伟大复兴中国梦》，《求是》2018 年第 13 期。

② 郝亚明：《中华民族共同体意识视角下的民族交往交流交融研究》，《西南民族大学学报》（人文社科版）2019 年第 3 期。

③ 中共中央宣传部：《习近平总书记系列讲话读本》，学习出版社、人民出版社2017 年版，第 202 页。

蕴含的爱国主义精神、社会公德观、家庭道德观、职业道德观、生态文化观以及修齐治平等思想精髓，以期更好地实现育人目标。人的社会化离不开环境的熏陶，要从壮族文化硬件建设和精神建设两个方面来营造壮族文化育人的环境，硬件包括壮族文化基础设施、公共文化场所等，精神建设包括壮族文化产业如"印象·刘三姐"等文化精品，全面加强壮族传统文化环境建设，以良好的文化环境深化文化育人工作。再就是要通过壮族文化实践育人，不断拓宽实践育人的路径，丰富实践育人活动的文化内涵，扩大文化活动的覆盖面，让青少年通过广泛深入的参与，切切实实的亲身体验，在愉悦的心理体验中提升思想政治素质，实现文化实践育人的目的和功能的最大化。[1]

三 坚持社会主义核心价值观引领的原则

培育和践行社会主义核心价值观，就是要培养担当民族复兴大任的时代新人，这是民族思政教育的根本遵循。"培育和践行社会主义核心价值观必须立足中华优秀传统文化。"[2] 文化的核心是价值观。[3] 社会主义核心价值观是新时代先进文化的集中反映，是当代中国精神的集中体现，在社会价值目标中处于主导地位，具有引领作用。[4] 社会主义核心价值观蕴含着国家梦想、社会理想，以及人民对真善美的信念，从三个层面系统科学提出了要建设什么样的国家、构建什么样的社会、培养什么样的公民的问题。[5] 壮族优秀传统文化融入青少年思想政治教育，必然要以社会主义核心价值观为引领。壮族优秀传统文化所蕴含的价值观念与社

---

[1] 冯刚、王树荫：《思想政治教育研究热点年度发布2017》，团结出版社2018年版，第147—150页。

[2] 《习近平在中共中央政治局第十三次集体学习时强调：把培育和弘扬社会主义核心价值观作为凝魂聚气强基固本的基础工程》，《人民日报》2014年2月27日第1版。

[3] 沈壮海：《以社会主义核心价值观凝心聚力》，《经济日报》2017年12月14日第5版。

[4] 陈林：《新时代培育和践行社会主义核心价值观的路径》，《通辽日报》2018年12月17日第4版，转引自中国社会科学网，http://ex.cssn.cn/dq/nmg/201812/t20181219_4796022.shtml，2018年12月19日。

[5] 韩震：《论社会主义核心价值观的凝心聚力作用》，《中国高校社会科学》2016年第5期。

主义核心价值观相一致。开发壮族优秀传统文化资源时，必须坚持社会主义核心价值观所倡导的政治方向，体现先进文化的价值凝练和导向，以此引领青少年思想政治教育。壮族传统文化既有精华，也有其糟粕，其中存在的一些迷信活动、野蛮习俗等具有负面功能的文化部分，对人的思想和社会的发展具有负面的阻碍作用，因此必须以社会主义核心价值观为引领，坚决批判和抵制各种落后、腐朽的思想。壮族传统文化在现代化的进程中出现一定程度的遗失，在与外来文化的比较中，文化自觉带来的失落、封闭和排斥，不利于青少年的思想道德素质的提高，必须以社会主义核心价值观引领壮族传统文化的重塑，以有利于青少年道德素质和思想政治素质的提高，必须在挖掘符合青少年思想政治教育的壮族传统文化资源时，认真辨析，去伪存真。同时，以社会主义核心价值观为引领，坚决抵御国内外敌对势力企图对我国少数民族群众的挑唆分化和思想腐蚀，消解宗教极端势力对民众特别是民族地区群众的思想蛊惑，铸牢青少年思想政治教育的文化防线，在意识形态领域引领壮族地区青少年的发展。①

四 坚持创造性转化和创新性发展的原则

壮族传统文化蕴含着思想政治教育的重要资源。对我国传统文化要坚持古为今用，要"经过科学的扬弃后使之为我所用"，② 要吸纳壮族传统文化中的思想精华，发挥其当代价值，剔除其糟粕，实现批判性继承。要深入挖掘壮族传统文化的时代价值，实现其创造性转化和创新性发展，赋予其以时代内涵。同时，对于壮族传统文化必须进行甄别，对落后的、有时代局限性的部分要剔除。壮族传统文化是一种稻作农业文化，侧重于人际关系规范，关注文化伦理效应，必须在实现壮族传统文化承续本真中实现返本开新，必须实现壮族传统文化的创造性转化和创新性发展，以满足当代需要。要有开放的眼光和创新的意识，善于将壮族文化资源

---

① 朱永梅：《新时代民族地区社会主义核心价值观的践行》，中国社会科学网，http：//www.cssn.cn/zzx/yc_zzx/201901/t20190107_4807149_1.shtml，2019年1月7日。

② 《习近平谈治国理政》，外文出版社2014年版，第156页。

在创新中保护,在保护中创新,并注意壮族传统文化资源开发的可持续性和生态性,避免过度商业化、过度娱乐化,偏离原生态,失去壮族传统文化的本真和精髓。"在文化自信中,我们既要重视传统文化,又要重视红色文化和社会主义先进文化。"[①] 壮族地区还蕴含着丰富的红色革命文化资源,在实施壮族优秀传统文化融入青少年思想政治教育过程中,还要注意实现壮族优秀传统文化与红色革命文化的结合,深化精神阐释,实现民族思想政治教育创新。

五 坚持针对性与系统性相结合的原则

壮族优秀传统文化融入青少年思想政治教育实践活动,要有针对性。实证研究的结果也表明,壮族优秀传统文化融入青少年思想政治教育活动,具有区域性和民族性,学校类型、年龄阶段各异,个体、家庭、社会背景不同的青少年受壮族优秀传统文化融入的影响,存在不同程度的显著差异性,因而在教育实践活动中,必须尊重这些差异,区分层次、突出重点,区分学段,逐步推进,有针对性地对青少年开展教育活动。壮族优秀传统文化的融入还要做到系统性原则。要将壮族优秀传统文化融入的学校教育、家庭—社区教育、社会教育和自我教育相结合,用好学校教育主阵地,加强家庭、社区、社会、学校之间的配合,形成教育合力。壮族传统文化融入的教育,要坚持理实一体,用好课堂教学这一主渠道,并发挥课外活动和社会实践的重要作用,实证分析也发现,青少年在接受壮族优秀传统文化融入青少年思想政治教育活动中,既有学校教育的成分,也有校外教育的成分,这些差异性在开展教育实践活动中都要予以关注,并充分发挥好理论教育与实践育人各自的功能与作用。此外,还要建立科学的评估系统,并将系统的学校教育与非系统的校外教育结合起来,实现壮族优秀传统文化融入的网络化、全覆盖。

六 坚持解决思想问题与解决实际问题相结合的原则

壮族优秀传统文化融入青少年思想政治教育,要牢固树立以学生为

---

① 陈先达:《文化自信中的传统与当代》,《光明日报》2016 年 11 月 23 日第 13 版。

本的理念，以实现青少年的全面发展为根本目标。也就是说，壮族优秀传统文化融入青少年思想政治教育活动，要从壮族地区青少年的需要出发，要把青少年的根本利益作为教育活动的出发点和落脚点。要立足于激发青少年的积极性、主动性和创造性，立足于满足青少年的需要和促进青少年的全面发展，立足于提升民族思想政治教育的文化品质和有效性。① 实证研究发现，面对壮族传统文化，无论是青少年，还是影响壮族传统文化融入的学校、家庭、社区、社会等实践活动主体，都对壮族传统文化存在一定程度的不自信，民族文化自觉性也不够。随着市场经济的深入发展，面对社会转型和经济发展步入新常态，再加上主流文化、多元价值的影响，青少年和各教育影响因素都在发生着变化，因此必须把解决思想问题与满足发展问题结合起来。要根据壮族地区经济社会与文化发展的需要，创造条件实现壮族文化与现实实践的对接，实现壮族优秀传统文化促进壮族地区经济、社会、文化发展，融入现实的社会生活和发展过程。就青少年而言，要从其现实需求出发，切实关心青少年的现实需要和发展诉求，采取强有力措施满足他们的需要和诉求，在现代教育体系特别是就业体系中，深入挖掘壮族传统文化资源，激励全社会成员包括青少年参与壮族传统文化传承创新，乐于接受壮族传统文化融入青少年思想政治教育活动。总之，在解决青少年发展的实际问题，解决青少年的思想问题的过程中，两者相辅相成，共同作用于壮族优秀传统文化融入青少年思想政治教育。

第二节　创新优秀传统文化融入青少年思想政治教育的实现路径

　　作为一项系统工程，必须综合考虑"融入"的各影响因素，做到统筹兼顾，又要有所侧重。统筹学校教育等各教育因素，形成教育合力；统筹不同类型教育，分类开展"融入"的教育实践活动；根据不同年龄

---

① 郭勤艺：《思想政治教育传统文化资源开发研究》，博士学位论文，武汉大学，2017年，第207—208页。

阶段的青少年身心特点，遵循民族思想政治教育规律和青少年思想品德发展规律，实现分层推进；统筹课堂内外，实现各个培养环节的横向结合；统筹专业教育、人文教育和思政理论课教育，实现条线结合、全方位渗透。[1]

一 统筹建立立体化教育体系

学校教育、家庭教育、社区教育、社会教育和自我教育，在壮族优秀传统文化融入青少年思想政治教育过程中，都发挥着重要作用，在实施教育过程中，要做到统筹兼顾，建立立体化的教育体系。

（一）壮族优秀传统文化融入的学校教育

学校教育是壮族优秀传统文化融入青少年思想政治教育的主阵地。学校教育是建立在一定社会关系基础上的社会组织机构，按照系统的教育方案开展教育活动，教学目标、内容、环节等都有严格的标准，具有明确的方向性、系统性。学校是促进壮族文化变迁的重要力量。在学校教育中顺利推进壮族优秀传统文化融入青少年思想政治教育，要注意尊重青少年的主体性，坚持灌输的同时注重平等对话，促进青少年的内在需要与社会规范相统一，促进壮族优秀传统文化融入的生活化，实现其知、情、意、行的统一，完善自我教育。促进壮族优秀传统文化融入的时代性，挖掘壮族优秀传统文化的时代价值，贴近青少年的学习与生活，观照他们的民族心理特征与差异性。加强网络化渗透性，体现在壮族优秀传统文化融入的校园内外，包括专业学习与职业发展、显性课程与隐性资源等。

（二）壮族优秀传统文化融入的家庭教育

家庭教育是壮族优秀传统文化融入的重要基础。家庭是重要的教育与文化传承场域。家庭教育具有启蒙性、复杂性、连续性和长久性的特点。[2] 家庭成员、环境和文化氛围会陶染子女。壮族地区家庭对壮族传统

---

[1] 韩延明：《红色文化与社会主义核心价值体系建设研究》，人民出版社2013年版，第220—243页。

[2] 李祖超：《教育激励论》，中国社会科学出版社2008年版，第360—362页。

文化的态度和行为，直接影响青少年对壮族传统文化的看法与实践取向。针对壮族家庭教育中存在的缺乏壮族文化自信，对青少年重智轻德等现象，要积极予以应对，加以化解。关键就是要促进当地经济发展，为家庭教育中的壮族优秀传统文化的融入奠定经济基础。所以要加强教育扶贫，特别是职业教育在精准扶贫中的不可替代性。壮族家庭有了经济基础，便能弘扬壮族文化的价值，增进民族文化自觉，才能为壮族优秀传统文化的融入打下坚实基础。在家庭教育中，要努力提高家长自身对壮族传统文化的自信，提升其传承创新意识，更新对子女成才的正确观念，以此充分发挥家庭教育中壮族优秀传统文化的思想政治教育价值与功能。

（三）壮族优秀传统文化融入的社区教育

社区教育是壮族优秀传统文化融入的有力途径。实证研究发现，"融入"的教育活动具有显著的民族性和区域性差异。村镇、社区往往是一个民族的聚居区，具有确定的区域性。在社区教育中，壮族文化按照其符号象征功能，对社区成员相应角色给以提示和确认。社区教育中各种各样的仪式文化，对青少年的教育会产生深远影响，形塑其思想道德观念。加强壮民族文化载体的保护与建设，村镇社区中的壮族民族文化载体，担负着承载传承本民族文化的重任。挖掘社区中一切有利的壮族文化资源来开展思想政治教育活动，结合声像、网络等手段发挥壮族优秀传统文化融入的优势。拓展民族文化传承途径，丰富民族文化的传承方式，并以青少年现实的学习、生活与职业发展需要为基础，实现解决思想问题与现实生活问题的兼顾。①

（四）壮族优秀传统文化融入的社会教育

人的理想信念、思想道德观念、文明素养与行为形塑，离不开良好社会环境作为依托。壮族优秀传统文化融入青少年思想政治教育，也离不开社会环境的影响，离不开社会各方面资源的支撑，离不开社会教育功能的发挥。社会教育具有自然性、渗透性、生活性、多样性等特征。

---

① 谢红雨、肖荷：《文化教育人类学视野下民族文化传承的教育路径研究》，《民族高等教育研究》2017年第1期。

壮大壮族文化事业、产业，供给青少年质优量足的文化产品和文化服务。如《印象·刘三姐》早已为众人熟知，目前针对世界文化遗产左江花山岩画，新打造了左江花山音画夜游和大型实景演出《花山》；又如舞剧《花界人间》是广西壮族自治区成立60周年的重要文化文艺精品项目，《花界人间》以壮族传统文化为大背景，以壮族地区花神信仰中从花界来、到花界去为创作基础，将花界、人间作进一步延伸，直入人的内心，重点选取打谷、打砻、祭祀、献药四个大场景，渲染民族和睦、邻里相亲的美好壮乡。加强对壮族优秀传统文化的宣传，形成尊重与弘扬壮族优秀传统文化的良好氛围，引导树立正确的壮族文化观。不断提高壮族公共文化服务水平，加强对于壮族传统文化的保护、传承和发展，大力发展民族传统体育事业。在全方位的社会教育中，构建良好的社会环境，为该教育实践活动保驾护航。

（五）壮族优秀传统文化融入的自我教育

自我教育是内部因素，其他各类教育目标的实现、效果的达成，必须以自我教育来达成。在壮族优秀传统文化融入的实践中，青少年既是教育的客体，也是教育的主体，两者交相发挥效用，最终达成教育目的。因此，实现壮族优秀传统文化融入的自我教育，才是所有教育因素中的最高境界。在该教育实践中，要激发青少年实现自我激励，"在自我激励中，个体行为的启动、监控、评估以及奖惩都由个体自身完成，它强调个体的自控，具有内隐性、能动性、主体性、精神性、持久性等特点"。"强烈的自我激励是成功的先决条件。"[1] 在实施壮族优秀传统融入青少年思想政治教育活动中，要注意创设积极的情境，并引导青少年完全投入情境中，促进青少年的沉浸体验，使得他们进入一种忘我的、身心俱佳的高峰体验状态，让他们一步步迈向自我实现，进而改变青少年的世界观、人生观和价值观。[2] 充分发挥青少年的主体意识、能动意识，协调发挥青少年理性和非理性因素，不断提升青少年的综合素质和自我教育能力，以此形成良性的内在动力系统。

---

[1] 李祖超：《教育激励论》，中国社会科学出版社2008年版，第297、308页。
[2] 孟万金：《积极心理健康教育》，中国轻工业出版社2008年版，第139页。

综上所述，学校教育、家庭教育、社区教育、社会教育和自我教育各有侧重，各有特点，必须把它们整合起来，相互补充，相互促进，以此切实增强壮族优秀传统文化融入青少年思想政治教育的生机和活力。

二 统筹不同年龄段青少年教育

壮族优秀传统文化融入青少年思想政治教育，要根据不同年龄阶段青少年的心智特点、知识储备等情况，建立一种层级推进、一以贯之的教育机制，从而更好地发挥壮族优秀传统文化融入青少年思想政治教育的效果。

（一）壮族优秀传统文化融入未成年教育

要遵循未成年人思想道德形成的规律，即遵循其身心发展特点和成长需要实施教育。未成年人思想道德观念的养成、价值观的形成，前提是对价值观知识的认知，基础是个体的心理活动与道德情感的参与，关键是青少年的体验与经验。基于此，开展壮族优秀传统文化融入青少年思想政治教育工作，要从兴趣爱好和感性体验入手，积极引导未成年学生，发挥榜样示范、朋辈引领作用，并综合运用壮族优秀传统文化所蕴含的道德教育、感恩教育、体验教育等多种教育手段。

（二）壮族优秀传统文化融入大学生教育

大学阶段，要持续巩固壮族优秀传统文化融入的成果，不断提升教育实践活动的层次。未成年人阶段，壮族优秀传统文化融入的教育，主要是培养未成年人在公共生活中要遵守最基本的生活准则和行为规范。进入大学阶段，壮族优秀传统文化融入的教育，要进一步深化青少年的发展性价值观念和理想性价值观念。发展性价值观念包括爱国主义、集体主义、社会主义等观念，是深化青少年的政治观、民族观、文化观、人生观、道德观等思想政治观念的教育，深化核心价值观的践行教育。理想性价值观念则是指要铸牢青少年中华民族共同体意识，并形成共产主义价值观。也就是，壮族优秀传统文化融入青少年思想政治教育，在大学阶段的任务要随着青少年的年龄阶段进行转换，切实提高针对性和实效性。

三 统筹不同类型教育

壮族优秀传统文化融入青少年思想政治教育，要兼顾不同阶段、不同层次的教育类型，分类、分层实施。

（一）壮族优秀传统文化融入基础教育

基础教育是提高民族素质的奠基工程。壮族优秀传统文化融入基础教育，要注重民族文化的熏陶，培养学生对壮族文化的兴趣，加深青少年对民族文化的体认。加强与壮族文化的整合，课程设置要突出壮族的社会文化特征，以青少年的生活体验为主；壮族传统文化的融入，要注意趣味性、游戏性，寓教于乐。壮族地区的中等教育，可以通过开设选修课、活动课等多样的形式，让青少年更为系统地了解壮族的文学经典，特别是通过壮族三月三等节日文化，深入了解壮族民俗风情。基础教育阶段，壮族地区学校乡土教材的编写和校本课程的开设，要为壮族优秀传统文化融入基础教育开拓新路径。[①]

（二）壮族优秀传统文化融入职业教育

壮族优秀传统文化融入职业教育，提升青少年的文化素养和技术技能，服务民族文化资源向文化资本转换，服务民族产业发展。充分发挥职业教育在民族文化传承创新中的作用。壮族优秀传统文化融入职业教育，要关注职业教育的特性，关注壮族地区职业学校青少年的职业发展。要把弘扬具有壮族民族特色的民居文化、饮食文化、艺术文化、歌谣文化、医药文化等作为职业教育教学的重要任务。推进壮族文化特色课程建设。改造壮族民间传统的壮锦、坭兴陶、铜鼓、绣球等手工艺传承模式，改进民族工艺流程，提升民族工艺品质，促进民族工艺产业化发展。将师徒相传、口传身授的传承模式，整理成规范、系统、科学的职业教育，加强非物质文化遗产传承人才培养。探索壮族文化的现代传承机制，聘请知名技艺大师等到职业学校建立工作室，将文化创意产品开发与培养传承人相结合，建立职业教育的传承"场域"。围绕壮族地区的特色产

---

① 杨丽萍：《壮族教育与文化传承》，广西民族出版社2013年版，第91—101页。

业和文化产业，优化专业布局，服务壮族文化产业的转型升级。① 加强创业孵化，扶持有志于传承壮族传统文化的创业创新人才。②

（三）壮族优秀传统文化融入高等教育

高等教育是培养高级专门人才的社会实践。高等教育具有赓续和弘扬传统文化的功能。③ 壮族优秀传统文化融入高等教育，在广西有着特别重要的意义。强化人才培养，推动实施壮族传统文化相关专业人才扶持计划。优化专业设置，积极推进产学研用合作培养人才。系统地向壮族地区高校青少年学生传授壮族文化知识，通过相关理论的学习与社会实践，深入挖掘和弘扬壮族传统文化。通过对壮族文化进行更高层次的学习与传承创新，青少年可以在接受高等教育的过程中，全面了解壮族文化渊源、那文化、宗教艺术、医药科技等内容，造就拥有强烈民族意识和文化自觉的人才，让他们通过高等教育，更好地进入主流社会，调动青少年学习的自觉性，以此激发壮族优秀传统文化蕴含的精神力量。④

四　统筹校园内外教育活动

以课堂教学、校园文化和社会实践等校园内外教育活动，对青少年实施"文化浸泡"，发挥并实现校园内外显性文化浸泡和隐性文化浸泡的功能和作用，⑤ 从根本上推动壮族优秀传统文化融入青少年思想政治教育。

（一）壮族优秀传统文化融入课堂教学

课堂教学是一种系统的教育，效率极高，并且是一种长期的、长效的教育过程。推进壮族优秀传统文化融入青少年思想政治教育实践活动，要采取措施把课堂教育作为关键。人文社科课程，是壮族优秀传统文化

---

① 广西壮族自治区教育厅、民族事务委员会、人力资源和社会保障厅、文化厅：《广西职业教育民族文化传承创新工程实施方案》，2015 年，桂教职成〔2015〕13 号。
② 王屹、王立高：《民族文化传承人才培养的探索与实践——以广西中职民族文化传承示范特色项目建设为例》，《职业技术教育》2017 年第 6 期。
③ 戚万学：《高等教育学》，山东大学出版社 2008 年版，第 148—149 页。
④ 杨丽萍：《壮族教育与文化传承》，广西民族出版社 2013 年版，第 91—101 页。
⑤ 孟万金、官群：《积极心理健康教育的途径与方法》，《中小学心理健康教育》2017 年第 8 期。

融入青少年思想政治教育的理想载体。加强师资队伍建设，培养一批具备相关壮族传统文化素养，乐于传播壮族优秀传统文化的教师队伍，特别是中小学阶段要加强壮汉双语师资建设。持续深化中国特色社会主义民族理论进教材、进课堂、进头脑。加强青少年民族团结教育，深化"两个共同""三个离不开""五个认同"等教育。联系壮族地区经济社会发展实际与青少年的思想实际，优化教学方式，增强师生互动，利用网络科技和多媒体教学，增强壮族优秀传统文化融入青少年思想政治教育的吸引力。

（二）壮族优秀传统文化融入校园文化活动

校园是传播先进文化的重要场所，必须充分挖掘校园文化的功能。校园文化活动，在青少年思想道德素质的发展中发挥着重要作用。校园文化活动发挥浸染熏陶的作用，并在青少年走向社会的时候，也会将其精神品格传递到社会中去。要提高关于壮族优秀传统文化对人才培养作用的认识，加强崇尚壮族文化的校风和学风建设，创新民族文化进校园特别是民族大课间等校园文化活动，引导、发挥壮族优秀传统文化融入网络的正面、积极作用。

（三）壮族优秀传统文化融入社会实践

参加社会实践有助于提高青少年的思想政治修养。实证研究也发现，青少年最喜欢的壮族优秀传统文化学习方式之一，就是参加社会实践活动。通过社会实践，青少年可以了解壮族的传统与历史，了解壮族传统文化，了解壮族传统文化所蕴含的精神，有利于在实践体验中增进对壮族文化的认知与认同，形成民族文化自信，实现中华民族共同体意识的养成和践行目的。壮族优秀传统文化社会实践活动不仅仅是要让学生到民族村落社区进行调研、参观民族场馆等，更应该将思想政治教育、专业教育、社会教育等进行整合，使得学生在壮族传统文化实践中，感悟社会发展，提升专业能力，增进思想政治素养。社会实践是"融入"的重要途径，是民族思想政治教育的关键环节。在壮族优秀传统文化融入社会实践的过程中，要秉承全员育人的理念，整合校内师资、校外文化企业等社会力量，协同育人。力促壮族优秀传统文化的产、学、研结合，在增强融入实效性的同时，培养面向民族文化产业的人才。

五 统筹专业、人文与思政课教育

以上三者，各有侧重，相互融通，对于推进壮族优秀传统文化融入青少年思想政治教育，促进青少年成长成才都发挥着重要作用。

（一）壮族优秀传统文化融入专业教育

专业教育是高等学校、职业院校课堂教育的基本形式，在将壮族优秀传统文化融入专业教育诸环节中，专业课会由于自身所具有的思想政治教育的渗透性、随机性、融合性等特点，易于被青少年接受，有利于青少年在接受专业教育、学习专业文化知识的过程中，自觉加强壮族传统文化教育，提升思想道德素养。在实施专业课教学中，要有意识地把壮族优秀传统文化中的专业资源与专业课中的壮族优秀传统文化资源，有机结合起来，从思想渗透的原则出发将其融入到专业课的教学中。壮族优秀传统文化有着丰富的物质文化、精神文化、制度文化资源，可以根据专业课程特点，积极予以推进融入。壮族优秀传统文化融入专业教育，既能使专业课程富有民族特色和文化内涵，又可以寻找到壮族优秀传统文化融入青少年思想政治教育的突破口。

（二）壮族优秀传统文化融入人文教育

人文教育的核心在于人类心灵世界的构筑。壮族地区的人文教育离不开对于壮族审美文化资源的阐发。壮族优秀传统文化融入青少年人文教育，要深化教学改革，拓展、畅通人文素质教育渠道，并专门开设壮族传统文化课，深入阐发壮族优秀传统文化的人文精神，提升壮族地区青少年思想道德境界。

（三）壮族优秀传统文化融入思想政治理论课教育

民族思想政治教育属于分支学科，既承担着思想政治教育的任务，也承担着面向民族地区青少年加强马克思主义民族理论教育、民族团结教育、民族文化传承创新、铸牢中华民族共同体意识等多项任务。民族思想政治教育的性质任务、教学内容等决定了其作为壮族优秀传统文化融入的主阵地、主课堂、主渠道的基础。壮族地区积极促进壮族优秀传统文化进教材、进课堂、进头脑，是壮族地区学校思政课的重要任务。深化思政课改革，要尊重青少年的主体性地位，关注并解决壮族地区青少年的思想困惑和人生矛盾,把壮族优秀传统文化融入思想政治教育工作落到实处。进一步建设完善课程和内容体系,探索壮族优秀传统文化转化为思想政治理论课内容的路径,创新工作方法与途径,努力实现壮族优秀传统文化融入青少年日常生活实际,体现时代价值,提高实效性。

第三节 优化优秀传统文化融入青少年思想政治教育的方式方法

作为一种教育实践活动,要有效实现其"融入",既要沿用已有的经验做法,又要结合壮族地区实际和时代变化特点,与时俱进,凭借适当的方式方法,创新壮族优秀传统文化融入青少年思想政治教育工作方式。

一 直接嵌入法

在壮族优秀传统文化融入青少年思想政治教育过程中,要将壮族优秀传统文化中所包含的主体内容和主体思想,作为思想政治教育工作的施教内容,直接传播和灌输给青少年。直接嵌入法是壮族优秀传统文化融入青少年思想政治教育的主要方法。处于思想成熟发展过程中的青少年,其正确思想政治观念形成的前提就是引导他们分清壮族传统文化所蕴含的思政价值中,哪些是正确的,哪些是错误的。壮族优秀传统文化及其所蕴含的价值观念,不会在青少年头脑中自动生成,必须运用直接嵌入的方法,通过理论灌输,让青少年感知、认同并遵守壮族优秀传统文化所蕴含的价值观念。

二 实践嵌入法

实践是促进青少年思想发展的动力和目的,也是检验其思想观念是否正确的唯一标准。在壮族优秀传统文化融入青少年思想政治教育的过程中,单靠直接融入、理论灌输的方法还不够,还要与社会实践相结合,才能强化理论教育的效果,实现知行合一,将壮族优秀传统文化所蕴含的思想精神转化为价值观念。实践嵌入法形式多样,可以是到壮族民族村落考察,开展科技三下乡服务壮族农村,到民族企业实践锻炼等。在具体选择实践锻炼实施壮族优秀传统文化融入青少年思想政治教育活动中，要注意根据青少年的思想实际和教育目的，选择适合的实践锻炼方法；要注意持之以恒，在经常性的实践锻炼活动中，将壮族优秀传统文化及其价值观，转化为青少年的信念。建立壮族文化实践基地，创设实践锻炼的长效机制和物质条件。

三 休闲嵌入法

休闲是人类的一种精神向往，是一种积极的生命存在。壮族优秀传统文化休闲嵌入法，是指以壮族优秀传统文化资源为中介，向青少年开展思想政治教育的实践活动。马克思指出："个性得到自由发展，……由于给所有的人腾出了实践和创造了手段，个人会在艺术、科学等等方面得到发展。"[1] 休闲嵌入法包括参加"壮族三月三、八桂嘉年华"活动，参观壮族博物馆、壮族文化旅游、欣赏大型实景演出《印象·刘三姐》《花山》等文艺作品，参加南宁国际民歌节、河池铜鼓山歌艺术节等文艺活动，观看壮剧等壮族民间艺术，欣赏壮族山歌、壮族文化广播和影视作品，浏览壮族文化网站，参加壮族文体活动等。之所以要选择壮族传统文化休闲嵌入法，主要基于以下现实原因：一是壮族优秀传统文化有着丰富的思想政治教育资源，其价值理念与社会主义核心价值观相吻合；二是闲暇时间的增多，为壮族优秀传统文化休闲嵌入教育创造了条件；三是生活水平的提高，提供了物质基础。青少年参加以壮族优秀传统文化为中介的休闲教育活动，会被壮族优秀传统文化的魅力所吸引和感染，在一种放松和愉悦中接受思想政治教育。[2]

四 审美嵌入法

马克思指出，"人也按照美的规律来构造"。[3] 在壮族优秀传统文化融入青少年思想政治教育的活动中引入审美嵌入法，能够实现"融入"过

---

[1]《马克思恩格斯全集》（第46卷）（下册），人民出版社1980年版，第218—219页。

[2] 聂国林：《红色资源思想政治教育价值有效实现研究》，博士学位论文，南昌大学，2013年，第147—149页。

[3]《马克思恩格斯全集》（第1卷），人民出版社1995年版，第47页。

程中科学因素与艺术因素的融合,"以美辅德",有利于有效实现其教育价值。① 壮族优秀传统文化融入的审美嵌入法,就是通过引导青少年展开对壮族优秀传统文化资源的审美活动,使得青少年产生美的享受,提升其思想境界,以此达到思想政治教育目的。审美嵌入法,旨在培养青少年的审美人格。这里的人格,"指人的精神面貌具有审美特征,达到了美的境界,表现出和谐、个性、自由、超越和创造等基本特征"②。壮族优秀传统文化具有丰富的审美资源,如:广西的山水美等自然审美资源,花山、铜鼓等物质审美资源,都为以审美嵌入法开展相关工作提供了教育基础。壮族优秀传统文化融入的审美嵌入法,可以提升思想政治教育的感染力,青少年在审美性的教育情境中,亲身经历并会产生积极的审美情绪体验。在壮族优秀传统文化的审美过程中,青少年能够对其精神内涵和内在美的价值予以对比和辨别,培养自身的审美能力,提高自身在生活实践中对美的表现力和创造力。在壮族优秀传统文化的审美过程中,青少年会加深对壮族优秀传统文化所蕴含的思想价值观念、社会公德、家庭美德等道德品质的理解,从而为其内涵所吸引,形成壮族文化自信和文化自觉,以壮族优秀传统文化所蕴含的价值理念、道德观念促使自己形成良好的思想政治素质。审美嵌入法,可以培养壮族地区青少年的审美胸怀、审美情趣、审美理想,塑造审美人格,促进个体自由和谐发展;还能促进民族认同、民族凝聚以及民族文化传承等。③

第四节 建立健全优秀传统文化融入青少年思想政治教育的机制

作为一项系统工程的壮族优秀传统文化融入青少年思想政治教育实践活动,其内部各要素之间及其与外部环境之间,要实现有机结合,就要构建科学的体制机制,推动其有序、高效运转。壮族优秀传统文化融

---

① 聂国林:《红色资源思想政治教育价值有效实现研究》,博士学位论文,南昌大学,2013年,第149—150页。
② 何齐宗:《走向审美人格》,博士学位论文,华中师范大学,2002年,第25页。
③ 邓佑玲:《中国少数民族审美教育概论》,中央民族大学出版社2015年版,第162页。

入青少年思想政治教育的机制建设，既包括教育体制，也包括教育制度。我们要理顺体制，构建科学的运行机制和保障机制，推动壮族优秀传统文化融入青少年思想政治教育这一系统工程的科学运转。

一 构建优秀传统文化融入的教育体制

壮族优秀传统文化融入青少年思想政治教育的教育体制，主要是依托并发挥现有体制的优势。思想政治教育体制在地方层面，自治区、各市县宣传、教育、文化等部门属于直接领导部门，成员部门包括民族宗教、文化旅游、新闻出版、广播电视等部门。在学校层面，要建立党委领导下的校长及行政系统为主的管理体制；学校教育制定统一的教学大纲，编写统一的教材，在一定程度上具有强制性，保证和规范着民族思想政治教育；要完善成员单位和人员的职责与工作程序，确保规范而高效运行。总之，目前的思想政治教育体制权责清晰，经过充实调整组成单位，有利于党委和行政部门在壮族优秀传统文化融入青少年思想政治教育工作中形成合力，发挥积极作用。

二 建立健全优秀传统文化融入的运行机制

（一）建立健全壮族优秀传统文化融入的信息反馈机制

确保畅通的信息反馈机制是对壮族优秀传统文化融入青少年思想政治教育进行有效调控的前提，也是确保其有效推进的基础。这就需要建立健全信息上报、评估、应用、反馈等机制，确保信息及时、全面、准确，为壮族优秀传统文化融入的工作进行调节和调控提供有效、有用信息。

（二）建立健全壮族优秀传统文化融入的效果评估机制

壮族优秀传统文化融入青少年思想政治教育，要开展有效的评估，以确保"融入"工作的计划性和针对性，确保"融入"工作的科学化水平，主要看它是否以社会主义核心价值观为引领，是否有利于铸牢中华民族共同体意识，是否有利于青少年的全面发展。制定组织目标和实施计划。开展壮族优秀传统文化的融入工作，要有目标性、计划性，规范"融入"工作的开展。要探索建立责任制。把履行壮族优秀传统文化融入的情况纳入述职工作中，进行奖罚评价。定性与定量评估结合，明确量化考核指标，健全壮族优秀传统文化融入的评估指标体系，注重评价的多元化，对"融入"工作进行科学评价。

三 完善优秀传统文化融入青少年思想政治教育的保障机制

（一）壮族优秀传统文化融入的法规制度保障

法规制度是确保壮族优秀传统文化融入思想政治教育工作科学、有效开展的重要保障。广西已出台了《广西壮族自治区民族教育促进条例》等相关法规政策，为壮族优秀传统文化融入青少年思想政治教育提供了法规依据。要加强相关立法、细化相关实施细则、制定相关政策文件，确保壮族优秀传统文化融入的法规制度依据，利用其强制作用推动"融入"工作。思想政治教育主管和成员单位、各学校，也要出台相应的促进壮族传统文化融入的规章制度，落实岗位职责，明确考评制度，确保壮族优秀传统文化融入的规范有序开展。

（二）壮族优秀传统文化融入的组织保障

坚持党组织的核心地位，完善行政运行系统，形成党委领导下的"党政齐抓共管"统一体系；建立和完善合力机制，形成"全员育人"机制。坚持把壮族优秀传统文化融入的教育实践活动，渗透到学校工作诸层面各环节，努力形成"三全"育人新格局、新组织和新机制。

（三）壮族优秀传统文化融入的队伍保障

需要有一支具备壮族优秀传统文化素养、专兼结合的民族思想政治教育工作队伍。这支队伍要能够胜任思想政治工作，也要能够承担壮族传统文化传承创新工作；既可以是学校专职思想政治教育工作人员，也可以是校外兼职人员、壮族文化工作者，但必须做到政治强、业务精、作风正。

（四）壮族优秀传统文化融入的物质保障

需要有一定的物质保证该教育实践活动的顺利开展。实施壮族优秀传统文化融入的实践活动，要依托一定的基本设施、设备建设，要举办相应的文化活动，进行民族文化调研、民族专业实践、开展相关研究，建设民族文化实践基地等，因此需要保证壮族优秀传统文化融入的各项实践活动有序开展，保证经费投入。

（五）壮族优秀传统文化融入的环境保障

壮族优秀传统文化融入青少年思想政治教育是在壮族地区这一特定的环境下开展的。环境对人们价值观念与理想信念产生极大的影响，当然也会深刻地影响壮族优秀传统文化融入的效果。应努力营造良好的社会环境和校园环境，为推进壮族优秀传统文化融入青少年思想政治教育提供环境保障。社会上要加强舆论宣传，形成正确的导向，在壮族地区形成尊重壮族文化、宣传崇尚壮族传统文化的良好氛围。校园内要形成具有壮族传统文化元素的物质环境、网络环境，以营造良好的校园文化氛围。在校园周边，要加强对于文化类等经营活动的综合治理，以创造有利条件。

第八章

结　语

中国特色社会主义已进入新时代。我国社会环境、所处国际环境已发生了巨大变化，社会变迁所引起的青少年价值观变迁日趋明显，呈现纷繁复杂的趋势，青少年的价值取向影响着未来中国社会的价值取向，这使得青少年思想政治教育面临严峻的考验。任何价值观都来源于一定的文化传统。挖掘思想政治教育的文化内涵，揭示其文化底蕴，既是文化育人的应然要求，也是思想政治教育创新的实然之路。2018年是广西壮族自治区成立60周年，值此开展"壮族优秀传统文化融入青少年思想政治教育研究"，有利于弘扬壮族优秀传统文化，拓展和深化民族思想政治教育的理论研究与实践探索，促进青少年思想道德素质的提升。

第一节　本研究的主要结论

第一，挖掘壮族优秀传统文化蕴含的思想政治教育资源和内容。壮族在千百年来的历史发展中，创造了富有民族特色的物质文化和精神文化，这其中也包含着内容丰富的壮族青少年思想政治教育资源。主要资源大量地融汇和表现于壮族民间文学艺术、民俗习俗、信仰崇尚等形式多样的壮族文化中，还包括神话传说故事、民间歌谣、民间戏剧、铜鼓壁画、传统体育等民间文化。壮族的生产习俗、生活习俗、婚恋习俗、礼仪习俗、岁时节日习俗等传统习俗文化，以及壮族的信仰崇尚等壮族文化形态中，都蕴含着丰富的思想政治教育资源。作为壮族文化的核心和中华伦理思想的有机体，壮族优秀传统文化融入青少年思想政治教育，有利于青少年思想道德素质的提升。

第二，壮族优秀传统文化融入青少年思想政治教育的实证分析。通过实证调查分析，研究"融入"的现状、成效，得知成效主要体现在青少年思想与观念、素养与行为等方面。同时，研究壮族地区青少年的个人、家庭、学校、社会等背景因素，对其思想观念与素养行为的影响，以便为理论与对策研究提供依据。研究发现青少年"思想与观念"中文化观、政治观处于非常高水平，民族观处于较高偏上水平；青少年"素养与行为"两个维度处于非常高水平。经进一步分析发现，壮族优秀传统文化融入青少年思想政治教育的成效存在显著的民族差异，还在青少年背景因素上存在不同程度的显著性差异。

第三，壮族优秀传统文化融入青少年思想政治教育的影响因素分析。通过针对"融入"的社会教育、家庭教育、社区教育、学校教育和自我教育等各影响因素整体状况的分析发现，壮族优秀传统文化融入的学校教育等各影响因素均处于较高水平，其中社会教育因素水平得分最高，其余依次是自我教育、学校教育和家庭—社区教育因素。这说明壮族优秀传统文化融入青少年思想政治教育，有了一个相对很好的内、外部教育环境。

第四，完善壮族优秀传统文化融入青少年思想政治教育的对策建议。坚持壮族优秀传统文化融入的基本原则：坚持巩固和发展中华民族共同体的原则；坚持"以文化人、以文育人"的原则；坚持社会主义核心价值观引领的原则；坚持传承与创新并重的原则；坚持针对性与系统性相结合的原则；坚持解决思想问题与解决实际问题相结合的原则。创新壮族优秀传统文化融入的实现路径：统筹建立立体化教育体系；统筹各年龄段青少年教育；统筹专业、人文和思政课教育。优化壮族优秀传统文化融入的方式方法：壮族优秀传统文化融入的直接嵌入法；壮族优秀传统文化融入的实践嵌入法；壮族优秀传统文化融入的休闲嵌入法；壮族优秀传统文化融入的审美嵌入法。建立健全壮族优秀传统文化融入青少年思想政治的机制：构建科学的壮族优秀传统文化融入青少年思想政治的教育体制；建立健全壮族优秀传统文化融入青少年思想政治教育的运行机制；完善壮族优秀传统文化融入青少年思想政治教育的保障机制。

第二节 本研究的创新之处

一是研究视角的创新。本选题正值具有"中国民族团结典范"之称的广西壮族自治区成立60周年,从中国特色社会主义进入新时代这一背景出发,将研究聚焦在壮族优秀传统文化与青少年思想政治教育上面,作为一个交叉性的选题,具有较大的新颖性;再就是目前关于壮族优秀传统文化与思想政治教育的直接研究很少,间接相关的文献也很有限,因此本书以思想政治教育学科视野,对壮族优秀传统文化开展研究,增强"融入"研究的科学性和专业性。同时,将两者相结合的研究,在各自的领域也是很好的尝试。

二是研究内容创新。本研究借鉴多学科相关理论及研究成果,基于思想政治教育的视域,构建出壮族优秀传统文化融入青少年思想政治教育的理论架构,包括核心概念的辨析、理论基础与逻辑关联。在此基础上,开展壮族优秀传统文化融入的现状考察、成效分析、影响因素分析,通过实证研究,厘清"融入"的现状、特点、影响因素,分析存在的问题,剖析原因,构建整合模型,探究"融入"的机制,有针对性地提出"融入"的新策略、新方法、新举措,努力为壮族优秀传统文化有效融入思想政治教育,寻找到合理的、有针对性的解决方案,并提出一些具有参考价值的对策建议。

三是研究对策创新。在理论分析与实证研究的基础上,针对壮族优秀传统文化融入青少年思想政治教育的现状、成效、影响因素、存在问题及原因,提出对策建议。壮族优秀传统文化融入青少年思想政治教育,坚持巩固和发展中华民族共同体的原则;坚持"以文化人、以文育人"的原则;坚持社会主义核心价值观引领的原则等。创新壮族优秀传统文化融入的实现路径;优化壮族优秀传统文化融入的方式方法;建立健全壮族优秀传统文化融入的机制。

第三节　不足之处与研究展望

第一，不足之处。民族思想政治教育与民族传统文化相结合的研究，本身就具有复杂性。本书对文化传播、文化冲突等问题仍缺乏深入的思考。本书的实证性研究比较充分，但理论提升和分析相对不足。本研究对壮族地区青少年所在的高校、职业学校进行了大量的调研，但是对于基础教育阶段的青少年没有开展问卷调查，仍显不够。

第二，研究展望。一是进一步加强壮族优秀传统文化融入青少年思想政治教育的理论研究。本书虽然以马克思主义为指导开展理论研究，但还有待更深层次的探究；对国外青少年思想政治教育、民族教育的相关理论，还有待进行深入的探究和分析，以便奠定坚实的理论基础。二是进一步扩展调查研究的范围，对调查对象进行更深入的访谈，对本书涉及的内容，要经过更深入的"田野"，增强实证性的同时，进一步增强学理性。三是立足当前，进一步深化对于"融入"耦合器和触发点的研究。此外，对如何更好地将壮族优秀传统文化所独具的精神财富转化为民族思想政治教育资源与内容，还需要做深入研究。

参考文献

一　中文著作

（一）经典著作和文献

《马克思恩格斯全集》（1—60卷），人民出版社2007年版。
《马克思恩格斯选集》（1—4卷），人民出版社2012年版。
《马克思恩格斯文集》（1—10卷），人民出版社2009年版。
《列宁全集》（1—60卷），人民出版社2017年版（增订版）。
《列宁选集》（1—4卷），人民出版社1995年版。
《毛泽东选集》（1—4卷），人民出版社1991年版。
《毛泽东文集》（1—8卷），人民出版社1992—1999年版。
《周恩来选集》（上下卷），人民出版社1984年版。
《邓小平文选》（1—2卷），人民出版社1994年版。
《邓小平文选》（1卷），人民出版社1993年版。
《江泽民文选》（1—3卷），人民出版社2006年版。
《胡锦涛文选》（1—3卷），人民出版社2016年版。
《习近平谈治国理政》，外文出版社2014年版。
《习近平谈治国理政》（第二卷），外文出版社2017年版。
《习近平谈治国理政》（第三卷），外文出版社2020年版。
习近平：《之江新语》，浙江人民出版社2007年版。
习近平：《在中央民族工作会议暨国务院第六次全国民族团结进步表彰大会上的讲话》，《人民日报》2014年9月30日第1版。
《习近平总书记系列重要讲话读本》，学习出版社、人民出版社2016

年版。

国家民族事务委员会编:《中央民族工作会议精神学习辅导读本》,民族出版社 2015 年版。

中宣部理论局:《培育和践行社会主义核心价值观》,人民出版社 2013 年版。

  (二) 中文著作

巴玉玺:《民族思想政治教育环节论》,湖北人民出版社 2012 年版。

陈万柏、张耀灿:《思想政治教育学原理》,高等教育出版社 2015 年第 3 版。

陈先达:《文化自信中的传统与当代》,北京师范大学出版社 2017 年版。

费孝通:《中华民族的多元一体格局》,中央民族大学出版社 1999 年版。

傅安洲、阮一帆、彭涛:《德国政治教育研究》,人民出版社 2010 年版。

高翔莲:《中国共产党执政理念教育研究》,人民出版社 2015 年版。

顾海良:《高校思想政治教育导论》,武汉大学出版社 2006 年版。

黄桂秋:《岭西族群民间信仰文化探究》,光明日报出版社 2015 年版。

黄娟:《生态文明与中国特色社会主义现代化》,中国地质大学出版社 2014 年版。

黄启学:《广西民族团结协同机理研究》,广西人民出版社 2014 年版。

黄庆印:《壮族哲学思想史》,广西民族出版社 1996 年版。

靳义亭:《传统文化融入高校思想政治教育研究》,中国社会科学出版社 2016 年版。

李富强:《其命维新:壮族传统文化保护与发展实践论》,民族出版社 2014 年版。

李贽:《中国特色社会主义民族理论的体系建构及发展创新》,中国社会科学出版社 2016 年版。

李资源:《中国共产党与少数民族传统文化保护和发展研究》,人民出版社 2014 年版。

李祖超:《教育激励论》,中国社会科学出版社 2008 年版。

梁庭望:《壮族伦理道德长诗传扬歌译注》,广西民族出版社 2005 年版。

鲁力:《中国传统文化的思想政治教育价值研究》,中国社会科学出版社

2017年版。

马幸荣：《新疆多民族地区城镇社区思想政治教育长效机制构建研究》，知识产权出版社2014年版。

梅荣正、杨军：《理论是非辩——用社会主义核心价值体系引领多样化社会思潮》，中国社会科学出版社2013年版。

秦斌、赵君：《"05方案"实施以来广西高校思想政治理论课研究与实践》，人民出版社2016年版。

任新民：《中国特色社会主义在西南边疆多民族地区的探索与实践》，中国社会科学出版社2015年版。

沈壮海：《思想政治教育的文化视野》，人民出版社2005年版。

唐凯兴等：《壮族伦理思想研究》，人民出版社2016年版。

王红：《广西少数民族古歌研究》，线装书局2015年版。

王茂美：《村落·国家：少数民族政治认同研究》，中国社会科学出版社2015年版。

王枬、徐莉：《广西民族教育研究》，广西师范大学出版社2014年版。

韦兰明：《民族团结教育论》，广西师范大学出版社2013年版。

吴德刚：《中国民族教育研究》，教育科学出版社2011年版。

吴德群：《社会转型期壮族民间文化变迁研究》，中国社会科学出版社2017年版。

吴东华：《传承与创新：马克思主义中国化新进展研究》，人民出版社2012年版。

吴潜涛：《高校思想政治教育的理论与实践》，人民出版社2012年版。

徐柏才等：《民族思想政治教育学导论》，民族出版社2011年版。

徐建军：《少数民族大学生思想政治教育理论与方法》，人民出版社2015年版。

徐杰舜：《磐石——中国民族团结研究报告》，广西人民出版社2007年版。

周艳鲜：《中国壮族谚语》，世界图书出版广东有限公司2015年版。

宇振华：《马克思主义民族理论中国化研究》，人民出版社2014年版。

二　中文译著

［英］安·格雷：《文化研究：民族志方法与生活文化》，许梦云译，重庆大学出版社2009年版。

［英］安东尼·D. 史密斯：《民族认同》，王娟译，译林出版社2018年版。

［俄］别尔嘉耶夫：《论人的使命》，张百春译，学林出版社2000年版。

［美］杜威：《民主主义与教育》，王承旭译，人民教育出版社1990年版。

［德］哈贝马斯：《交往行动理论》，洪佩郁、蔺青译，重庆出版社1993年版。

［德］康德：《论教育学》，赵鹏译，上海人民出版社2000年版。

［美］克利福德·格尔茨：《文化的解释》，韩莉译，译林出版社2014年版。

［美］塞缪尔·亨廷顿、劳伦斯·哈里森：《文化的重要作用——价值观如何影响人类进步》，程克雄译，新华出版社2002年版。

［法］涂尔干：《道德教育》，陈光金、沈杰、朱谐汉译，上海人民出版社2006年版。

三　中文论文

巴玉玺：《论"对中国共产党认同"与"五个认同"意识培育》，《民族高等教育研究》2018年第1期。

曹斌、李松洁：《少数民族大学生"五个认同"教育的基础与路径——基于社会主义核心价值观的视角》，《高校辅导员学刊》2018年第1期。

范君、詹小美：《铸牢中华民族共同体意识的文化方略》，《思想理论教育》2018年第8期。

冯刚：《新时代文化育人的理论考察》，《学校党建与思想教育》2019年第5期。

郭凯、况志华：《国内外少数民族大学生思想政治教育研究的进展与趋势》，《贵州民族研究》2016年第11期。

郝亚明：《论中华民族多元一体格局与中华民族共同体建设》，《湖北民族学院学报》（哲学社会科学版）2019 年第 1 期。

黄艳：《民族传统文化德育资源融入少数民族大学生德育研究》，《广西社会科学》2017 年第 5 期。

蒋艳：《社会主义先进文化与社会主义核心价值观的共同属性论》，《思想教育研究》2019 年第 1 期。

李永政、庄勤早、甘祖兵：《西部地区少数民族大学生的文化融合意识与国家认同》，《民族学刊》2018 年第 3 期。

卢黎歌：《改革开放 40 年高校德育建设的基本经验》，《中国社会科学报》2018 年 12 月 3 日第 8 版。

骆洋：《壮族传统习俗的当代德育价值》，《内蒙古师范大学学报》（教育科学版）2013 年第 12 期。

骆郁廷：《铸魂育人：新时代文化软实力发展战略》，《文化软实力研究》2018 年第 6 期。

戚万学：《中国公民社会的成长和公民道德教育的使命》，《教育研究》2015 年第 11 期。

秦在东：《正确认识"以文化人"的层次性与复杂性》，《思想教育研究》2015 年第 11 期。

佘双好：《以文化人与社会主义核心价值观践行培育的方法研究》，《思想教育研究》2015 年第 12 期。

沈壮海：《担负起新的文化使命》，《思想理论教育导刊》2017 年第 11 期。

石亚洲：《深化铸牢中华民族共同体意识实践》，《人民论坛》2019 年第 12 期。

覃德清：《壮族文化建设的理论观照与路径选择》，《中央民族大学学报》（哲学社会科学版）2016 年第 2 期。

万美容：《深化中华文化认同筑牢中华民族共同体意识——评〈"中华文化认同论"研究丛书〉》，《学校党建与思想教育》2019 年第 7 期。

吴东华、张洁：《论社会主义平等价值观的本质特征及践行原则》，《马克思主义研究》2016 年第 1 期。

吴潜涛、刘函池：《中华优秀传统家风的主要表征及其当代转换与发展》，

《中国高校社会科学》2018 第 1 期。

杨丽萍、覃月弯：《基于文化认知的学校民族团结教育策略研究》，《民族教育研究》2018 年第 5 期。

杨威：《好公民抑或好人？——当代西方学校价值教育的路径与困境》，《外国教育研究》2016 年第 6 期。

岳奎：《"不忘初心"与自觉抵制西方非意识形态化错误思潮》，《马克思主义研究》2018 年第 9 期。

张学亮：《广西民族团结进步的文化逻辑》，《广西民族研究》2019 年第 2 期。

赵志业：《思想政治教育文化范式方法论的反思与重建》，《江苏高教》2016 年第 4 期。

钟卓良、韦柳：《利用壮族山歌文化开展思想政治教育》，《中学政治教学参考》2018 年第 27 期。

周红蕾：《高校思想政治教育文化载体建设研究》，《天津师范大学学报》（社会科学版）2015 年第 1 期。

四　学位论文

包华军：《少数民族优秀传统文化融入民族地区大学生思想政治教育研究》，博士学位论文，中国地质大学（武汉），2017 年。

黄雁玲：《壮族传统家庭伦理及其现代演变研究》，博士学位论文，中南大学，2013 年。

李美清：《马克思主义民族观教育研究》，博士学位论文，北京交通大学，2014 年。

邱杰：《西南民族地区大学生政治认同教育研究》，博士学位论文，中国地质大学（武汉），2014 年。

吴广庆：《思想政治教育的文化融入研究》，博士学位论文，中共中央党校，2013 年。

杨民：《白族文化的思想政治教育价值研究》，博士学位论文，华中师范大学，2014 年。

杨志军：《黔中大花苗古歌融入青少年德育研究》，博士学位论文，中国地质大学（武汉），2017 年。

五 外文文献

Andrew Stables, Multiculturalism and Moral Education: Practice, *Journal of Moral Education*, No. 2, 2005.

Berry, J. W., Poortinga, Y. H., Segall, m. h. &Dasen, P. R., *Cross - cultural Psychology: Research and applications*, New York: Canbidge University Press, 1992.

Bonnett M., Environmental Concern, Moral Education and our Place in Nature. *Journal of Moral Education*, No. 3, 2012.

Bopkewitz T., *Cultural History and Education: Critical Essays on Knowledge and Schooling*, Routledge, 2013.

Brent Smith, Ethical Ideology And Cultural Orientation: Understanding The Individualized Ethical Inclinations Of Marketing Students, *American Journal of Business Education*, No. 8, 2009.

Brian Barry, *Culture and Equality: An Egalitarians Critique of Multiculturalism*, Polity Press, 2001.

Crawford J., *The Politics of Multiculturalism and Bilingual Education*, Boston: McGraw – Hill, 2000.

Donna, M. Gollnick & Philip C. Chinn, *Multicultural Education in a Pluralistic Society*, Upper Saddle River, New Jersey: Merrill Prentice Hall, 2002.

Dutton, Thomas A., Cultural Politics and Education, *Journal of Architectural Education*, No. 2, 1999.

Elizabeth Frazer, Citizenship Education: Anti – political Culture and Political Education in Britiain, *Political Studies*, No. 1, 2000.

FazalRizvi, Globalization and the Cultural Politics of Race and Educational Reform, *Journal of Educational Change*, No. 3, 2003.

Guy Whitmarsh, The two Culures Controversy: Science, Literature and Cultural Politics in Postwar Britain, *History of Education*, No. 1, 2012.

Hans Schattle, Education for Global Citizenship: Illustrations of Ideological Plrualism and Adaptation, *Journal of Political Ideologies*, No. 1, 2008.

Keller, Douglas, *Media Culture: Cultural Studies, Identity and Politics between the Modern and the postmodern*, London and New York: Routledge, 2005.

Li Gao, Internet Culture Influence and Stratgy for Political and Ideogical Education, *Asian Social Science*, No. 8, 2010.

M. Lee Manning&Lerroy G. Baruth, *Multicultural Education of Children and Adolescents*, 3rd ed. Boston: Allyn and Bacon. 2000.

Michalos A. C., *Adolescent and Parent Values*, Springer Netherlands, 2014.

Paulf Conway, Cultural Flashpoint: The Politics of Teacher Education Reform in Ireland, *The Educational Forum*, No. 1, 2013.

Richard Gunde, *Culture and customs of China Culture and customs of Asia*, Greenwood Publishing Group, 2002.

Robert Kunzman, Religion Ethics and the Implications for Moral Education: a critique of Nucci's Morality and Religious Rules, *Journal of Moral Education*, No. 3, 2003.

Stables, Andrew, Multiculturalism and Moral Education: Indibidual Positioning, Dialogue and Culural Practice, *Journal of Moral Education*, No. 1, 2005.

Stevens, Mitchell L., Culture and Education, *Annals of the American Academy of Political and Social Science*, No. 1, 2008.

Tylor EB, *The Origins of Culture*, New York: Harper and Brothers Publishers, 1985.

Wanxue, Qi; Hanwei, Tang, The Social and Cultural Background of Contemporary Moral Education in China, *Jounal of Moral Education*, No. 4, 2004.

附　　录

附录1　壮族优秀传统文化融入青少年思想政治教育调查问卷

亲爱的同学：

您好！非常欢迎您参加此次问卷调查！本问卷旨在了解壮族传统文化传承现状与特点，以期深入研究如何进一步弘扬民族优秀传统文化，挖掘其蕴含的丰富的思想政治教育资源与内容。本问卷是匿名答题，所有选项没有对错、优劣之分，所有结果都将严格保密，对相关资料只作研究之用。请您根据实际情况认真填写、放心答题，感谢您的配合。

二〇一八年十月

您个人基本资料（请用"○"圈出与您实际情况相符的一项）

1 您的性别：	1 男　2 女
2 您的民族：	1 壮族 2 汉族 3 瑶族 4 苗族 5 侗族 6 其他民族
3 您来自于：	1 广西的城市（含市区、县城）　2 广西的农村（镇、乡、村）　3 广西以外的城市（含市区、县城）　4 广西以外的农村（镇、乡、村）
4 您是否担任学生干部：	1 是　2 否
5 您的家庭类型	1 农民家庭 2 工人家庭 3 商人家庭 4 公务员家庭 5 知识分子家庭 6 其他
6 您的家庭经济状况：	1 困难　2 一般　3 较好
7 您父亲最高学历是：	1 小学及以下 2 初中 3 高中、中专、中师 4 大专 5 本科 6 研究生

续表

8 您母亲最高学历是：	1 小学及以下 2 初中 3 高中、中专、中师 4 大专 5 本科 6 研究生
9 您的家庭结构：	1 三世同堂　2 核心家庭（父母与子女）3 单亲家庭 4 其他
10 您的年级：	1 大一 2 大二 3 大三 4 大四 5 研究生
11 您的政治面貌：	1 中共党员（含预备党员）2 团员　3 民主党派 4 群众
12 您的学科类型：	1 理学 2 工学 3 农学 4 医学 5 哲学 6 经济学 7 法学 8 教育学 9 文学 10 历史学 11 管理学 12 艺术学 13 军事学 14 其他

第一部分

指导语：请根据自身的真实情况与题目的符合程度作答，在相应的等级上画"○"。

项　目	完全符合	比较符合	不确定	不太符合	完全不符合
1 我日常生活中经常接触到壮族传统文化	5	4	3	2	1
2 我觉得壮族传统文化里所蕴含的民族精神能提升我的思想道德素质	5	4	3	2	1
3 我觉得壮族地区的学生应该学习和传承壮族传统文化	5	4	3	2	1
4 我知道壮族传统文化蕴含着勤劳善良、开拓创新的道德品质	5	4	3	2	1
5 我知道壮族传统文化蕴含着热爱国家民族、维护祖国统一的爱国主义思想	5	4	3	2	1
6 我知道壮族传统文化蕴含着知理尚义、济困扶危的社会公德观	5	4	3	2	1
7 我知道壮族传统文化蕴含着尊老爱幼、邻里和睦的家庭道德观	5	4	3	2	1
8 我知道壮族传统文化蕴含着崇尚自然、保护环境的生态伦理观	5	4	3	2	1
9 我知道壮族语言文字是中华民族文化的重要组成部分	5	4	3	2	1
10 我了解中国共产党在民族团结工作中的具体贡献	5	4	3	2	1
11 我了解马克思主义民族理论和党的民族政策	5	4	3	2	1
12 我了解当前我国和世界的民族状况	5	4	3	2	1
13 我对学校开展壮族传统文化传承的效果很满意	5	4	3	2	1
14 我对家庭开展壮族传统文化传承的效果很满意	5	4	3	2	1
15 我对村屯社区开展壮族传统文化传承的效果很满意	5	4	3	2	1

续表

项　目	完全符合	比较符合	不确定	不太符合	完全不符合
16 我对社会开展壮族传统文化传承的效果很满意	5	4	3	2	1
17 继承发扬壮族传统文化中的精髓，对维护社会稳定，促进地区经济发展，构建和谐广西发挥重要的作用	5	4	3	2	1
18 各民族要像石榴籽那样紧紧抱在一起	5	4	3	2	1
19 各民族共同团结奋斗、共同繁荣发展	5	4	3	2	1
20 当前我国的民族关系是"平等、团结、互助、和谐"的	5	4	3	2	1
21 汉族离不开少数民族，少数民族离不开汉族，各少数民族之间相互离不开	5	4	3	2	1
22 我赞同学习习近平新时代中国特色社会主义思想，让广大师生坚定道路自信、理论自信、制度自信、文化自信	5	4	3	2	1
23 广西生态优势金不换	5	4	3	2	1
24 改革开放以来壮乡人民的生活一年比一年好	5	4	3	2	1
25 改革创新是国家兴旺发达的动力源泉	5	4	3	2	1
26 维护祖国统一和民族团结是各民族的最高利益	5	4	3	2	1
27 壮族传统文化有利于增进我对社会主义核心价值观的理解	5	4	3	2	1
28 人生梦是国家梦、民族梦和个人梦的有机统一	5	4	3	2	1
29 宗教信仰自由不等于宗教活动自由	5	4	3	2	1
30 民族区域自治制度有利于民族团结进步	5	4	3	2	1
31 中国特色社会主义道路是解决我国民族问题的根本道路	5	4	3	2	1
32 我对全面推进我国民族团结进步事业很有信心	5	4	3	2	1
33 对党和政府的精准扶贫事业充满信心	5	4	3	2	1
34 我认为政府执行民族政策很到位	5	4	3	2	1
35 如果有机会，我会为"建设壮美广西、共圆复兴梦想"贡献自己的力量	5	4	3	2	1
36 我完全能做到"对祖国的认同，对中华民族的认同，对中华文化的认同，对中国共产党的认同，对中国特色社会主义道路的认同"	5	4	3	2	1
37 我坚决拥护中国共产党，相信并坚定中国特色社会主义的道路自信、理论自信、制度自信和文化自信	5	4	3	2	1

续表

项　目	完全符合	比较符合	不确定	不太符合	完全不符合
38 我愿意弘扬和发展壮族传统文化，讲好广西故事，并面向东盟、"一带一路"国家进行交流传播	5	4	3	2	1
39 我会对境外不好的文化进行抵制	5	4	3	2	1
40 我会发奋图强，成才报国，在深化改革开放进程中贡献力量	5	4	3	2	1
41 我支持民族区域自治制度	5	4	3	2	1
42 我要做维护民族团结和社会稳定的倡导者与践行者	5	4	3	2	1
43 我会积极践行绿水青山就是金山银山的理念	5	4	3	2	1
44 我很尊重各民族的风俗习惯	5	4	3	2	1
45 我有明确的学习规划和理想，并着手付诸实施	5	4	3	2	1
46 我参加支教、义务劳动、献血、救灾、捐赠等社会公益活动	5	4	3	2	1
47 我能做到爱微信、不狂热；维护网络安全、传播社会文明	5	4	3	2	1
48 我会主动去了解壮族传统文化知识	5	4	3	2	1
49 壮族传统文化能激发我热爱家乡和祖国的情感与责任感	5	4	3	2	1
50 学校中壮族传统文化内容的设计与现实生活联系紧密	5	4	3	2	1
51 我认为学校既需要传授现代文化，又需要传递民族文化	5	4	3	2	1
52 我所在的学校开设了传承民族文化的课程或专业	5	4	3	2	1
53 我所在的学校有传承民族文化的场馆设施	5	4	3	2	1
54 我的父母、长辈经常向我讲授壮族传统文化知识	5	4	3	2	1
55 我所在的村落或社区经常举办民族传统文化活动	5	4	3	2	1
56 壮族传统文化融入"美丽乡村"建设	5	4	3	2	1
57 政府和社会加强保护传承壮族文化遗产	5	4	3	2	1
58 文化机构不断推出壮族传统文化滋养的文艺作品	5	4	3	2	1
59 报纸书刊电视互联网站等各类媒体大力宣传壮族传统文化	5	4	3	2	1

第二部分

指导语：请根据自身的实际情况，在每题相应的选项上画"○"。

1. 您所了解的壮族传统文化知识主要来源自？（最多选3项）

［1］学校

［2］家庭

［3］社会

［4］网络、微信等媒体

［5］广播、电视、报纸

［6］自学

［7］亲身实践

［8］其他_____

2. 除了学校教育，你觉得哪些方面对你成长影响最大？（最多选3项）

［1］传统习俗如婚丧礼仪、成年礼仪式等

［2］父母或长辈的教导

［3］村落或社区成长环境的耳濡目染

［4］民间信仰，如祭祀、祈祷等活动

［5］网络及广播电视等媒体

［6］政府的宣传及民族旅游业的影响

［7］民族博物馆等公共文化场所

［8］其他_____

3. 您比较了解壮族传统文化的哪些方面？（最多选3项）

［1］民族艺术传承

［2］传统礼仪风俗

［3］民间信仰

［4］民族传统体育如抛绣球等

［5］原始崇拜禁忌

［6］壮族三月三等节日庆典

［7］民族传统美德

［8］乡规民约等制度文化

［9］布洛陀神话等民间文学

［10］其他_____

4. 您如何看待壮族传统文化？（最多选3项）

［1］是中华民族传统文化的重要组成部分

［2］丰富多彩，体现了我国文化的多样性

［3］是维系各少数民族的血脉和精神家园

［4］在现实生活中找到文化根脉

［5］精华和糟粕并存

［6］是地域文化，不需要了解

［7］和现实严重脱节

［8］必须要进行现代转型

［9］应该发扬其优秀部分

［10］是愚昧的、无知的、落后的

［11］与宗教、神灵联系紧密

［12］比较复杂

5. 您最喜欢的壮族优秀传统文化学习方式有哪些？（最多选3项）

［1］融入课程中

［2］开设专门的课程或专业

［3］民族团结教育月

［4］民族传统体育运动项目

［5］校园文化活动，如民族文化大课间、主题社团活动

［6］社会实践调研，如到民族博物馆、民族村落等参观考察

［7］网络平台学习，如学校、文化机构的官网、官微等官方媒体

［8］民族文化旅游、壮族三月三等节庆活动亲身体验

［9］学校与公共文化机构、民族文化企业等加强合作，搭建学习平台

6. 你认为壮族传统文化融入青少年思想政治教育当前存在的主要问题是（最多选3项）

［1］社会上没有形成弘扬壮族优秀传统文化的氛围

［2］传统文化本身不太符合当前学生的思维、生活方式

［3］民族旅游项目造成对传统文化价值传承的失真，出现商品化、庸俗化等现象

［4］父母及长辈民族知识的有限性

［5］学生自身不积极，认为不重要、影响学习

［6］村落、社区等举办的民族文化活动文化底蕴不够深厚

［7］课堂理论教学枯燥，教育教学方式陈旧、枯燥

［8］校园文化活动、社会实践活动流于形式

［9］学校相应的教材、课程体系不健全，教育内容不丰富

［10］教师民族传统文化知识和素养积累不够

7. 关于将壮族优秀传统文化融入青少年思想政治教育，您有哪些意见或建议？

附录2　访谈提纲

壮族优秀传统文化融入青少年思想政治教育访谈提纲

受访人姓名：　　　性别：　　　年龄：　　　职业：　　　职务：

工作单位：　　　　　联系方式：

访谈时间：　　　　　访谈地点：

卷首语：您好！非常感谢您参加这次访谈。首先向您承诺：您的观点和回答仅用于研究资料使用，并严格保密，请您实事求是、放心作答。

1. 您知道的壮族优秀传统文化资源有哪些？这些资源有什么思想政治教育价值？

2. 您觉得壮族地区的学校在青少年思想政治教育中是否有必要融入壮族优秀传统文化？为什么？

3. 青少年思想政治教育中融入壮族优秀传统文化的状况如何？主要做法有哪些？有什么成效？存在哪些困难？原因是什么？

4. 您认为壮族优秀传统文化融入青少年思想政治教育，国家、社会、学校、家庭、个人等各方面应该发挥什么作用？采取什么措施？

5. 您对壮族优秀传统文化融入青少年思想政治教育，还有什么意见或建议？

附录3 部分访谈人员信息汇总表

编号	姓名	身份信息	访谈地点
1	LB	广西壮族自治区党委宣传部理论处**	南宁市
2	QYJ	广西教育厅民教处**	南宁市
3	HQQ	百色市宣传部**	南宁市
4	CWW	广西民宗委办公室***	河池市
5	YM	广西社科联外联部**	南宁市
6	LY	百色市委讲师团**	南宁市
7	DJQ	来宾市社科联**	南宁市
8	LH	广西日报社理论评论部**	南宁市
9	QZN	贵港市委宣传部**、市委讲师团**	南宁市
10	HLX	来宾市委宣传部理论科、网络科**	南宁市
11	SQD	贺州市委宣传部**、讲师团**	南宁市
12	JX	崇左市委宣传部宣传科**	南宁市
13	CYF	玉林市委宣传部理论科**	南宁市
14	SYB	广西社科院党群处**	南宁市
15	LTW	中央民族大学原副校长、博士生导师，壮学研究专家	河池市
16	LFQ	广西民族大学教授	河池市
17	LCJ	广西民族大学教授	河池市
18	WHR	宁明县馗塘村第一书记	宁明县
19	MXH	河池市宜州区非物质文化遗产中心	大化县
20	XQL	国家级非物质文化遗产刘三姐歌谣传承人	大化县
21	ZGY	河池大化六也壮鼓第14代传承人	大化县
22	ZHC	河池都安县永安镇八达村苗族花鼓传承人	大化县
23	WWK	隆林各族自治县彝族学会会长、县民族博物馆原馆长	河池市

续表

编号	姓名	身份信息	访谈地点
24	LJC	南丹县壮族民歌歌王	大化县
25	WZQ	罗城县仫佬族协会副会长	大化县
26	PKM	河池市宜州区非物质文化遗产彩调龙演员	大化县
27	ZZA	武鸣县水利电业公司员工	崇左市
28	LJZ	百色市参赛少数民族武术项目中学生家长	崇左市
29	YY	广西民族师范学院思政教师	南宁市
30	ZZB	广西艺术学院思政教师	南宁市
31	WF	河池学院副教授	河池市
32	LSJ	广西大学教授	河池市
33	LQL	百色学院副教授	南宁市
34	YJG	广西师范大学政管学院副教授	南宁市
35	FYH	广西师范大学历史文化与旅游学院博士	南宁市
36	QHB	河池马山县退休教师	大化县
37	WZY	宁明县亭亮镇中心小学教师	宁明县
38	LM	宁明县亭亮镇中心小学教师	宁明县
39	PFY	广西民族大学大三学生	崇左市
40	ZRQ	广西艺术学院大四学生	大化县
41	HXS	宁明县民族中学初二学生	宁明县
42	QYF	大化县高中高二学生	大化县
43	CSY	大化县高中高二学生	大化县
44	LPP	都安县永安镇中学生	大化县
45	LYG	广西理工职业学院	崇左市
46	LZY	广西水利电力职业技术学院醒狮社社长	武鸣
47	WY	南宁三十六中高中生	南宁

附录4　正式问卷调查学校一览表

学校类型	序号	学校名称
本科类院校	1	广西大学
	2	广西民族大学
	3	广西师范大学
	4	广西中医药大学
	5	南宁师范大学
	6	广西科技大学
	7	广西艺术学院
	8	右江民族医学院
	9	玉林师范学院
	10	广西民族师范学院
	11	桂林航天工业学院
	12	河池学院
	13	梧州学院
	14	百色学院
	15	桂林理工大学博文管理学院
	16	广西中医药大学赛恩斯新医药学院
	17	南宁师范大学师园学院
	18	广西教育学院
专科类院校	1	南宁职业技术学院
	2	柳州职业技术学院
	3	广西水利电力职业技术学院
	4	广西机电职业技术学院
	5	广西建设职业技术学院

续表

学校类型	序号	学校名称
专科类院校	6	广西卫生职业技术学院
	7	广西体育高等专科学校
	8	广西金融职业技术学院
	9	桂林师范高等专科学校
	10	广西生态工程职业技术学院
	11	广西国际商务职业技术学院
	12	广西理工职业技术学院
	13	广西培贤国际职业学院
	14	广西城市职业学院
	15	北海艺术设计学院
	16	广西经济管理干部学院
	17	广西政法管理干部学院
中职类学校	1	广西纺织工业学校
	2	广西体育高等专科学校附属中等职业学校
	3	北部湾职业技术学校
	4	北海市卫生学校
	5	都安县职业教育中心
	6	广西物资学校
	7	岑溪市中等专业学校
	8	金秀县职业技术学校
	9	广西第一工业学校
	10	广西城市建设学校
	11	藤县中等专业学校
合计		46

附录5　部分调研图片

"建设壮美广西共圆复兴梦想"——习近平为广西壮族自治区成立60周年题词

身着民族服装的壮族群众　　国家级非物质文化遗产刘三姐歌谣传承

附　录 / 273

花山岩画

壮族人生礼仪之丧葬仪式

宁明县馗塘村宣传栏

壮族群众通过微信唱山歌

大学校园民族传统文化活动

亭亮小学铜鼓进校园

周末寄宿学校的孩子们

六也小学少年宫

壮族会鼓展演 　　　　　　　民族大联欢

抛绣球 　　　　　　　　　荡秋千

参加壮族三月三活动的青少年

友谊关 　　　　　　　　　壮乡少年天真笑脸

附　录 / 275

广西国际壮医医院

附录6　综合调研地点

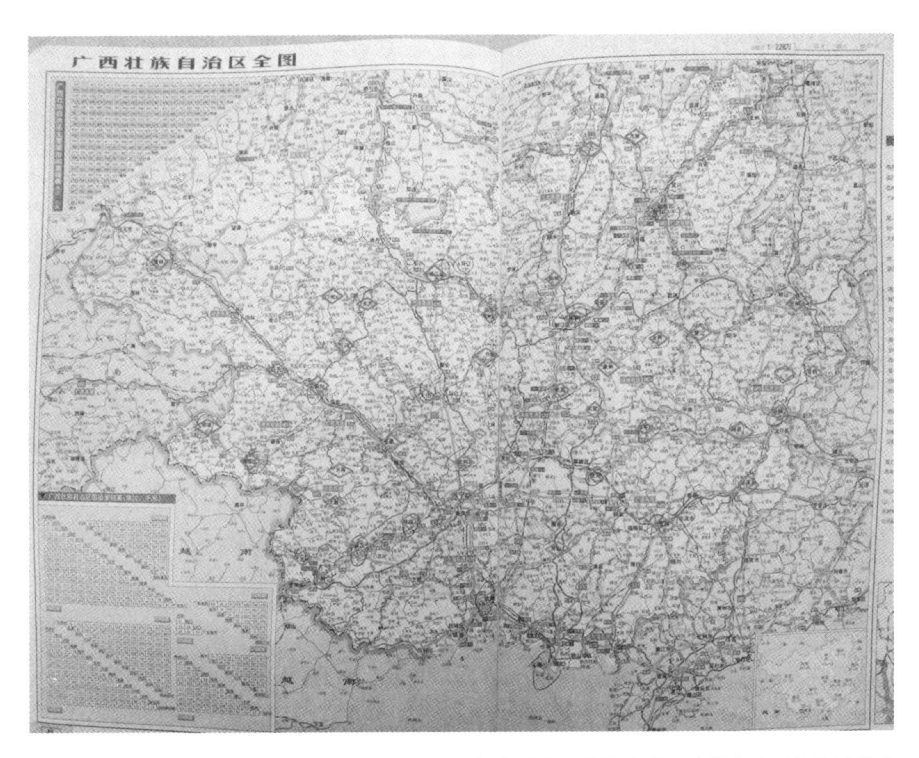

注：图中标记◇的为综合调研地点，图片翻拍自《广西壮族自治区及周边地区公路里程地图册》，中国地图出版社，2018年1月新版修订。

后 记

拙著是在我博士学位论文的基础上，经过修改和完善而成的。这首先要感恩于我尊敬的博士导师——中国地质大学（武汉）李祖超教授。李老师严谨求实的治学风范，孜孜追求、全力以赴的治学精神，敏锐创新的学术洞察力，以及对学生严加有爱的为师之道，一直深深地感染和熏陶着我，让我由衷地钦佩。这篇论文是在李老师的精心指导下才得以完成的，从选题到框架、从逻辑到内容、从字句标点到文献格式规范，李老师都给予了悉心指导，往往令我醍醐灌顶，其用心之深、爱生之切，难以言表。恩师对我耐心细致的指导，让我在学术上有了不小的进步，也让我在今后的事业发展中更有自信、更有力量。所以，我要深深感谢我的导师李祖超教授。

我要衷心感谢中国地质大学（武汉）以及研究生院、马克思主义学院给予我圆梦的机会与平台，让我得以重返校园开启心中的学术之梦。"严在地大"的校风学风，"艰苦朴素、求真务实"的校训，深深地影响着我。感谢殷鸿福院士、王焰新院士、唐辉明教授、蒋少涌教授、周爱国教授、李祖超教授、马昌前教授、王华教授、童元兴教授的精彩授课；感谢有幸聆听到马院傅安洲教授、储祖旺教授、吴东华教授、高翔莲教授、黄娟教授、阮一帆教授、陈军教授、岳奎教授、李海金教授、卢文忠教授、常荆莎教授、张存国教授、刘莉教授等专家教授们的真知灼见。读博期间也有幸感受到邓晓芒教授、赫费教授（德国）、吴潜涛教授、薛澜教授、俞可平教授、梅荣政教授、刘献君教授、郭齐勇教授、吴根友教授、佘双好教授、卢黎歌教授、万美容教授、石中英教授、薛庆超教授、马树亭教授等学术大家的熠熠风采。感谢侯志军教授、刘世勇教授、黄少成教授、徐胜副书记、杨蜜纯老师、王艳波老师、任重老师等的关心与帮助。

现在想来，很幸运能够加入李祖超教授带领的"超越学术团队"，在这支优秀的学术团队中，感谢李老师耳提面命，授学生以鱼和渔，使我得到了历练，实现了学术成长。感谢我所在的"王氏FAMILY"团队，这里有归属感和凝聚力，优秀的各位相互帮助、相互学习、相互激励。博士论文凝聚了所有支持和帮助过我的老师、同学、朋友、亲人的心血与汗水，没有他们在背后默默地支持与鼓励，我是无法完成学业的。

我要衷心感谢论研期间各相关政府部门、大中小学校、村镇社区等单位的各位专家、学者、思政工作者、民间艺人、青少年及家长们等所给予的大力支持，长长的名单虽不一一具名，但我记住了你们。

本书写作过程中，参考和汲取了同行专家、学者的有关著作、论文，汲取了其中的观点和材料，我尽可能在脚注或参考文献中列出，但难免会有疏漏之处，在此，我向你们表达我深深的谢意与歉意。此外，由于本人才疏学浅，学术理论功底不够深厚，因而本书必然存在许多的缺陷和不足，真诚地希望专家学者们给予批评指正。

本书的出版，得到了南宁师范大学马克思主义理论学科博士点建设经费、广西高等学校思想政治教育杰出人才支持计划、南宁师范大学科研启动项目（602021239297）的资助和支持。

本书的出版，得到了中国社会科学出版社的大力支持，尤其是出版社杨晓芳女士给予了我莫大的关心和指导，她为本书的出版付出了大量的心血。在此，我向中国社会科学出版社和杨晓芳女士表达我最诚挚的感谢！

功不费于无益，事必期于有成。在未来的学术探索之路上，我将以此为新的起点，在这奋进的新时代，继续追梦、前行！

王立高

2020年12月31日于邕城那考河畔